Le péché originel d'Israël

L'expulsion des Palestiniens revisitée par les « nouveaux historiens » israéliens

Des mêmes auteurs

Dominique Vidal :

Avec Alain Gresh, *Proche-Orient : une guerre de cent ans,* Messidor, Paris, 1984.

Avec Alain Gresh, *Les 100 Portes du Proche-Orient,* Autrement, Paris, 1986, 1989, 1992, Les Éditions de l'Atelier, Paris, 1996.

Avec Alain Gresh, *Palestine 47 : un partage avorté,* Complexe, Bruxelles, 1987 et 1994.

Avec Alain Gresh, *Golfe : clefs pour une guerre annoncée,* Le Monde Éditions, Paris, 1991.

Avec Éric Venturini, *Portraits de China Town, le ghetto imaginaire,* Autrement, Paris, 1987.

Avec Christine Queralt, *Promenades historiques dans Paris,* Liana Levi, Paris, 1991 et 1994.

Joseph Algazy :

La Tentation néo-fasciste en France, 1944-1965, Fayard, Paris, 1984.

L'Extrême droite en France de 1965 à 1984, L'Harmattan, Paris, 1989.

La Mauvaise conscience d'Israël, entretiens avec Yeshayahou Leibovitz, Le Monde Éditions, Paris, 1994.

Cet ouvrage est coédité pour la Belgique
par les EVO, 4 rue d'Anderlecht, 1000 Bruxelles

Imprimé en France *Printed in France*

ISBN 2-7082-3376-9

Dominique Vidal

avec Joseph Algazy

Le péché originel d'Israël

L'expulsion des Palestiniens revisitée par les « nouveaux historiens » israéliens

LES EDITIONS DE L'ATELIER

Les Editions Ouvrières
12 avenue Sœur Rosalie
75013 Paris

À Marc-Olivier

À Leila

Merci à Christine Queralt pour sa relecture soigneuse de ce livre, comme des précédents.

Merci aussi à Alain Gresh, Rita Sabah et Marie-Claude Slick.

AVANT-PROPOS

RÉPARER L'OUBLI

« Seuls quelques-uns ont admis que l'histoire du retour, de la rédemption et de la libération de leurs pères était aussi une histoire de conquête, de déplacement, d'oppression et de mort. »

Yaron Ezrachi, *Rubber Bullets.*

Pour son cinquantième anniversaire, le 14 mai 1998, l'État d'Israël a fait publier par son ministère de l'Éducation un *Livre du Jubilé*, destiné à animer la commémoration de l'événement dans toutes les écoles du pays. « *Curieusement*, nous apprend le très sérieux quotidien *Haaretz*[1], *le livre ne fait aucune mention de l'existence d'un peuple palestinien, ni avant l'établissement d'Israël, ni après, pas plus que du plan de partage de 1947 qui avait créé deux États – l'un juif, l'autre arabe – en Palestine.* » Plus loin, la journaliste Relly Sa'ar ajoute : « *Le chapitre concernant les efforts de paix évoque les traités avec l'Égypte et la Jordanie, mais ignore complètement les accords d'Oslo et l'actuel processus de paix avec les Palestiniens.* » On ne saurait mieux dire combien, au Proche-Orient tout particulièrement, le présent est inséparable du passé, et à quel point l'histoire des origines du problème palestinien reste un enjeu brûlant.

Entre le plan de partage de la Palestine adopté par l'Assemblée générale des Nations unies le 29 novembre 1947 et les armistices de 1949 consécutifs à la première guerre israélo-arabe déclenchée par l'invasion du 15 mai 1948, plusieurs centaines de milliers de Palestiniens qui vivaient sur les territoires finalement occupés par Israël ont quitté leurs foyers.

Pour les historiens palestiniens et arabes, il s'agit bel et bien – ils l'ont toujours affirmé – d'une expulsion. L'immense majorité des réfugiés (évalués entre 700 000 et 900 000) ont été, expliquaient-ils, contraints au départ au cours des affrontements judéo-palestiniens, puis de la guerre israélo-arabe, dans le cadre d'un plan politico-militaire d'expulsion jalonné de nombreux massacres. C'est notamment la thèse défendue, dès 1961, par Walid Khalidi, dans son essai intitulé « Plan Dalet : Master Plan for the Conquest of Palestine [2] », et, plus récemment, par Elias Sanbar, dans *Palestine 1948. L'Expulsion* [3].

Selon l'historiographie israélienne traditionnelle, au contraire, les réfugiés (500 000 tout au plus) se sont pour la plupart enfuis volontairement, répondant aux appels de dirigeants qui leur promettaient un retour rapide après la victoire. Non seulement les responsables de l'Agence juive, puis du gouvernement israélien, n'avaient pas planifié d'éviction, mais les rares massacres à déplorer – en premier lieu celui de Deir Yassine, le 9 avril 1948 – furent le fait des seules milices de l'Irgoun et du Lehi, les formations héritières du sionisme révisionniste de Vladimir Zeev Jabotinsky.

Dès les années 50, toutefois, quelques personnalités israéliennes liées au mouvement communiste, voire à certains cercles de la gauche sioniste (notamment le parti Mapam), contestaient cette version. Depuis la seconde moitié des années 80, elles ont été rejointes dans leur critique par un certain nombre de journalistes et de chercheurs : en particulier Simha Flapan, Tom Segev, Avi Schlaïm, Ilan Pappé et Benny Morris – c'est ce dernier, avec son livre *The Birth of the Palestinian Refugee Problem 1947-1949,* qui a donné le signal du scandale et qualifié pour la première fois ses amis de « nouveaux historiens [4] ». Car, par-delà leurs différences d'objet, de méthode et d'opinion, ce qui unit ces intellectuels, c'est qu'ils s'en prennent aux mythes de l'histoire d'Israël [5] et révisent en particulier celle de la première guerre israélo-arabe, contribuant à cerner de plus près la vérité sur l'exode des Palestiniens – au moins partiellement, on le verra. Assez, en tout cas, pour s'attirer l'ire d'historiens orthodoxes qui s'efforcent de leur faire barrage.

Comment ces « nouveaux historiens », une dizaine d'années après la publication de leurs premières études sur le sujet, analysent-ils leur démarche de l'époque, ses résultats, les forces et les faiblesses de leur vision de la naissance d'Israël ainsi que le débat suscité par leurs travaux ? Pour répondre à cette question, Joseph Algazy, journaliste au quotidien israélien *Haaretz*, a bien voulu, à partir de sa propre vision, discuter, fin 1997, avec Benny Morris et Ilan Pappé, mais également avec leur principal contradicteur Shabtaï Teveth ainsi que - critique aussi, mais de l'autre bord - l'historien palestinien Ibrahim Abou Loughod : le lecteur trouvera, en guise de postface au présent livre, une synthèse de ces entretiens en forme de réflexion sur ce qu'on a coutume d'appeler, en Israël, le « post-sionisme ».

Avec le recul, il est clair en tout cas que le principal stimulant des « nouveaux historiens » a été l'ouverture assez libérale - conformément à la loi des trente ans - des archives israéliennes, publiques et privées, concernant cette période, où les chercheurs puisent le gros de leurs sources. C'est d'ailleurs à la fois leur atout et leur handicap : ils semblent ignorer presque entièrement les archives des États arabes, il est vrai peu accessibles, de même que la mémoire orale des Palestiniens, que d'autres cependant s'attachent à recueillir. Or, comme le note l'historien palestinien Nur Masalha, *« l'histoire et l'historiographie ne devraient pas nécessairement être écrites, exclusivement ou essentiellement, par les vainqueurs*[6] *»*. L'accès aux archives britanniques et américaines a également facilité, il faut le noter, le travail des chercheurs.

Mais la plongée dans les archives israéliennes et anglo-saxonnes n'aurait sans doute pas été à ce point fructueuse si les dix années suivant leur mise à disposition n'avaient pas été notamment marquées par la guerre du Liban de 1982 et le déclenchement de l'*intifada* en 1987, qui accentuèrent, en Israël même, le clivage entre camp nationaliste et camp de la paix. Avi Shlaïm insiste en particulier sur le fait que la guerre du Liban fut une guerre offensive, comme Menahem Begin lui-même le reconnut. *« Avec cet aveu sans précédent dans l'histoire du mouvement sioniste,* écrit-il, *le consensus national autour de la notion de* ein brera [« ne pas avoir le choix »] *a commencé à s'émietter, créant un espace politique pour un réexamen critique de l'histoire antérieure du pays*[7]. *»* Pour un autre pionnier de la « nouvelle histoire », Ilan Pappé, ce n'est pas un hasard si la découverte de l'origine du problème palestinien coïncide avec le retour de celui-ci au premier plan : le dialogue israélo-palestinien engagé à l'époque du soulèvement est *« essentiellement mené,* précise-t-il, *sous la conduite des univer-*

sitaires. Aussi étonnant que cela puisse paraître, c'est à la faveur de ce dialogue que la plupart des chercheurs israéliens travaillant sur l'histoire de leur pays et qui n'étaient pas liés aux groupes politiques radicaux ont pris connaissance de la version historique de leurs homologues palestiniens. Bon nombre d'entre eux se sont aperçu, à l'occasion de cette rencontre, de la réelle valeur de travaux universitaires jusque-là considérés comme de pure propagande. Certains chapitres déplaisants, voire choquants, de l'histoire israélienne ont été révélés. Mais, plus que tout, les chercheurs israéliens ont pris conscience de la contradiction fondamentale entre les ambitions nationales sionistes et leur mise en œuvre aux dépens de la population locale de Palestine[8] ».

Ajoutons que la manipulation de l'histoire à des fins politiques n'est évidemment pas une exclusivité israélienne : elle va le plus souvent de pair avec le nationalisme. Toutefois, fréquemment, les générations nouvelles ont pris, ici et là, à des degrés divers, leurs distances avec la falsification idéologique du passé. Ainsi la démarche des « nouveaux historiens » et l'écho qu'ils ont rencontré reflètent-ils une attitude plus « laïque » de la société israélienne, comme de beaucoup d'autres, à l'égard de sa propre histoire.

Tom Segev va plus loin. Réflexion faite, il conteste jusqu'à l'expression « nouveaux historiens », car elle « *produit l'impression qu'il s'agirait d'historiens "révisionnistes", c'est-à-dire de gens qui procèdent à une révision des thèses de l'historiographie courante ou des méthodes de recherche en vigueur actuellement. À mon sens, il serait encore plus judicieux de considérer la plupart de ces gens comme les "premiers historiens" : ils travaillent en effet dans un pays où il n'existait pas de véritable historiographie. Ce dont le pays disposait, c'était d'un dogme mythologique* [...]. *C'est pourquoi il faut parler d'une première génération d'historiens ; des historiens qui explorent des terres vierges*[9] ».

Courage : c'est le mot qui convient pour qualifier l'engagement des « nouveaux historiens » israéliens, par-delà le débat que suscitent leurs travaux et les critiques qu'ils appellent sans doute – le chapitre 8 et la postface leur sont consacrés. Car ce n'est pas sur une page d'histoire parmi d'autres qu'ils ont contribué à approcher la vérité. Ce qui a été mis à nu, c'est bel et bien le « péché originel » d'Israël – pour reprendre l'idée de Shabtaï Teveth qui, on le lira dans la postface, y voit une mise en cause de la légitimité même de l'État juif. Pourtant le droit, indiscutable, des survivants du génocide hitlérien à vivre en sécurité dans un État devait-il exclure celui, non moins indiscutable, des filles et fils de la Palestine à vivre, eux aussi, en paix dans leur État ? Cinquante ans plus tard, il est temps d'en finir avec cette logique génératrice de guerre et de permettre aux deux peuples de coexister. Sans jeter, pour autant, un voile pudique sur l'origine de la tragédie...

Ce langage de bon sens n'a pas été entendu chez nous. Dix ans après sa parution, *The Birth of the Palestinian Refugee Problem,* pourtant tiré pour l'essentiel des archives israéliennes, n'est toujours ni traduit ni publié en France. Plus généralement, à l'exception du *Septième million,* l'étude de Tom Segev sur Israël et le génocide, publiée par Liana Levi, aucun « nouvel historien » israélien n'a eu l'heur de retenir l'attention d'un éditeur français[10]. Quels qu'en soient les motifs, idéologiques ou/et commerciaux, cette censure de fait tient du paradoxe : les Israéliens ont eu le droit de mieux comprendre les conditions de la naissance de leur État et, par la même occasion, du problème palestinien, mais pas les Français !

Un demi-siècle après la création de l'État d'Israël et une décennie après la parution de ses premiers livres d'histoire dignes de ce nom, il était temps de réparer cet « oubli ».

Notes

1. *Haaretz,* Tel Aviv, 27 janvier 1998.

2. In *Middle East Forum,* novembre 1961, republié avec un nouveau commentaire par le *Journal of Palestine Studies,* publié par University of California Press pour l'Institute for Palestine Studies et Kuwait University, Berkeley, n° 69, vol. XVIII, 1988.

3. Les livres de la *Revue d'études palestiniennes,* Paris, 1984.

4. Leurs livres les plus importants sont : Simha Flapan, *The Birth of Israel, Myths and Realities,* Croom Helm, Londres et Sydney, 1987 ; Tom Segev, *1949. The First Israelis,* Free Press MacMillan, New York Londres, 1986 ; Avi Shlaïm, *Collusion Across the Jordan. King Abdullah, the Zionist Movement and the Partition of Palestine,* Clarendon Press, Oxford, 1988 ; Ilan Pappé, *Britain and the Arab-Israeli Conflict, 1948-1951,* MacMillan, New York, 1988, et *The Making of the Arab-Israeli Conflict, 1947-1951,* I. B. Tauris, Londres et New York, 1992 ; et Benny Morris, *The Birth of the Palestinian Refugee Problem, 1947-1949,* Cambridge University Press, Cambridge, 1987, et *1948 and After. Israel and the Palestinians,* Clarendon Press, Oxford, 1990.

5. La remise en cause ne se limite évidemment pas à la première guerre israélo-arabe : elle touche aussi l'attitude de la direction sioniste face au génocide (avec en particulier *The Seventh Million* de Tom Segev, traduit en français chez Liana Levi en 1992), voire la nature

de la colonisation juive à l'époque du mandat britannique. De même, Benny Morris a poursuivi son exploration des archives pour mettre à jour l'expansionnisme israélien dans les années 50 (*Israel's Border Wars : Arab Infiltration, Israeli Retaliation and the Countdown to the Suez War*, Clarendon Press, Oxford, 1993). Elle s'étend également à d'autres disciplines que l'histoire, en premier lieu la sociologie, avec en particulier la question de la place des Juifs orientaux dans la société israélienne, des origines à nos jours...

6. Nur Masalha, « "1948 and After" revisited », *Journal of Palestine Studies*, publié par University of California Press pour l'Institute of Palestine Studies et Kuwait University, Berkeley, n° 96, vol. XXIV, 1995, p. 95.

7. Avi Shlaïm, « The Debate about 1948 », *International Journal for Middle Eastern Studies*, n° 27, publié par Cambridge University Press, New York, 1995, p. 290.

8. Ilan Pappé, « La critique post-sioniste en Israël », *Revue d'études palestiniennes*, Paris, n° 12, été 1997, p. 35.

9. Tom Segev, « Les nouveaux historiens : pourquoi sont-ils si agaçants ? », *in* « Les nouveaux enjeux de l'historiographie israélienne », édité par Florence Heymann, *Lettre d'information du Centre de recherche français de Jérusalem*, Jérusalem, n° 12, décembre 1995.

10. *Les premiers Israëliens*, de Tom Segou, a été publié en février 1998 par Calmann-Levy, douze ans après la version originale en hébreu. Le livre porte sur la période consécutive au premier conflit israélo-arabe.

D'un partage à l'autre

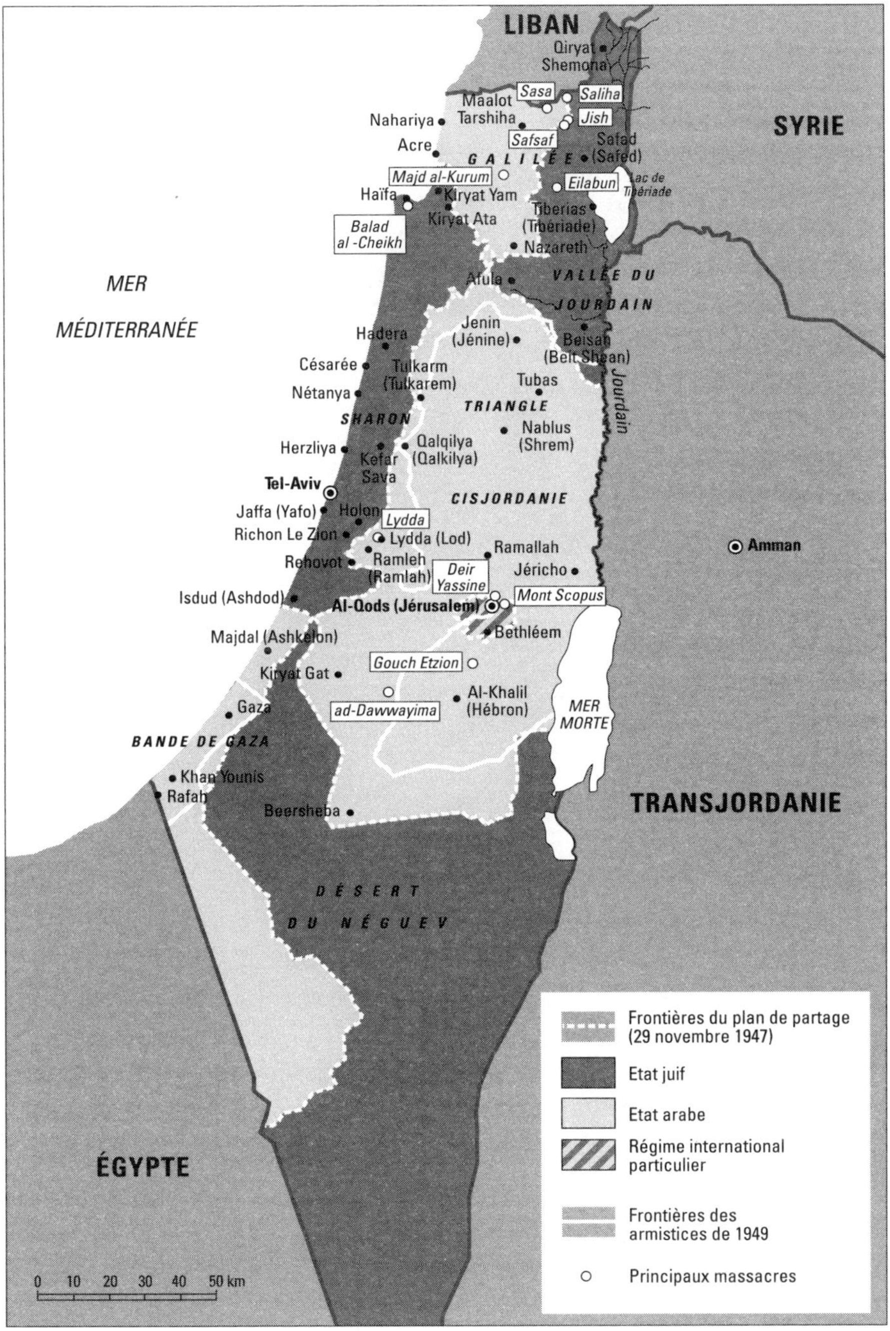

La guerre israélo-arabe (15 mai 1948 - 20 juillet 1949)

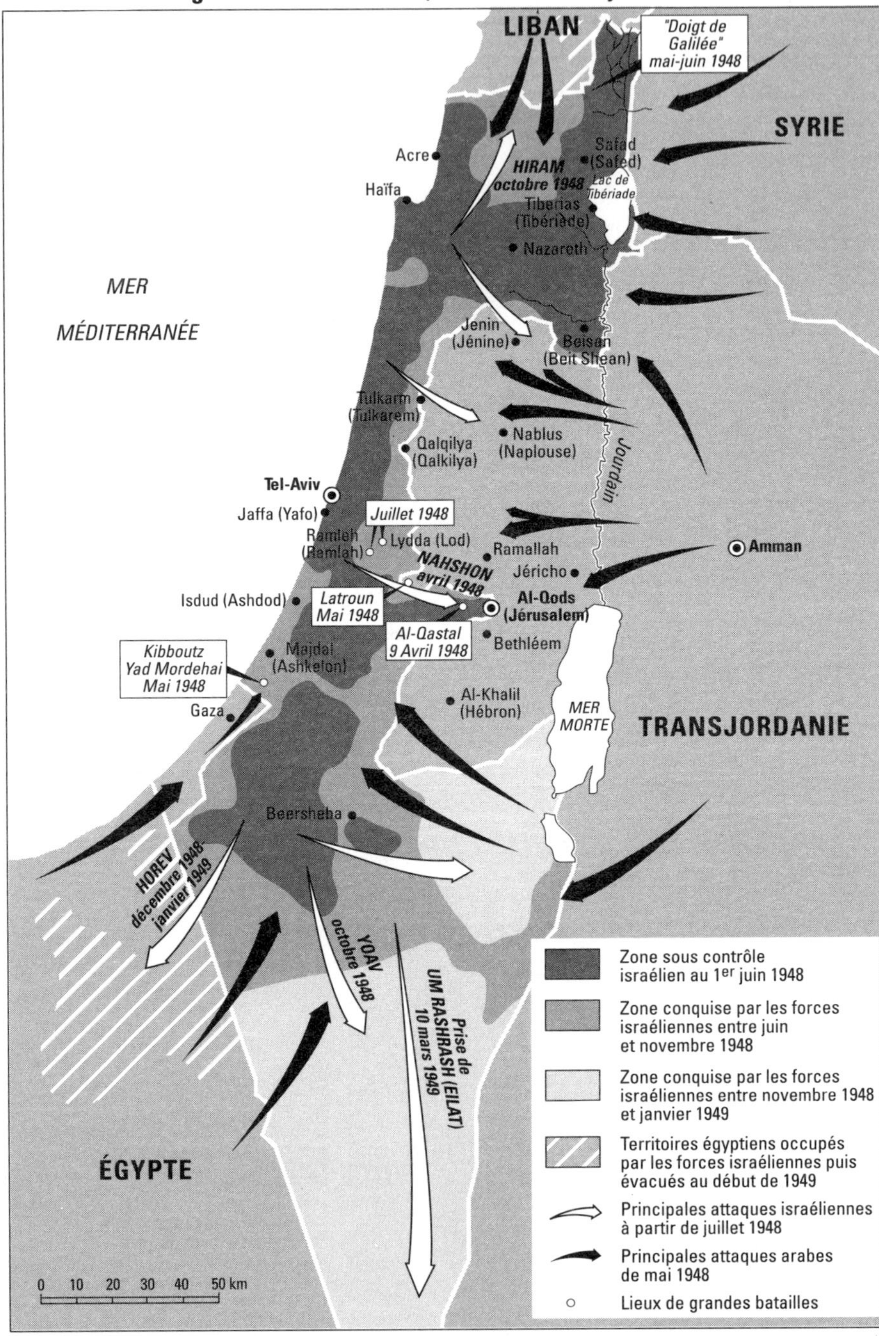

Petit glossaire des années 40

Abdallah Ibn bin Hussein (1822-1951) : Fils du chérif Hussein de la Mecque, placé par les Britanniques en 1921 à la tête de l'Émirat de Transjordanie, il devient roi lors de l'indépendance formelle du pays, en 1946. Rêvant de prendre la tête d'une « Grande Syrie » englobant la Palestine, il négocie en secret avec les dirigeants sionistes afin d'empêcher la naissance d'un État palestinien et de récupérer la Cisjordanie, qu'il annexera effectivement en 1950. L'année suivante, il mourra assassiné à l'entrée de la mosquée al-Aksa de Jérusalem par un Palestinien proche du grand mufti de Jérusalem Hadj Amin Al-Husseini.

Agence juive : Prévue à l'article 4 du mandat britannique sur la Palestine, l'Agence juive n'est créée qu'en 1929. Elle dirige la communauté juive de Palestine et la représente auprès des autorités mandataires. Au fur et à mesure de la lutte pour la création d'un État juif en Palestine, elle devient pour les Juifs du pays une sorte de gouvernement avant la lettre.

Agoudat Israël : Parti juif religieux orthodoxe, non sioniste.

Alia : De l'hébreu « montée », désigne l'immigration des Juifs en Palestine.

Begin (Menahem) (1913-1992) : Ancien chef du Betar – l'organisation de jeunesse du mouvement sioniste d'extrême-droite, dit « révisionniste » – en Pologne, chef de l'Irgoun en Palestine, puis fondateur du parti Herout. Il deviendra Premier ministre en 1977.

Ben Gourion (David), né David Grin (1886-1973) : Secrétaire général du Mapaï, il accède en 1935 à la présidence de l'Exécutif sioniste et de l'Agence juive. À ce titre, il dirige, après-guerre, la lutte politique, diplomatique et militaire pour l'indépendance de l'État d'Israël. Après la proclamation de cette dernière, il exerce à la fois les fonctions de Premier ministre et celles de ministre de la Défense, dirigeant en particulier les opérations contre les Palestiniens et les forces armées des États arabes.

Bevin (Ernest) (1881-1951) : Secrétaire au Foreign Office britannique de 1945 à 1951, il décide et réalise, après d'ultimes tentatives pour le sauvegarder, l'abandon par la Grande-Bretagne de son mandat sur la Palestine.

Fonds national juif : En hébreu Keren Kayemet, c'est l'organisme chargé de l'achat de terres en Palestine.

Hagana : De l'hébreu « défense », désigne la principale armée juive (illégale) avant la création des Forces de défense d'Israël (Tsahal) fin mai 1948.

Haut comité arabe (HCA) : Animateur de la grande révolte palestinienne de 1936-1939, interdit en 1937, ce comité est réactivé par la Ligue arabe en 1946. La présidence est réservée à Hadj Amin Al-Husseini, alors en exil, mais les proches de ce dernier en contrôlent la direction.

Husseini (Hadj Muhammad Amin Al-) (1893 ?-1974) : Après avoir pris part à la Révolte arabe de 1917-1918 contre les Turcs, il milite activement dans les organisations nationalistes. Devenu grand mufti de Jérusalem en 1921, il dirige le soulèvement palestinien de 1936-1939 et prend naturellement la tête du Haut comité arabe après la guerre, durant laquelle il a trouvé refuge à Berlin et contribué à la mobilisation musulmane en faveur de l'Allemagne nazie. Nommé par la Ligue arabe à la tête du Haut comité arabe (palestinien), il tente de jouer – depuis l'Égypte, où il est réfugié – un rôle dans les combats de 1948-1949. Après la défaite, il crée à Gaza le Gouvernement de toute la Palestine.

Irgoun : Créée en Pologne par Vladimir Zeev Jabotinsky, le fondateur et le chef du courant sioniste fascisant, dit « révisionniste », l'Organisation militaire nationale (Irgoun Zvai Leumi) s'illustrera par le recours systématique au terrorisme, tant dans la lutte contre les Britanniques que dans le combat contre les Arabes. Ses milices portent notamment, avec celles du Lehi, la responsabilité de l'attentat contre l'hôtel King David de Jérusalem et du massacre du village de Deir Yassine.

L'Irgoun donnera naissance, en août 1948, au parti Herout, cœur de l'actuel Likoud.

Kibboutz : Organisées selon les principes collectivistes, ces communes agricoles ont joué un rôle décisif dans l'expansion de la communauté juive de Palestine.

Knesset : Nom de la chambre unique du Parlement israélien.

Légion arabe : Dirigée par Sir John Bagot Glubb (Pacha) depuis 1939, cette formation militaire est devenue en 1946, avec quelque 10 000 hommes, l'armée régulière de la Transjordanie. Mais son financement, son équipement et son encadrement demeurent largement britanniques.

Lehi : Dissident de l'Irgoun, à laquelle il reproche d'observer, depuis 1940, une trêve dans le combat contre les Britanniques, Abraham Stern fonde le Lehi, contraction de Lohamei Herout Israel (Combattants de la liberté d'Israël, en hébreu). Ceux-ci reprennent la lutte armée en multipliant les attentats, exécutions et extorsions de fonds. Stern pousse même l'organisation à prendre contact, durant l'hiver 1940-1941, avec les nazis auxquels elle propose une alliance en bonne et due forme – en vertu de l'adage selon lequel les ennemis (les Allemands) de nos ennemis (les Britanniques) sont nos amis. Après la mort de son fondateur en février 1942, le Lehi est dirigé par une troïka clandestine, dont l'un des membres est Itzhak Shamir et qui le lance dans un terrorisme impitoyable contre l'occupant, puis contre les Arabes de Palestine : le groupe s'illustrera notamment lors du massacre du village de Deir Yassine et de l'assassinat du comte Folke Bernadotte – ce dernier « fait d'armes » lui vaudra d'être interdit.

Ligue arabe : Née le 22 mars 1945 à Alexandrie, la Ligue des États arabes comprend, à l'origine, l'Égypte, l'Irak, le Liban, l'Arabie Saoudite, la Syrie, la Transjordanie et le Yémen (Nord). Le régime égyptien a pris l'initiative de sa création pour contrer les manœuvres de la Grande-Bretagne et de ses alliés hachémites d'Amman et de Bagdad, qui tentent alors de mettre sur pied un État unifié du « Croissant fertile » (ou Grande Syrie) qui comprendrait la Palestine et la Syrie. La Ligue se montrera incapable de surmonter les divisions entre ses États membres, en particulier sur la question de la Palestine.

Mapaï : Issu en 1929 de la fusion des principaux groupes sionistes socialistes et dirigé par David Ben Gourion, le Parti des travailleurs du pays d'Israël voit son influence grandir jusqu'en 1944, où il obtient près de 60 % des voix de la communauté juive de Palestine. Il sera la force dirigeante des gouvernements israéliens jusqu'en 1977.

Mapam : Parti marxisant, né de la fusion, en janvier 1948, des deux principaux groupes sionistes situés à gauche du Mapaï, l'Hachomer Hatzaïr (Le jeune gardien) marxiste et le mouvement regroupant l'Ahdout Haavoda (Union du travail) et le pro-soviétique Poale Sion Smole (Travailleurs de Sion de gauche).

Meïr (Golda), née Meyerson (1898-1978) : Dirigeante du Mapaï, elle remplace Moshe Sharett, arrêté par les Britanniques en 1946, à la tête du Département politique de l'Agence juive. Elle représentera également celui-ci, retenu aux Nations unies, lors de la rencontre du 17 novembre 1947 à l'occasion de laquelle elle parviendra à un accord secret avec le roi Abdallah : en échange de sa non-intervention contre l'État juif à naître, la Transjordanie obtiendrait l'essentiel de la Cisjordanie. Golda Meïr vient alors de se rendre à Moscou où elle sera le premier ambassadeur d'Israël. Elle dirigera le gouvernement israélien de 1969 à 1974.

Mossad : Chargé de l'immigration clandestine des Juifs vers la Palestine, le Mossad Alia Bet (Organisation de la seconde montée, en hébreu) affrète des bateaux qui débarqueront, entre 1945 et mai 1948, 69 800 Juifs, dont 51 500 seront interceptés et déportés à Chypre par les Britanniques. Ce terme désignera ensuite le service de renseignements extérieurs d'Israël.

Nekba : En arabe « catastrophe », terme utilisé par les Arabes pour décrire les événements de 1947-1949 en Palestine.

Palmah : Contraction de Pelugot Mahatz (Brigades d'assaut, en hébreu), désigne les forces d'élite combattant aux côtés de la Hagana et se situant dans la mouvance idéologique des différentes composantes du Mapam, notamment l'Ahdout Haavoda.

Qawuqji (Fawzi Al-) (1890-1976) : Ancien de la révolte druze de Syrie (1925-1927), ce soldat syro-libanais avait recruté, en 1936, de nombreux volontaires, notamment syriens et irakiens, pour soutenir la Révolte arabe de Palestine. Dans le même esprit, il rassemble quelques milliers d'hommes, forme l'Armée dite de Libération, dont il prend la direction et qu'il emmène en Palestine, à partir de janvier

1948, pour appuyer la guérilla arabe. Ses dernières troupes seront repoussées au Liban-Sud par l'armée israélienne. Les Palestiniens ont conservé de nombre de ces hommes le souvenir de voleurs, de violeurs et d'assassins.

Rabin (Itzhak) (1922-1995) : Membre du Palmah depuis 1940, il commande, durant la guerre de 1948-1949, la brigade Harel sur le front de Jérusalem. À ce titre, il dirige, le 12 juillet 1948, l'expulsion de la population arabe de Lydda et de Ramleh. Il participera ensuite, à Rhodes, à la négociation de l'accord d'armistice israélo-égyptien. Il sera Premier ministre d'Israël de 1974 à 1977, puis à nouveau de 1992 à son assassinat, le 4 novembre 1995.

Shamir (Yitzhak), né Yzernitzky (1915-) : Fidèle d'Abraham Stern à la tête du groupe révisionniste dissident, il sera l'un des trois responsables du Lehi après la mort d'Abraham Stern. Shamir prendra la tête du gouvernement israélien de 1983 à 1984, puis de 1986 à 1992.

Sharett (Moshe), né Shertok (1894-1965) : Successeur de Haïm Arlozoroff, assassiné en 1933, à la tête du Département politique de l'Agence juive, il sera le premier ministre des Affaires étrangères d'Israël avant d'accéder à la fonction de Premier ministre (1954-1956).

Unscop : Nommé par l'Assemblée générale des Nations unies en avril 1947, le United Nations Special Committee on Palestine enquête sur le terrain durant l'été 1948 et rend son rapport le 31 août. Il propose le partage de la Palestine en deux États, l'un juif et l'autre arabe, plus une zone internationale pour Jérusalem et les Lieux saints. L'Assemblée générale entérinera cette démarche le 29 novembre 1947.

Weizmann (Haïm) (1874-1952) : Sioniste modéré, partisan de la coopération avec Londres - dont il a obtenu, en 1917, la Déclaration Balfour –, il présidera l'Organisation sioniste de 1920 à 1948 presque sans interruption avant de devenir le premier chef d'État d'Israël.

Yichouv : Nom donné à la communauté juive de Palestine avant la création de l'État d'Israël.

Brève chronologie : 1947-1949

1947

18 février	Le ministre britannique des Affaires étrangères, Ernest Bevin, annonce à la Chambre des Communes que Londres va « *soumettre* [la question palestinienne] *au jugement des Nations unies* ».
1er mars	Raids de l'Irgoun contre une quinzaine d'objectifs militaires britanniques.
28 avril	Ouverture à New York de la session extraordinaire des Nations unies sur la Palestine. Elle décide de créer une commission d'enquête, l'Unscop.
4 mai	L'Irgoun attaque la prison de Saint-Jean-d'Acre et libère plusieurs centaines de militants sionistes emprisonnés par les Britanniques.
14 mai	Devant l'Assemblée générale des Nations unies, le Soviétique Andreï Gromyko préconise la création en Palestine d'« *un État judéo-arabe unifié* », mais envisage, en cas d'affrontements, « *le partage de ce pays en deux États* ».
3 juin	Londres annonce son plan de partage de l'Inde.
5 juin	Publication du plan Marshall.
Juin-juillet	Enquête de l'Unscop en Palestine (et dans les camps de personnes déplacées-DP), boycottée par le Haut comité arabe (palestinien).

12 juillet	L'Irgoun enlève deux sergents britanniques, qu'elle menace d'exécuter.
18 juillet	L'*Exodus* est arraisonné par la Royal Navy, avec ses 4 500 occupants, au large de Gaza. Les passagers doivent regagner Port-de-Bouc, qu'ils atteignent le 29 juillet, avant de débarquer à Hambourg le 8 septembre.
31 juillet	L'Irgoun assassine ses deux otages.
31 août	L'Unscop remet son rapport dans lequel la majorité se prononce pour un partage.
26 septembre	Le Royaume-Uni annonce qu'il va se retirer de Palestine.
5 octobre	Création du Kominform, alors que la guerre civile en Grèce s'étend.
7-15 octobre	Réunion du Conseil de la Ligue arabe à Aley (Liban). Pour la première fois, une intervention militaire en Palestine est envisagée.
17 novembre	Au cours d'une entrevue secrète, le roi Abdallah et Golda Meyerson (remplaçant Moshe Shertok, le chef du département politique de l'Agence juive retenu à New York par la bataille diplomatique au sein des Nations unies) envisagent un autre partage – au lieu de former le cœur de l'État arabe prévu, la Cisjordanie serait annexée par la Transjordanie.
29 novembre	L'Assemblée générale des Nations unies adopte, à la majorité des deux tiers, la résolution 181 qui partage la Palestine en deux États, l'un juif et l'autre arabe, plus une zone internationale avec Jérusalem et les Lieux saints. La Grande-Bretagne annonce qu'elle ne coopérera pas à l'application de ce plan et qu'elle conservera tous ses pouvoirs jusqu'à la fin du mandat fixé par elle au 15 mai.
30 novembre	Les sept premiers morts de la guerre de 1947-1949 tombent en Palestine.
1er décembre	Premier contrat d'armes signé par la Hagana avec la Tchécoslovaquie.
5 décembre	Washington décrète un embargo des armes vers le Proche-Orient.

11 décembre Le quartier juif de Jérusalem est coupé de Tel Aviv par la Légion arabe de Transjordanie.

15 décembre Quinze jours après l'adoption du plan de partage, on compte déjà 160 morts en Palestine, en majorité arabes.

1948

8 janvier 1 500 volontaires arabes de l'Armée dite de Libération de Fawzi Al-Qawuqji pénètrent en Palestine – ils seront 3 800 le 15 mai.

15 janvier Signature d'un traité d'alliance entre Londres et Bagdad. De violentes émeutes en Irak empêcheront sa ratification.

22 janvier Un convoi blindé de la Hagana tombe aux mains de partisans arabes, qui en tuent tous les occupants.

25 février « Coup de Prague ».

Fin février Selon l'ONU, les combats en Palestine ont déjà fait 869 morts et 1 909 blessés. Et des sondages indiquent que l'opinion américaine, jusque-là favorable au partage, s'en écarte en majorité.

8 mars Harry Truman annonce sa candidature à un second mandat présidentiel.

15 mars Nouveau traité d'alliance entre la Jordanie et le Royaume-Uni.

19 mars Le représentant américain au Conseil de sécurité de l'ONU propose de remplacer le plan de partage par une « tutelle » internationale. Londres, en désaccord, recherche cependant aussi le moyen d'empêcher l'application de la résolution du 29 novembre 1947.

Fin mars Conformément à l'accord amorcé en décembre 1947 et ratifié en janvier 1948, à New York, par Andreï Gromyko et Moshe Shertok, les premières armes tchécoslovaques arrivent en Palestine. La contre-offensive juive peut commencer, avec l'opération Nahshon et le plan Dalet.

9 avril Massacre de Deir Yassine. Mort du chef palestinien Abdel Qader Al-Husseini dans les combats pour la prise de Castal. La route de Jérusalem est - temporairement - réouverte pour les Juifs.

13 avril L'attaque d'un convoi juif se rendant au mont Scopus fait 77 morts.

18 avril La Hagana s'empare de Tibériade ; le 22 elle prend Haïfa.

10 mai Les troupes juives emportent Safed et, le 13 mai, Jaffa.

12 mai Harry Truman exige de Moshe Shertok, qui sera bientôt ministre des Affaires étrangères, que l'Agence juive renonce à proclamer l'indépendance d'Israël. Mais, auparavant, il a fait savoir au futur président Haïm Weizmann... qu'il reconnaîtra l'État juif.

14 mai Fin du mandat britannique et proclamation de l'État d'Israël. Les États-Unis reconnaissent *de facto* le nouvel État. Les armées de cinq pays arabes entrent dès le lendemain en Palestine.

17 mai L'URSS reconnaît *de jure* Israël. La Hagana conquiert Saint-Jean-d'Acre. Le lendemain, les Égyptiens prennent Beersheba.

20 mai Le comte suédois Folke Bernadotte est nommé médiateur des Nations unies.

28 mai Le quartier juif de la vieille Jérusalem capitule.

29 mai L'offensive égyptienne est stoppée à Isdud (future Ashdod).

31 mai Naissance des « Forces de défense d'Israël » (Tsahal), qui fusionnent la Hagana, le Palmah et - théoriquement - les milices de l'Irgoun et du Lehi.

11 juin-8 juillet Première trêve israélo-arabe.

20-22 juin Crise de l'*Altalena* - la Hagana coule, à coups d'obus, ce bateau affrété par l'Irgoun pour se ravitailler unilatéralement en armes, alors que les miliciens de l'organisation, comme ceux du Lehi, sont censés intégrer les Forces de défense d'Israël créées trois semaines plus tôt.

23 juin Début du blocus de Berlin.

28 juin Premier plan Bernadotte.

9 juil.-18 juil. « Guerre des Dix jours ». Israël enlève Lydda, Ramleh et Nazareth.

18 juil.-15 oct. Deuxième trêve.

17 septembre Assassinat du comte Bernadotte par un commando extrémiste. Trois jours plus tard, le gouvernement de Tel Aviv dissout le Lehi et l'Irgoun, tenus pour responsables.

23 septembre Création du Gouvernement arabe pour toute la Palestine reconnu par tous les États arabes, à l'exception de la Transjordanie.

2 octobre Réunion à Amman d'un Congrès palestinien qui proclame son allégeance au roi Abdallah de Transjordanie.

15 octobre Tsahal rompt la trêve et attaque dans le Néguev. L'opération Yoav dure jusqu'au 22.

29-31 octobre L'opération Hiram permet à Tsahal de chasser l'Armée de Libération de Galilée.

Novembre Harry Truman est réélu président des États-Unis.

1er décembre Réuni à Jéricho, le nouveau Congrès palestinien, présidé par Mohamed Al-Jaabari, demande le rattachement de la Palestine au royaume hachémite.

11 décembre L'Assemblée générale des Nations unies se prononce pour le droit au retour des réfugiés arabes et réaffirme le statut international de Jérusalem ainsi que son contrôle par les Nations unies.

17 décembre L'ONU refuse l'admission d'Israël.

22 décembre Reprise des combats entre l'Égypte et Israël, qui conquiert la plus grande partie du Néguev.

28 décembre Assassinat du Premier ministre égyptien Nokrachi Pacha par un étudiant affilié aux Frères musulmans.

1949

7 janvier Menacée d'une intervention directe des forces britanniques, Tsahal abandonne le nord du Sinaï.

25 janvier Élections à l'Assemblée constituante israélienne.

24 février Signature à Rhodes d'un accord d'armistice entre l'Égypte et Israël.

10 mars Les troupes israéliennes foncent vers la mer Rouge et s'emparent du village d'Umm Rashrash – la future Eilat.

23 mars Armistice israélo-libanais.

30 mars Premier coup d'État en Syrie qui inaugure une série de bouleversements dans un monde arabe secoué par la défaite.

3 avril Armistice jordano-israélien.

11 mai Israël est admis au sein des Nations unies.

12 mai Signature par Israël et les États arabes des protocoles de la conférence de Lausanne, organisée par la Commission de conciliation sur la Palestine des Nations unies.

20 juillet Convention d'armistice syro-israélienne.

8 décembre Constitution de l'Office de secours et de travaux des Nations unies pour les réfugiés palestiniens (UNRWA).

CHAPITRE I

DU GÉNOCIDE AU PARTAGE DE LA PALESTINE

Flushing-Meadows, près de New York, le 29 novembre 1947 : à la majorité, requise, des deux tiers, l'Assemblée générale des Nations unies adopte, sous le nom de résolution 181, un plan de partage de la Palestine. Par 33 voix pour (dont les États-Unis et l'URSS) contre 13 et 10 abstentions (dont la Grande-Bretagne), elle décide de créer deux États, l'un juif et l'autre arabe, tout en plaçant Jérusalem et les Lieux saints sous un *« régime international particulier*[1] *»*.

Pour le mouvement sioniste, l'heure est historique. Mille neuf cents ans après la disparition de toute structure étatique juive en Terre sainte, la communauté internationale reconnaît le droit des Juifs à y reconstruire un État - aux côtés, il est vrai, d'un État arabe. Durant des siècles, certes, les Juifs pieux de la diaspora se sont promis de ne pas oublier Jérusalem, au point de s'y donner rituellement rendez-vous *« l'an prochain »*. Mais rares furent ceux qui, à travers toutes ces générations, pensèrent vraiment y recréer une souveraineté juive. Vint Theodor Herzl : bouleversé par l'affaire Dreyfus, qu'il suivait à Paris pour son journal, cet intellectuel juif jusque-là assimilationniste rédige *L'État des Juifs* et, un an plus tard, en août 1897, réunit le premier Congrès juif mondial. Tirant leur nom de Sion, une colline de Jérusalem, les sionistes revendiquent pour le *« peuple juif »* un *« foyer reconnu publiquement et garanti juridiquement*[2] *»*.

Mais ce projet, Herzl le sait, n'a de chance d'aboutir que s'il bénéficie de l'appui d'une grande puissance. C'est en vain que le fondateur du sionisme tentera de convaincre le Sultan ottoman, l'empereur Guillaume, les ministres du tsar de Russie Witte et Von Plehve ou le Pape Pie X. En 1904, le fondateur du sionisme politique se tourne enfin vers Londres : *« L'Angleterre, la puissante Angleterre avec sa perspective embrassant le monde, nous comprendra, nous et nos aspirations,* lance-t-il devant le quatrième Congrès de son mouvement. *Avec l'Angleterre en guise de point d'appui, nous pouvons être assurés que l'idée sioniste s'élancera plus avant et plus haut que jamais auparavant. »* Mais Herzl meurt en 1908. Neuf ans plus tard, Haïm Weizmann réalisera son rêve. C'est que le gouvernement de Sa Gracieuse Majesté, en pleine guerre mondiale, a besoin de l'appui des Juifs : dans l'immédiat, pour garantir l'engagement des États-Unis et de la Russie contre l'Allemagne ; à plus long terme, pour se donner un atout supplémentaire en vue du dépeçage de l'Empire ottoman. D'où la fameuse déclaration Balfour du 2 novembre 1917 : *« Le gouvernement de Sa Majesté envisage favorablement l'établissement en Palestine d'un Foyer national pour le peuple juif et emploiera tous ses efforts pour la réalisation de cet objectif, étant clairement entendu que rien ne sera fait qui puisse porter atteinte aux droits civils et religieux des collectivités non juives »* – lesquelles, soulignons-le, regroupent alors 90 % de la population de Palestine...

Et, forts du mandat qui leur sera confié en 1922, les Britanniques tiennent parole... sur le premier point. Grâce à l'administration britannique, la communauté juive de Palestine, dite Yichouv, devient un État dans l'État. Les chiffres ne sauraient mentir : de 1922 à la fin de 1946, le nombre de Juifs grimpe de 84 000 à 608 000, c'est-à-dire d'un dixième à un tiers de la population totale ; la superficie possédée par des Juifs s'étend, entre 1897 et 1947, de 20 000 à 180 000 hectares, soit 7 % des terres – sur lesquelles les colonies juives, dont le nombre a crû de 27 à 300, produisent 28 % du produit agricole de la Palestine ; quant à la production industrielle du Yichouv, elle explose littéralement de l'indice 100 en 1920-1922 à l'indice 1029 en 1937-1938, pour doubler encore jusqu'à la fin de la Seconde Guerre mondiale ; le revenu moyen juif atteint alors le double du revenu moyen arabe [3]...

Seule limite à cette expansion, la résistance des Arabes de Palestine. Elle se manifeste de plus en plus massivement et violemment, à la mesure de l'immigration juive grossie par la montée du péril nazi. Aux premiers heurts sérieux de 1921 et de 1929 succède, de 1936 à 1939, une insurrection qui prend vite des allures de guerre civile. Aidée par les forces armées juives, l'armée britannique mate la révolte. Mais le Foreign Office infléchit sa politique, pour ne pas rejeter le monde arabe, profondément heurté par le sort de ses frères de Palestine, dans les bras du chancelier Hitler. C'est le « Livre blanc » de 1939 : Londres limite l'immigration juive à 75 000 personnes en cinq ans, restreint l'achat de terres et promet d'amener dans les dix ans la Palestine à l'indépendance avec au maximum un tiers de Juifs.

« Pour que cela ne se reproduise plus... »

Les politiciens britanniques tenteront vainement, une fois la Seconde Guerre mondiale terminée, de s'accrocher à ce plan : il est littéralement inapplicable. « *Au sortir de la guerre,* note Élie Barnavi, *la vision d'horreur des camps de la mort, la découverte de l'étendue du désastre – près de six millions de victimes, soit un tiers du peuple juif –, les centaines de milliers de survivants hébétés dont personne ne veut, tout cela investit les thèses sionistes de la simplicité de l'évidence : pour que "cela" ne se reproduise plus, il faut aux Juifs une terre à eux. Ainsi, pour la première fois dans l'histoire du mouvement, l'adhésion des masses juives à travers le monde est pleine et entière, de même que la sympathie de l'opinion mondiale*[4]. » Et l'historien israélien de conclure : « *Pour choquant que cela puisse paraître, Hitler a certainement été le levier le plus puissant dans l'édification de l'État juif*[5]. »

Un État dont la première mission est d'accueillir tous ceux qui, revenus de l'enfer, entendent recommencer leur vie, en premier lieu les centaines de milliers d'hommes et de femmes entassés dans les camps de personnes déplacées (DP), et dont beaucoup n'ont nulle part où aller sauf en Palestine. Car ils ne peuvent ou ne veulent retourner dans leur pays d'origine, où l'antisémitisme reste vivace, comme le prouve, en Pologne, début juillet 1946, le pogrome de Kielce[6]. Le rêve de nombre d'entre eux, c'est bien sûr de gagner le Nouveau monde : en 1947, placés devant « *une égale possibilité d'aller en Palestine ou aux États-Unis, 50 % des survivants* [des camps de concentration] *rejoindraient les malheureux Juifs de la diaspora en*

Amérique[7] ». Mais les autorités des États-Unis ne distribuent les visas qu'au compte-gouttes : entre 1940 et 1948, elles n'ont accepté en tout et pour tout que 57 000 Juifs européens[8]. Tragique, l'impasse alimente l'immigration clandestine, qui, organisée par le Mossad Alia Bet, devient massive. Si bien que les mesures prises par les Britanniques pour stopper le flot se retournent contre eux : le drame de l'*Exodus*, durant l'été 1947, révolte une opinion publique mondiale d'autant plus mobilisée qu'elle ne l'avait guère été face aux persécutions antisémites...

Conscients des avantages que leur offre la situation, les dirigeants du futur État d'Israël sauront les utiliser au mieux. Contre l'« occupant » britannique, ils organiseront une résistance qui ira *crescendo*, n'hésitant pas à recourir au terrorisme. Dès 1940, le groupe le plus extrémiste, dit groupe Stern, avait multiplié les coups de main. En 1944, il est rejoint par l'Irgoun, également issue du courant révisionniste, qui se situe à la droite du mouvement sioniste. Mais bientôt l'armée juive clandestine, la Hagana, se lance à son tour dans la lutte armée. La soldatesque britannique se regroupe autour des sièges de l'administration mandataire, comme autant de petites forteresses ironiquement surnommées par les Juifs « Bevingrad ». Le 22 juillet 1946, un attentat contre l'hôtel King David, siège du mandat, fait une centaine de morts. Pour l'opinion britannique, c'en est trop : « *Bring the boys home !* » s'écrient les manifestants londoniens, qui savent qu'en deux ans près de 150 militaires anglais sont tombés en Terre sainte et 350 y ont été grièvement blessés. Quant au gouvernement de Sa Gracieuse Majesté, il mesure que le Royaume-Uni, épuisé par la Seconde Guerre mondiale, n'a plus les moyens de laisser stationner 100 000 hommes – un dixième de ses forces à l'étranger – en Palestine, ni de dépenser les 40 millions de livres que coûte chaque année le mandat. Reste à trouver la solution la mieux à même de préserver les intérêts britanniques au Proche-Orient...

Implacables avec les Britanniques, les stratèges de l'Agence juive feront en revanche preuve d'une grande souplesse tactique afin de séduire les autres opinions – et dirigeants – occidentaux. En mai 1942, lors du Congrès dit de Biltmore (du nom de l'hôtel de New York où il s'est tenu), David Ben Gourion avait rassemblé l'essentiel de ses troupes autour du mot d'ordre de « *Commonwealth juif* » en Palestine. Progressivement, cependant, il mesure que, pour les Juifs, revendiquer la totalité de la Palestine, c'est nier tout droit aux Arabes et donc s'aliéner des sympathies de la plupart des puissances occidentales qui, à des degrés divers, ont toutes des intérêts à défendre dans les pays de la région. L'Agence juive en tient le plus grand compte. Après avoir repoussé un plan d'autonomie préfigurant soit le partage, soit l'État fédéral, dit plan Morrisson-Grady [9], elle abat ses cartes en se déclarant - le 4 août 1946 - *« prête à discuter une proposition visant à établir un État juif viable dans une partie appropriée de la Palestine* [10] *»*.

Coup double : l'attentat du King David a raison de la résistance britannique, et la volte-face diplomatique du 4 août des réticences américaines. Dès lors, les événements s'accélèrent. Le 18 février 1947, après l'échec d'une ultime conférence judéo-arabe autour d'un plan de cantonisation de la Palestine, le gouvernement travailliste décide de *« porter le problème dans son ensemble devant les Nations unies »*. Lesquelles créent, en avril, une commission spéciale, l'Unscop, afin d'examiner les solutions possibles. Entre-temps, le 14 mai 1947, tournant décisif, le Soviétique Andreï Gromyko a préconisé, de la tribune de l'ONU, la *« création d'un État judéo-arabe unifié »* et, à défaut, *« le partage de ce pays en deux États* [11] *»*. Sur le terrain, la situation va forcer les partisans de la première option à se rallier à la seconde.

Un étrange consensus soviéto-américain

Sur cette perspective apparaît très vite, entre Washington et Moscou, un consensus auquel Israël doit pour beaucoup d'exister. Cet accord semble, avec le recul, d'autant plus incroyable qu'il intervient dans cette *« année terrible »* - l'expression est du général De Gaulle - qu'est 1947. Avec la doctrine Truman, les États-Unis se posent alors en chef de file du « monde libre » face à l'« expansionnisme soviétique ». Quelques mois plus tard, les Soviétiques, avec le rapport Jdanov, entérinent la vision trumanienne en forgeant la théorie des « deux camps », l'impérialiste et l'anti-impérialiste. Comme le remarque Lily Marcou, *« Jdanov semblait achever et mettre au point ce que Truman proposait* [12] *»*. De fait, le monde va basculer dans la guerre froide, et les anciens alliés vainqueurs de l'hitlérisme se disputer la planète. Plan Marshall, exclusion des ministres communistes des gouvernements ouest-européens, création du Kominform, appui américain à la Grande-Bretagne face à la guerre civile en Grèce, prise de pouvoir du PC à Prague, déferlante du maccarthysme aux États-Unis : curieusement, c'est en pleine escalade – alors que s'engage le combat qui les opposera durant plus de quarante ans et se terminera par un retentissant KO – que les adversaires s'entendent sur la question, pourtant épineuse, de la Palestine.

À vrai dire, si les stratèges américains et soviétiques aboutissent à la même conclusion, c'est au terme de raisonnements bien différents. Pour le président Truman, comme pour son prédécesseur Franklin Roosevelt, il s'agit d'une médiation entre des impératifs de nature très hétérogène. Le premier concerne l'attitude à l'égard de l'allié britannique, que Washington ne peut donner l'impression de « lâcher ». Le second, sur lequel insiste naturellement le Département d'État, c'est le double risque que comporterait une brouille avec les États arabes naissants : pour le ravitaillement pétrolier de l'Amérique et pour les aspirations de celle-ci à prendre la relève de la Grande-Bretagne dans la région. Le troisième, et sans doute le plus catégorique, tient au poids électoral des organisations juives américaines pour la réélection du président Harry Truman au scrutin présidentiel prévu en novembre 1948.

Tout autre est la démarche de Joseph Staline. Eu égard à l'antisionisme traditionnel des marxistes, et singulièrement des communistes soviétiques, l'appui de l'Union soviétique à la naissance d'un État juif peut certes paraître incongru. C'est oublier que, dans la politique stalinienne, les intérêts de l'État soviétique ont toujours primé sur les considérations idéologiques. Or, au Proche-Orient, Moscou accorde la priorité au combat contre l'impérialisme dominant dans la région, celui de Londres, dont le talon d'Achille se situe indiscutablement en Palestine. Faute, à l'époque, d'un puissant mouvement national arabe susceptible de s'allier avec l'URSS, cette dernière entend se servir du mouvement sioniste comme d'un levier pour secouer le « joug » britannique en Terre sainte et, au-delà, dans tout le Levant. Avec l'aide du nouveau gouvernement tchécoslovaque, les Soviétiques pousseront cette logique jusqu'à son terme : ils n'hésiteront pas, on le verra, à fournir aux soldats juifs les armes – et même des « volontaires » – sans lesquelles Israël ne l'aurait sans doute pas emporté, sinon face aux milices palestiniennes, en tout cas contre les armées des États arabes. Cet engagement dénué d'ambiguïté n'arrêtera toutefois nullement la montée, simultanée, d'une répression antisémite aussi massive que brutale : le Kremlin redoutait, semble-t-il, que son appui au jeune État juif ne réveille le « nationalisme » des Juifs soviétiques et ne les incite à s'organiser en tant que tels. Il fallait frapper avant que ne soit ébranlée la structuration pyramidale du pouvoir et de la société soviétiques...

Élus grâce à cette convergence soviéto-américaine, les onze membres de l'Unscop découvrent un pays en état de guerre larvée, malgré les appels au cessez-le-feu, lorsqu'ils débarquent en Palestine le 16 juin 1947. La loi martiale décrétée par le Haut-commissaire britannique n'empêche pas les milices révisionnistes d'agir. La commission a beau obtenir la suspension de l'exécution de trois militants de l'Irgoun, celle-ci capturera, le 12 juillet, deux sergents britanniques, qu'elle exécutera peu après le départ des onze sages. Comble d'horreur, les hommes qui tentent de décrocher leurs corps suspendus aux arbres d'une forêt sont grièvement blessés : les terroristes avaient piégé les cadavres !

Autre événement marquant : un mois après l'arrivée des Onze en Palestine, l'*Exodus 1947* – l'ex-*Président Warfield,* un vieux rafiot de 4 000 tonnes affrété par la Hagana – se présente au large de Haïfa, avec à bord 4 500 immigrants juifs, pour la plupart rescapés des persécutions nazies. Depuis août 1946, les Britanniques déportaient à Chypre les arrivants juifs illégaux – il y en eut 11 000 durant les seuls mois de mars, avril et mai 1947. Cette fois, averties des intentions sionistes, les autorités inaugurent une nouvelle tactique : le refoulement. Après un abordage, retransmis par radio au monde entier, qui fait quatre morts et de nombreux blessés, le bateau se rend à l'aube. L'après-midi, à Haïfa, ses passagers sont rudement transférés à bord de navires britanniques sous l'œil d'une foule nombreuse, parmi laquelle Emil Sandstrom, le président de l'Unscop.

Ces images, puis celles du retour de la flottille à Port-de-Bouc, le 29 juillet, et plus encore le débarquement *manu militari* des passagers à Hambourg, le 8 septembre, alimenteront durablement la propagande antibritannique de l'Agence juive. « *Exodus 1947*, explique Christopher Sykes, *fut parmi les plus importants succès du sionisme avant la naissance de l'État d'Israël. Il devint le sujet d'une saga, un livre et un film – ayant autant de ressemblance avec les événements que l'Iliade d'Homère avec le siège de Troie – qui eurent un considérable succès*[13]. »

Un extraordinaire fossé

Un pays en état de guerre et une opinion internationale bouleversée par le drame des rescapés des camps de la mort : le climat dans lequel va travailler la commission d'enquête ne brille pas par sa sérénité. De plus, le Haut comité arabe (HCA) décline toute coopération sous prétexte que la question de l'indépendance ne figure pas dans le mandat de l'Unscop. « *Les droits naturels des Arabes de Palestine,* objectait-il, *sont évidents et ne peuvent continuer à faire l'objet d'enquête*[14]. » Les dirigeants de l'Agence juive, eux, plaident leur cause avec brio, invoquant l'histoire et la Bible, le calvaire des Juifs et le génocide, les réalisations économiques du Yichouv et ses retombées favorables à la communauté arabe. Son président, David Ben Gourion, réclame la fin du mandat, qu'il « *soit britannique ou des Nations unies* ». Après une période de transition garantissant la venue d'un million de Juifs en Palestine, un État indépendant verrait le jour sur l'ensemble du territoire. Comme les délégués de l'Unscop le prient de préciser sa pensée, il spécifie : « *Nous sommes prêts à considérer la question d'un État juif sur une partie significative de la Palestine* [tout] *en réaffirmant notre droit sur toute la Palestine*[15]. »

Avancer un objectif maximal tout en se disant prêt à étudier un compromis : cette démarche fructueuse avait été mise au point par l'Exécutif de l'Agence juive[16]. Le boycott pratiqué par le HCA accentua en revanche, du côté occidental, une incompréhension aussi bien politique que culturelle - les Occidentaux, à l'époque, évidemment informés du destin tragique des Juifs, ignorent tout, ou presque, des aspirations des Arabes palestiniens, et plus généralement de ce que l'on n'appelle d'ailleurs pas encore le tiers-monde. Ce fossé ne sera comblé, ni par les quelques rencontres clandestines avec des représentants de la gauche palestinienne[17], ni par le mémorandum du mouvement communiste palestinien, la Ligue de libération nationale (LLN), ni enfin par l'entrevue de l'Unscop, à Beyrouth, le 23 juillet 1947, avec les États de la Ligue arabe. Ceux-ci exigèrent aussi la fin du mandat - après une période de transition - et l'établissement d'un État arabe indépendant, mais qui signerait un traité d'alliance avec Londres. Les Juifs entrés illégalement en Palestine ou n'ayant pas demandé la nationalité - au total, selon eux, 400 000 personnes, soit les deux tiers des immigrants - seraient, les premiers expulsés, les seconds livrés au bon vouloir du futur gouvernement, c'est-à-dire du Haut comité arabe[18]. « *J'ai écouté vos revendications,* réagit le délégué tchécoslovaque, *et il me semble que votre vision du compromis est la suivante : nous voulons la satisfaction totale de toutes nos demandes, et le reste peut être discuté* [19]. » Appréciation sans doute exacte, mais négligeant le facteur psychopolitique : du point de vue arabe, l'affrontement en Terre sainte met aux prises, non deux légitimités, mais des autochtones avec des colons étrangers.

Pour compléter leur tour d'horizon, les Onze allaient se répartir en deux sous-commissions : l'une pour des camps des « personnes déplacées » en Allemagne et en Autriche, l'autre pour se pencher sur la question des intérêts religieux et des Lieux saints ainsi que sur le futur statut de Jérusalem. Fin août, à Genève, lors de la cinquante-deuxième et dernière séance, chacun des membres de l'Unscop contresigna le rapport final transmis, à la fin du mois d'août 1947, au secrétaire général de l'ONU.

Deux peuples, deux États

Unanimement, la commission prônait une dizaine de principes pour l'avenir. Et d'abord, la fin du mandat et l'indépendance de la Palestine, au terme d'« *une période de transition aussi brève que possible* [20] » avec une autorité administrative responsable devant les Nations unies. Les Onze préconisent également un statut spécial pour les Lieux saints, le respect des principes démocratiques, ainsi que la protection des droits des minorités et des normes de l'ONU dans les futurs textes constitutionnels. L'unité économique de la Palestine est définie comme « *nécessité absolue* ». Enfin, la commission recommande un accord international d'extrême urgence en vue de régler le drame des Juifs européens en détresse et d'« *alléger* » de la sorte le fardeau palestinien. Sur ce socle commun, deux thèses sollicitent l'attention des Nations unies. L'Iran, l'Inde et la Yougoslavie soumettent le canevas d'un État fédéral indépendant comportant un État arabe et un État juif. Pour leur part, le Canada, le Guatemala, les Pays-Bas, le Pérou, la Suède, la Tchécoslovaquie et l'Uruguay se prononcent pour un plan de partage avec union économique. « *Les droits qu'invoquent les Arabes et les Juifs sur la Palestine sont valables les uns et les autres, mais inconciliables* », soulignent les rédacteurs. D'où, selon eux, la perspective inévitable d'un État juif, d'un État arabe et d'un régime international de tutelle sur la ville de Jérusalem, qui comprendraient :

	Juifs	**Arabes**	**Total**
État juif	498 000	407 000	905 000
État arabe	10 000	725 000	735 000
Jérusalem	100 000	105 000	205 000

Une période de transition de deux ans contribuerait à aplanir les nombreux obstacles à la mise en œuvre de ce schéma, d'autant plus fragile que chacun des deux futurs États se compose de trois parties à peine reliées entre elles.

« Absurdes, impraticables, injustes » : ces termes utilisés par le Haut comité arabe pour qualifier les deux plans de l'Unscop expriment bien sa position. *« Les Arabes de Palestine,* s'écriera l'un de leurs représentants, *sont fermement déterminés à s'opposer par tous les moyens à leur disposition à tout projet qui aboutirait à la dissection, à la ségrégation ou à la partition de leur pays ou donnerait à une minorité des droits et un statut spéciaux et préférentiels*[21] *»*. À ces professions de foi intraitables, les sionistes opposent, à nouveau, leur sens du compromis appuyé sur une bonne connaissance de la société internationale. Tandis que l'Irgoun et le Lehi s'enflamment contre toute *« amputation »* d'Eretz Israël, enjoignant aux Juifs de continuer le combat pour une Palestine unifiée, l'Agence juive écarte le plan fédéral où les Juifs *« seraient réduits à tout jamais au statut de minorité*[22] *»*. En revanche, tout en déplorant l'exclusion de la Galilée occidentale et Jérusalem de l'État juif projeté, elle accepte les conclusions de la majorité comme base de discussion.

À la mi-septembre 1947 s'ouvre à New York la deuxième session ordinaire de l'Assemblée générale de l'ONU. Pour débattre des conclusions déposées par l'Unscop, elle crée un nouveau comité *ad hoc* dont les travaux se prolongent pendant plus de deux mois. À la mi-novembre, il faut conclure : Londres confirme sa décision de sortir définitivement du bourbier palestinien – le 13 novembre, elle annonce que le dernier Britannique abandonnera la Terre sainte le 1er août 1948. Tour à tour, Américains et Soviétiques se prononcent officiellement pour le plan de partage proposé par la majorité de l'Unscop, qui subit d'ultimes retouches : Jaffa et Beersheba sont rattachés à l'État arabe, ce qui réduit la minorité arabe du futur État juif de 407 000 à 325 000 personnes ; la phase de transition est raccourcie à deux mois seulement (au lieu de deux ans) à compter de la fin du « mandat » fixée au 1er août 1948 ; une commission de cinq membres est préposée à l'administration de la Palestine au fur et à mesure du retrait des Britanniques.

En dépit de l'opposition de la Grande-Bretagne et des États arabes, le projet soviéto-américain passe en commission *ad hoc*, le 25 novembre, par 25 voix contre 13, avec 17 abstentions et 2 absents - il manque donc une voix pour atteindre la majorité des deux tiers requise lors du vote en Assemblée générale... Inquiet pour sa réélection, Harry Truman jette tout son prestige dans la bataille. Tous les moyens sont bons. Ainsi, à l'instigation de l'administration démocrate, la compagnie de caoutchouc Firestone prévient le Liberia qu'elle reverrait ses projets d'extension dans le pays si Freetown ne renversait pas son vote en faveur du partage. On menace même la France, qui s'était abstenue par peur des réactions en Afrique du Nord, de lui couper les vivres. Quelques chefs de délégation se voient offrir des « enveloppes », quand ce ne sont pas des cadeaux pour leur épouse [23].

Incapables de contrebalancer la pression adverse, les États arabes essayent une manœuvre dilatoire. Au nom de la Ligue arabe, le Libanais Camille Chamoun consent à l'idée d'un État fédéral avec des cantons juifs et arabes. Trop tard. Par 33 voix contre 13 et avec 10 abstentions, le 29 novembre 1947, l'Assemblée générale ratifie le partage de la Palestine : elle crée un État juif de 14 100 km^2 couvrant la Galilée orientale, la bande côtière d'Acre à Isdud ainsi que le Néguev et comprenant 558 000 Juifs aux côtés de 405 000 Arabes ; un État arabe de 11 500 km^2 englobant la Galilée occidentale, la Samarie et la bande côtière dans la région de Gaza, avec 10 000 Juifs et 804 000 Arabes ; une zone internationale regroupant Jérusalem et Bethléem, avec les Lieux saints, 100 000 Juifs et 105 000 Arabes. Et elle investit la Bolivie, le Danemark, Panama, les Philippines et la Tchécoslovaquie de la mission de veiller, en accord avec l'ex-puissance mandataire, à la transition sur le terrain.

Tandis que les Juifs dansent de joie dans les rues de Tel Aviv, les Arabes pleurent et serrent les poings. Le lendemain, le quotidien *Falastin* titre : « La Palestine arabe a été bradée à la foire internationale des maquignons. »

Et, ce même 30 novembre, sept membres du Yichouv inaugurent l'hécatombe. La guerre qui va ravager le pays – d'abord judéo-palestinienne, puis israélo-arabe – a commencé...

Notes

1. Voir le texte du plan de partage dans Alain Gresh et Dominique Vidal, *Palestine 47, un partage avorté* (Complexe, Bruxelles, 1987), auquel ce chapitre emprunte plusieurs développements.

2. Voir Walter Laqueur, *Histoire du sionisme*, Calman-Lévy, Paris, 1973, p. 126.

3. La plupart des chiffres cités ici proviennent de « La mise en valeur de la Palestine », *Notes et études documentaires*, La Documentation française, Paris, 1948.

4. Élie Barnavi, *Une histoire moderne d'Israël*, Flammarion, Paris, 1988, pp. 26-27.

5. De 1919 à 1931, 116 796 Juifs gagnent la Palestine, soit 8 343 par an. De 1932 à 1939, ils seront 247 723, soit 30 965 par an. S'y ajouteront 13 922 immigrants jusqu'au 14 mai 1948, et 690 000 jusqu'à la fin 1951.

6. Voir Marc Hillel, *Le Massacre des survivants*, Plon, Paris, 1985.

7. Walter Laqueur, *op. cit.*, p. 613.

8. David Lazar, *L'opinion française et la naissance de l'État d'Israël, 1945-1949*, Calmann-Lévy, Paris, 1972, p. 76.

9. Proposé en commun par Washington et Londres, mais à l'instigation de cette dernière, il consiste à échanger 100 000 certificats d'immigration pour les Juifs contre le maintien d'un État palestinien unitaire sous la tutelle des Nations unies.

10. *In* Michael J. Cohen, *Palestine and Great Powers 1945-1948*, Princeton University Press, 1982, p. 145.

11. *Origines et évolution du problème palestinien, deuxième partie : 1947-1977*, Nations unies, New York, 1979, p. 7.

12. Lily Marcou, *Le mouvement communiste international depuis 1945*, Presses universitaires de France, Paris, 1980, p. 10.

13. Christopher Sykes, *Cross Roads to Israel*, Collins, Londres, 1965, p. 384.

14. *Origines..., op. cit.*, p. 9.

15. United Nations Special Committee on Palestine, *Report to the General Assembly, vol. III, Annex A : Oral Evidence Presented at Public Meetings*, New York, 1947, p. 62.

16. Michael J. Cohen, *op. cit.*, pp. 263-264.

17. Voir, sur ces rencontres, Khalil Budeiri, *Soixante-six ans dans le mouvement national palestinien* (en arabe), Salah al Din, Jérusalem, 1981, p. 133.

18. Cité par Aharon Cohen, *Israel and the Arab World*, W. H. Allen, Londres, 1970, p. 376.

19. *Report to the General Assembly..., op. cit.*, p. 245.

20. Tous les extraits des propositions de l'Unscop cités sont tirés du « Rapport de la Commission spéciale pour la Palestine à l'Assemblée générale des Nations unies (31 août 1947) deuxième partie », *Notes et études documentaires*, La Documentation française, Paris, n° 805, 17 janvier 1948.

21. *Yearbook of the United Nations 1947-1948*, New York, p. 233.

22. *Origines..., op. cit.*, p. 23.

23. Michael J. Cohen, *op. cit.*, p. 298, et Richard P. Stevens, *American Zionism and U.S. Foreign Policy (1942-1947)*, Pageant Press, New York, 1962, p. 178.

CHAPITRE II

DAVID CONTRE GOLIATH ?

« 700 000 Juifs se mesurent à 27 millions d'Arabes – un contre 40[1]. *»* C'est ainsi que, le 16 juin 1948, le Premier ministre d'Israël, David Ben Gourion, présente à son gouvernement la guerre en cours, qu'une trêve vient de suspendre pour un mois environ. Cinq mois plus tard, le président israélien Haïm Weizmann écrit à son homologue américain Harry Truman : *« Nos ennemis ont échoué dans leurs efforts pour nous battre par la force brutale bien qu'ils aient été vingt fois plus nombreux que nous*[2]. *»* David face à Goliath : décisive dans la conscience des Israéliens, l'imagerie présentant une faible communauté juive de Palestine, sous-armée, menacée d'extermination par un monde arabe uni et sur-armé accompagnera la guerre de 1947-1949 – comme d'ailleurs les suivantes... – dans les opinions occidentales.

Conforme aux rapports de force purement démographiques, elle est en revanche très éloignée des réalités militaires et politico-diplomatiques de l'époque. Comme l'écrit Benny Morris, *« la carte qui montre un minuscule Israël et un environnement arabe géant ne reflétait pas – et, jusqu'ici, ne reflète toujours pas – avec exactitude le véritable rapport des forces militaires dans la région. Pas plus que les comparaisons des chiffres de population*[3] *»*. Les « nouveaux historiens » insistent, preuves à l'appui, à la fois sur la supériorité des forces armées d'Israël et sur les atouts stratégiques de l'État juif : les divisions du monde arabe, l'accord passé par l'Agence juive avec le roi Abdallah de Transjordanie (qui s'est engagé, en échange de la Cisjordanie, à ne pas attaquer le territoire alloué par l'ONU à Israël), l'appui de la Grande-Bretagne à ce *deal* ainsi que le soutien conjugué des États-Unis et de l'Union soviétique, la sympathie de l'opinion publique mondiale, etc. D'où, outre la dimension purement militaire, le caractère souvent foudroyant des offensives juives du printemps 1948 contre les forces palestiniennes comme, durant l'été et l'automne, contre les troupes arabes entrées en Palestine...

La prétendue supériorité de l'ennemi : c'est un des sept « mythes » que Simha Flapan - ex-directeur du Département des Affaires arabes du Mapam et éditeur de la revue *New Outlook* - s'attache à démonter dans son livre, *The Birth of Israel*, en invoquant maints témoignages de contemporains. Il rappelle ainsi qu'un an avant la première guerre israélo-arabe, le chef d'état-major de la Hagana, Israël Galili, se déclarait certain de pouvoir *« repousser toute attaque des Arabes palestiniens, même s'ils bénéficient de l'aide des États arabes. La seule chose dont nous avions besoin, c'était l'ouverture des ports de manière à acquérir les armes lourdes pour faire face aux forces de l'envahisseur* [4] ». Le 3 mars 1948, Vivian Fox-Strangeways, un officiel britannique du gouvernement mandataire, est cité comme *« faisant peu de cas du danger arabe, et ce en termes acerbes. Il ne comprenait pas comment on pouvait attacher la moindre importance aux histoires des Arabes concernant leurs grandes réserves en argent, en armes, en tanks, etc. Bien que respectant la Légion arabe, en tant que vieux soldat il savait quel travail représentait la préparation des hommes au maniement des tanks, etc., et il était totalement convaincu que les Juifs pourraient se défendre contre toute attaque arabe* [5] ». Deux semaines avant la fin du mandat britannique, Harold Beeley, le conseiller du secrétaire au Foreign Office, confiait aux experts américains que *« pour au moins un certain temps, les Juifs, renforcés par les recrues arrivant par mer, pourront contenir et peut-être défaire les armées arabes, pauvrement organisées et mal équipées* [6] ». Même conclusion chez le colonel Rosher Lund, un expert des Nations unies : *« Les Juifs, grâce à leur large réserve en officiers entraînés et expérimentés en matière de guerre, ont un avantage incalculable sur les Arabes* [7]. »

Des chiffres qui ne trompent pas

Toutes sources confondues, les chiffres cités confirment, voire accentuent cette appréciation. C'est évident s'agissant de la guerre civile judéo-palestinienne, qui sévit du 30 novembre 1947 au 14 mai 1948. Et Benny Morris comme ses collègues ne fait pas ici une découverte. Dans *A Clash of Destinies, The Arab-Jewish War and the Founding of Israel* [Un choc de destins, la guerre judéo-arabe et la fondation de l'État d'Israël], un « classique » qui remonte à 1960, les Israéliens Jon et David Kimche révélaient le rapport présenté par Ismail Safwat Pasha, président du Comité militaire de la Ligue arabe, au sommet des chefs d'État arabes en date du 12 décembre 1947 : *« Les Juifs en Palestine avaient des forces armées organisées totalisant 50 000 hommes, sans compter les réserves,* [...] *de surcroît, des stocks d'armes légères suffisants et de grandes quantités d'artillerie, de blindés et une assez bonne aviation. À partir de cette estimation* [...], *Safwat concluait que les Arabes palestiniens ne pourraient leur résister seuls, et qu'il serait donc nécessaire d'envoyer les meilleures armes possibles aux Palestiniens, de les renforcer avec des volontaires et de concentrer les armées arabes régulières aux frontières de la Palestine*[8]. »

Selon Benny Morris[9], en mai 1947, la Hagana compte 35 000 adultes, dont 2 200 dans les bataillons de choc du Palmah, plus les 9 500 membres de bataillons de jeunesse de la Gadna. Ces forces disposent, en septembre de la même année, de 10 489 fusils, 702 mitrailleuses légères, 2 666 fusils-mitrailleurs, 186 mitrailleuses moyennes, 672 mortiers de 2 pouces, et 92 mortiers de 3 pouces. S'y ajouteront progressivement les armes fabriquées par la Hagana achetées en Occident ou encore livrées par Prague à partir du 30 mars 1948 : *« Cette nuit-là,* raconte Michel Bar-Zohar dans son *Ben Gourion, un véritable miracle se produit, quand un gros avion – le premier – venu sans escale de Tchécoslovaquie se pose sur un aérodrome secret. Les 200 fusils, les 40 mitrailleuses et les milliers de cartouches qu'il apporte sont immédiatement distribués aux combattants. Un autre se produit le lendemain : le Nora, transportant notamment 4 500 fusils, 200 mitrailleuses et 5 millions de cartouches en provenance de Tchécoslovaquie, force le blocus anglais et jette l'ancre dans le port de Tel Aviv*[10]. »

Et du côté arabe palestinien ? Toujours selon Benny Morris, les Futuwwah (compagnies de jeunesse) dirigées par le clan Al-Husseini mobilisaient à grand peine quelques centaines d'hommes et les Najjada (corps auxiliaire) de Mohammad Nimr Al-Hawari quelques milliers. Les uns et les autres étaient équipés de fusils souvent anciens, et les rebelles ne pouvaient compter sur aucune fabrique d'armes. Ces milices, estime Benny Morris, *« n'étaient équipées ni psychologiquement, ni physiquement, en termes de logistique, d'organisation et d'armement, pour des actions prolongées hors de leur village ou de concert avec d'autres groupes armés. Nombre de villageois armés rejoignirent ou appuyèrent par intermittence les unités de volontaires qui se déplaçaient en Palestine au début de la guerre, mais, en général, ils restèrent cloués sur place avec leurs armes et – à la possible exception d'attaques persistantes contre les convois allant de Tel Aviv à Jérusalem au début de 1948 – ne furent jamais organisés de manière centrale ni mobilisés pour une bataille effective contre le Yichouv* [11] *»*. Et de poursuivre : *« Les milices de chaque région et de chaque ville, parfois au-delà des divisions entre les Husseini et leurs adversaires, opéraient dans une large mesure indépendamment de tout intérêt ou contrôle politique.* [...] *Cette image générale d'absence d'armes et de troupes entraînées, de désorganisation et de confusion reflétait le manque de préparation à la guerre de la part des Arabes de Palestine dans la période d'avant 1948* [12]*. »* Bref, il faudra l'infiltration progressive, à partir de janvier 1948, de l'Armée de Libération de Fawzi Al-Qawuqji pour donner une force offensive minimale aux Arabes de Palestine : ils seront 3 830 à la mi-mai, armés d'une dizaine de milliers de fusils souvent anciens, s'ajoutant aux 2 618 fusils dont les forces palestiniennes disposaient – 1 055 dans les campagnes et 1 563 dans les villes[13]...

Conclusion de Benny Morris dans *1948 and After* : *« Durant la première phase de la guerre, de décembre 1947 au 14 mai 1948, qui fut un mélange de guérilla et de guerre civile,* [les Juifs furent], *lors de presque toutes les batailles décisives, plus nombreux, mieux armés et mieux entraînés que leurs adversaires.* [...] *Quant vint le test, durant les offensives de la Hagana en avril et au début mai, les irréguliers palestiniens (et les "volontaires") s'effondrèrent et fuirent, leurs places fortes – le couloir de Jérusalem, Tibériade, Haïfa, Safed, la Galilée orientale – tombant les unes après les autres, rapidement, comme un jeu de dominos. Si l'on ajoute la motivation supérieure du Yichouv – cela se passait à peine trois ans après l'holocauste, et les troupes de la Hagana savaient qu'elles se battaient pour la survie –, chacun peut voir que les Palestiniens n'avaient aucune chance* [14]. »

Dans sa *Naissance d'Israël,* Simha Flapan avait également insisté sur l'incapacité des Husseini et du Haut comité arabe à embrigader les Palestiniens dans leur guerre sainte contre le plan de partage. « *Le HCA ne jouissait pas d'un soutien populaire massif,* écrivait l'ex-responsable du Mapam, *et quand, à la suite de la résolution des Nations unies, le mufti de Jérusalem recruta des volontaires pour son Armée du combat sacré, la majorité des Arabes palestiniens refusèrent de répondre. En fait, avant la déclaration unilatérale d'indépendance d'Israël, maints dirigeants et groupes palestiniens ne voulurent rien avoir à faire avec le mufti et son parti politique et firent divers efforts pour parvenir à un* modus vivendi *avec les sionistes. Mais la résistance profonde de Ben Gourion à la création d'un État palestinien réduisit de manière significative l'opposition à la politique guerrière du mufti* [15]. » Après avoir rappelé l'histoire du mouvement national palestinien, les terribles pertes qu'il avait enregistrées lors de la répression de la grande révolte de 1936-1939 et ses divisions persistantes, Flapan soulignait l'importance des forces alternatives aux Husseini, allant de démocrates du type de Musa Al-Alami aux militants communistes de la Ligue de libération nationale. Pourtant, « *s'il existait une opposition notable au mufti et à ses partisans parmi les Palestiniens, il était quasiment suicidaire pour tout dirigeant palestinien de s'opposer publiquement au rejet absolu et acharné du partage par le HCA. Une telle position aurait été considérée comme une trahison* [16] ». Renforcé par les agressions sanglantes de l'Irgoun et du Lehi, le climat surchauffé des esprits ne se traduit toutefois pas en enrôlement de masse. Au point que, le 14 mars 1948, David Ben Gourion lui-même estime : « *Il est désormais clair, et incontestable, que, si nous avions à faire aux seuls Palestiniens, tout irait pour le mieux. La majorité écrasante d'entre eux ne veulent pas nous combattre, et tous ensemble ils sont incapables de nous résister, même au stade actuel de notre organisation et de notre équipement* [17]. »

Concernant la seconde phase de la guerre, les « anciens » historiens mettaient volontiers l'accent sur la période du 15 mai au 11 juin 1948, durant laquelle la situation des forces israéliennes leur apparaissait difficile, tangente, voire désespérée. Et, de fait, durant les premiers jours, les forces juives paraissent sur la défensive : Libanais et Syriens attaquent fort dans le Nord ; les Égyptiens isolent plusieurs *kibboutzim* dans le Néguev, prennent Beersheba et remontent vers Tel Aviv, dont leur aviation a durement bombardé la gare routière ; la Légion arabe regagne du terrain à Jérusalem. En 1960, dans leur livre déjà cité, Jon et David Kimche estimaient qu'au matin du 15 mai 1948, seuls 19 000 soldats israéliens faisaient face aux 23 000 envahisseurs arabes, ces derniers jouissant en outre d'une *« puissance de feu supérieure* [18] *»*. Mais ne sous-évaluaient-ils pas, ce faisant, les forces juives ? Selon David Ben Gourion lui-même [19], la Hagana alignait en effet ce jour-là 30 574 soldats, dont 40 % armés - sans compter les quelque 5 000 miliciens de l'Irgoun et du Lehi. D'une division fin 1947, la Hagana - reconnaît son histoire officielle [20] - est passée à dix à la mi-mai 1948, avec des unités d'artillerie, des véhicules blindés et un embryon de marine et d'aviation.

Même Dominique Lapierre et Larry Collins, peu suspects de sympathies pro-arabes, reconnaissent dans leur fameux *Jérusalem* qu'à la veille de la guerre, *« sur le papier, la situation des Juifs n'était pas aussi désespérée qu'elle le paraissait. La Hagana pouvait s'appuyer sur un effectif de 60 000 hommes militairement instruits. Un tiers de ces soldats-citoyens avaient acquis leur expérience dans la Brigade juive ou quelque autre force armée pendant la Seconde Guerre mondiale. 28 000 immigrants, pour la plupart d'âge militaire, attendaient dans les camps de détention anglais de Chypre que les bateaux les transportent en Palestine dès la fin du mandat. D'autres, en ce 12 mai, étaient déjà en route sur des navires bondés venant d'Europe »*. Cependant, précisent-ils, *« 20 000 seulement des 60 000 juifs militairement instruits étaient mobilisés* [du fait du] *manque d'armes. Aux 10 000 fusils qui en constituaient l'armement de base étaient venus s'ajouter récemment 4 500 fusils achetés par Ehud Avriel en Tchécoslovaquie et 7 000 mitraillettes fabriquées dans les ateliers secrets de Haïm Slavine. En dépit de sa faiblesse, cet armement léger représentait un trésor à côté de la pénurie d'armes lourdes.* [...] *Il n'existait pas un seul avion de combat dans tout le pays. Les ateliers de Joseph Avidar avaient recouvert de plaques de blindage quelque 600 véhicules de toute nature, mais, s'ils avaient offert une réelle protection sous les balles des embuscades, ils ne seraient que des cercueils roulants devant les autocanons de Glubb ou les blindés égyptiens* ». Toutefois, Lapierre et Collins ajoutaient : « *Sur la table de travail de Ben Gourion, deux dossiers contenaient les seuls motifs de croire obstinément en la victoire, et les principaux arguments qui convaincraient peut-être ses compagnons de proclamer l'État. Dans ces dossiers figurait la liste des armements achetés à l'étranger* [...]. *Entreposés en Europe en attendant que la souveraineté de l'État juif leur permît de prendre légalement le chemin de la Palestine, ces armes pourraient changer le cours du conflit*[21]. »

À ces considérations sur les forces en présence, il convient d'ajouter l'absence totale de plan cohérent du côté des envahisseurs. Dans *Collusion Across the Jordan*, Avi Shlaïm insiste sur ce point : « *Les Israéliens* - écrit-il, citant un historien de la Légion arabe - *diront plus tard avoir eu connaissance d'une "stratégie d'ensemble" arabe, combinant les stratégies de toutes les armées arabes. Une telle stratégie n'existait pas, et il n'y a pas eu la moindre tentative d'en préparer une.* [...] *Le soi-disant plan stratégique élaboré par la Ligue arabe était un travail d'amateur, non professionnel à l'extrême. En termes militaires, ce n'était en fait pas du tout un plan.* » Et Shlaïm de confirmer : « *L'amateurisme dont faisaient preuve les politiciens arabes en matière opérationnelle était absolument égalé par celui des militaires arabes, dont certains réunissaient les pires vices des deux groupes : la tendance des politiciens à claironner pompeusement les droits des Arabes sans tenir compte des rapports de forces, et la tendance des officiers à se laisser détourner de leurs véritables tâches par les intérêts et les considérations politiques*[22]. »

Les armes de l'Ouest, les armes de l'Est

À supposer que, le 15 mai 1948, la Hagana se soit véritablement trouvée sur le fil du rasoir, cette position inconfortable n'a en tout cas guère duré. Très vite, le renfort des nouveaux immigrants et l'afflux massif d'armes en provenance de l'Ouest (*via* les ports enfin ouverts) comme de l'Est - grâce au pont aérien permanent ravitaillant Israël depuis la base tchèque de Zatec[23] - ont modifié radicalement les rapports de force. Si bien que, dès la mi-juillet, tout a changé. « *La trêve,* expliquaient par exemple dès 1960

Jon et David Kimche, *a transformé la situation militaire.* [...] *Les forces armées israéliennes sont passées de 20 000 à 60 000 hommes. Les armées arabes ont aussi augmenté leurs effectifs, mais pas au même niveau : elles avaient maintenant 40 000 hommes en Palestine. Encore plus frappant est le changement en matière d'armement.* [...] *L'équipement des Israéliens n'avait plus rien à voir avec ce qu'il était un mois auparavant. Ils avaient maintenant des tanks, de l'artillerie, de nombreux mortiers et assez d'armes légères*[24]. »

Fort de ses recherches dans les archives, Benny Morris, dans 1948, est encore plus tranchant. « *La vieille historiographie*, écrit-il, *n'est pas plus éclairante s'agissant de la seconde moitié de la guerre, des batailles conventionnelles* [qui se déroulent] *entre le 15 mai 1948 et janvier 1949. L'organisation, le commandement et la maîtrise des Juifs* [...] *étaient de loin supérieurs à ceux des armées, sans coordination, d'Égypte, de Syrie, d'Irak et du Liban ; et, d'un bout à l'autre, la Hagana, puis les Forces de défense d'Israël l'ont emporté en nombre. Par exemple, à la mi-mai, la Hagana avait sur le terrain quelque 35 000 hommes armés contre 25 000-30 000 pour les armées arabes. À l'époque de l'opération Dani, en juillet, les Forces de défense d'Israël comptaient 65 000 hommes armés et vers décembre près de 90 000 – soit à chaque étape une supériorité significative sur les armées arabes s'opposant à elles en Palestine. Et, comparées aux courtes lignes de communication de la Hagana et des Forces de défense d'Israël, les renforts et le ravitaillement des Égyptiens et des Irakiens devaient faire des centaines de kilomètres dans le désert avant d'arriver sur les lignes de front.* » Certes, reconnaît Benny Morris, du 15 mai au 11 juin 1948, les armées arabes eurent l'avantage en matière d'armement : « *La Hagana était beaucoup plus faible dans les airs, elle n'avait pour ainsi dire pas d'artillerie (seulement des mortiers lourds), peu de tanks et de véhicules à chenille. Durant ces trois semaines, ce fut* "fifty fifty", *comme le chef des opérations, Yigal Yadin, le déclara à la direction politique du Yichouv le 12 mai. C'est alors que la motivation supérieure des Juifs, leur courage et leur force d'âme firent la différence.* »

Sur la question de l'armement, l'historien précise : « *Les "vieilles histoires" ont tendance à insister lourdement sur la pénurie perpétuelle d'armement et de munitions de la Hagana et des Forces de défense d'Israël, largement due à l'embargo sur les armes occidentales qui frappait l'État juif. Les documents concernant 1948 qui se trouvent dans les archives d'État de la Grande-Bretagne et des États-Unis et les "nouvelles histoires" tendent à équilibrer cette appréciation par les sérieux problèmes rencontrés par les États arabes pour acheter des armes et des munitions. Eux aussi souffrirent sévèrement d'embargos intermittents ou continus et de retards de livraison à motifs politiques. Par exemple, une des raisons pour lesquelles les Transjordaniens, en juillet, perdirent Lydda et Ramleh et ne parvinrent pas à les reprendre fut une grave pénurie d'obus. À quoi il faut ajouter que le Yichouv, contrairement aux Arabes palestiniens et aux États arabes environnants, avait une capacité de production d'armes relativement avancée, même si elle était réduite. Ainsi, entre octobre 1947 et juillet 1948, les fabriques de la Hagana ont produit 3 millions de balles de 9 mm, 150 000 grenades, 16 000 fusils-mitrailleurs Sten et 210 mortiers de 3 pouces*[25]. »

Une collusion de longue date

Militaire, donc, la supériorité du Yichouv est aussi et surtout politique. Car, loin de former un bloc uni et motivé, ses adversaires sont profondément divisés. C'est vrai du mouvement national palestinien, décimé par la répression de la grande révolte de 1936-1939. Sa direction est accaparée par le clan Husseini, dont le chef est récemment revenu de Berlin où, pendant la Seconde Guerre mondiale, il avait pris fait et cause pour les nazis – « *Les Arabes,* déclarait-il au Führer le 28 novembre 1941, *sont les amis naturels de l'Allemagne parce qu'ils ont les mêmes ennemis, les Anglais, les Juifs et les communistes*[26] ». De plus, la gestion du mufti est contestée par d'autres familles, en premier lieu celle des Nashashibi. Mais les tensions entre factions palestiniennes ne sont rien aux côtés de celles qui opposent les États arabes. Le secrétaire d'État américain George Marshall l'avait bien noté à l'époque, qui insistait auprès de ses diplomates sur « *les faiblesses internes de nombreux pays arabes en raison desquelles il leur est difficile d'agir* », évoquant notamment « *les jalousies entre l'Arabie Saoudite et les Syriens d'un côté, les gouvernements hachémites de Transjordanie et d'Irak de l'autre,* [qui] *empêchent les Arabes de faire le meilleur usage de leurs forces existantes*[27] ». Quant à l'ambassadeur des États-Unis à l'ONU, Warren Austin, il estimait le 8 mai 1948 que l'intervention des pays arabes serait d'une « *importance négligeable* » – sauf celle de la Transjordanie dont les Britanniques, rapporte-t-il, estiment qu'elle jouerait un rôle stabilisateur dans la mesure où elle ne chercherait qu'à réaliser un « *partage effectif de la Palestine avec l'État juif*[28] ».

Là réside en effet la clef de voûte de la guerre de 1947-1949, sans laquelle rien, dans celle-ci, n'apparaît compréhensible. Si l'Assemblée générale des Nations unies a décidé, le 29 novembre 1947, de partager la Palestine en un État juif et un État arabe (plus une zone à « *régime international particulier* » pour Jérusalem), c'est sur un autre partage que Golda Meyerson (future Meïr) et le roi Abdallah – celui-ci avec la bénédiction de Londres – se sont mis informellement d'accord quinze jours auparavant : l'État juif verra bien le jour, mais pas l'État arabe, dont le gros du territoire sera occupé par la Légion arabe et annexé par la Transjordanie. Préparé par les relations de longue date qu'entretient le mouvement sioniste avec le chérif Hussein de La Mecque et ses descendants – notamment son fils, Abdallah, comme ce sera le cas avec son arrière petit-fils, l'actuel roi Hussein –, ce compromis donne un immense avantage aux Juifs en même temps qu'il accentue les divisions entre Arabes. Car, sans être informés de la « trahison » du roi Abdallah, les autres adversaires du futur État juif la pressentent et feront tout pour empêcher les Hachémites de s'emparer de la Palestine. Ainsi, le 15 mai, les armées arabes entrent en guerre autant contre Abdallah que face à Israël. L'Égypte ne décide que très tardivement de participer aux opérations, essentiellement pour contrecarrer les ambitions hachémites. Si elle n'était pas ignorée des historiens, cette « face cachée » du premier conflit israélo-arabe a cependant été longtemps sous-estimée – jusqu'aux recherches d'Avi Shlaïm, synthétisées dans son remarquable livre *Collusion Across the Jordan*.

« *Deux conclusions significatives,* écrit d'emblée l'historien, *se dégagent du réexamen de l'histoire du conflit israélo-arabe à la fin des années 40 à partir de la connexion hachémite-sioniste. La première victime et la plus importante est l'idée selon laquelle, au moment de sa naissance, l'État d'Israël était confronté à un monde arabe monolithique implacable dans son hostilité et fanatique dans sa détermination de le rayer de la carte du Proche-Orient.* [...] *La seconde victime majeure, c'est la notion d'unité arabe si chère au cœur des nationalistes arabes.* [...] *Bref, la connexion hachémite-sioniste est une des clés pour comprendre comment la Palestine en vint à être partagée, et pourquoi le mouvement national palestinien encaissa une défaite aussi catastrophique tandis que le mouvement national juif réalisait son ambition d'établir un État juif indépendant sur une partie substantielle de la Palestine*[29]. »

Pour l'actuel roi Hussein de Jordanie, Abdallah, son grand-père, « *avait perçu l'ampleur de l'iceberg sioniste, alors que d'autres n'en voyaient que l'extrémité.* [...] *Sa stratégie et ses tactiques consistèrent donc à circonvenir et minimiser les conséquences possibles d'une collision de plein fouet.* [...] *Les réponses des autres furent excès de confiance, inflexibilité et autosatisfaction totale*[30] ». Ce que le maître d'Amman « oublie » de signaler, ce sont les gains que son aïeul espérait tirer - aux dépens des Palestiniens - de ses relations avec les dirigeants sionistes, et ce de longue date. Sur la lancée de l'accord conclu par son frère, Faisal, avec Haïm Weizmann, le 3 janvier 1918, Abdallah, à peine proclamé émir de Transjordanie, propose au leader sioniste, en 1922, de reprendre langue. Tout au long des années 20 et 30, il poursuit le dialogue avec les responsables successifs de l'Agence juive : le colonel Frederik Kisch, puis Haïm Arlozoroff et, après l'assassinat de ce dernier, le 16 juin 1933, Moshe Shertok. La coopération qui s'engage est d'abord économique : des concessions sont octroyées à des compagnies juives au bord de la mer Morte (potasse) comme à Naharayim (centrale électrique), et l'émir accepte même, en janvier 1933, de louer 7 000 hectares de terre transjordanienne - Londres s'efforcera d'empêcher l'application de l'accord, par crainte des réactions arabes. Mais l'échange prend progressivement un tour politique.

Paradoxalement, la révolte palestinienne qui éclate en 1936 va servir les intérêts de l'émir, qui pèsera d'ailleurs de tout son poids pour y mettre fin. Nommée en août 1936, la commission britannique Peel aboutit fin juillet 1937 à une première proposition de partage de la Palestine : 5 000 km^2, au nord et à l'ouest du pays, seraient donnés aux Juifs pour qu'ils y fondent leur État, le reste revenant à la Transjordanie, un échange de population confortant la partition. Officiellement, le mouvement sioniste est opposé à une solution qui ne lui concède que 15 % de la Palestine - en août 1937, le XXe Congrès sioniste, réuni à Zurich, rejette les conclusions de la Commission Peel mais... autorise la poursuite des négociations avec la puissance mandataire. En privé, Londres comme Amman savent que c'est la création d'un État juif, et non sa superficie, qui importe le plus à Ben Gourion comme à Weizmann : « *Le royaume de David était plus petit,* écrit ce dernier. *Sous Salomon, il devint un Empire. Qui sait ?* C'est le premier pas qui compte ! [en français dans le texte][31] » Mais la perspective de la partition s'éloigne avec la relance de la révolte palestinienne : l'émir Abdallah revient à son idée de Royaume arabe uni dans lequel les Juifs jouiraient d'un autogouvernement (propositions en douze points de mai 1938), et Sa Gracieuse Majesté penche pour l'indépendance d'une Palestine unitaire, et majoritairement arabe, dans les dix ans à venir – c'est le Livre blanc du 17 mai 1939.

17 novembre 1947 : l'autre partage

« *Le meilleur facteur unificateur,* note Avi Shlaïm, *c'est un ennemi commun, et Abdallah et les Juifs avaient en commun, non pas un, mais deux ennemis : Hitler et le mufti*[32]. » De fait, la Seconde Guerre mondiale voit la reprise des contacts entre l'Agence juive – représentée par Moshe Shertok et Elias Sasson, le chef de la section arabe de son Département politique – et l'émir. Après guerre, ce dernier devient le monarque du Royaume hachémite de Jordanie, formellement indépendant le 22 mars 1946. Le 4 août, opérant un tournant stratégique *(voir chapitre précédent),* l'Exécutif de l'Agence juive se déclare « *prêt à discuter une proposition visant à établir un État juif viable dans une partie appropriée de la Palestine*[33] ». Huit jours plus tard, Abdallah réitère son offre à l'Agence juive : soit une fédération ouverte à l'immigration juive, soit un partage avec annexion de la partie arabe à la Transjordanie. Prenant Sasson par le bras, à l'issue de leur rencontre, l'émir lui confiera : « *J'ai soixante-six ans. Mes années sont comptées. Vous n'avez pas un seul dirigeant réaliste comme moi dans l'ensemble du monde arabe*[34]. » Une année durant, Abdallah va manœuvrer entre la Ligue arabe, les Britanniques, l'Agence juive et son propre gouvernement, sans hésiter à tenir un double – voire triple – langage, mais sans jamais cependant dévier de son projet. Shlaïm est formel : « *Examinée de plus près, l'interprétation plausible, mais superficielle, selon laquelle, de la fin de la Seconde Guerre mondiale à*

1947, la Grande Syrie aurait été la priorité absolue d'Abdallah, et qu'en 1947 il y aurait renoncé de manière à obtenir une partie de la Palestine pour son royaume devient de moins en moins tenable. La connexion étroite entre les deux objectifs, à la fois dans la politique d'Abdallah et dans la perception qu'en avaient ses adversaires, rend artificielle toute tentative de les séparer chronologiquement[35]. »

Il n'empêche : à l'époque, les intentions d'Abdallah sont rien moins qu'évidentes. Aux émissaires de l'Agence juive, il répète qu'il accepte la naissance d'Israël s'il peut récupérer l'État arabe. Recevant le président de l'Unscop à Amman en juillet 1947, le roi affirme au contraire qu'*« il sera difficile pour les Arabes d'accepter un État juif même sur une partie de la Palestine*[36] *»*. Mais il envoie un message rassurant au ministre britannique des Affaires étrangères, Ernest Bevin : au-delà des discours tactiques, la Transjordanie souhaite un partage qui lui garantirait la Palestine arabe. En revanche, au Comité politique de la Ligue arabe, réuni au Liban à la mi-septembre, le Premier ministre transjordanien vote la résolution prônant l'indépendance de la Palestine et mettant en garde contre la création d'un État juif présentée comme menant inévitablement à une explosion de violence au Proche-Orient. Cependant, précise Shlaïm, *« dès le tout début, l'attitude de la Transjordanie était faite de scepticisme et d'extrême réticence à coopérer sur la base de plans conjoints d'intervention militaire en Palestine*[37] *»*. Pour Abdallah, le déploiement de sa Légion arabe ne peut avoir qu'un but - le contrôle du territoire assigné par les Nations unies à l'État arabe de Palestine en vue de son annexion au royaume - et doit donc être coordonné avec l'Agence juive. Dont l'intérêt, montre Avi Shlaïm, converge avec celui du roi. Les dirigeants sionistes s'attendent à une invasion des armées arabes, et savent que, dans ce cas, *« l'armée transjordanienne représenterait la principale menace pour leur sécurité.* [...] *Outre les considérations militaires les amenant à vouloir neutraliser la Légion arabe lors de la prochaine confrontation,* [ils] *avaient de puissantes raisons politiques de regarder en direction d'Amman. Le problème avec un État palestinien indépendant aux côtés de l'État juif tel que l'envisageait l'Unscop, c'était que cet État serait inévitablement dirigé par le mufti et ses amis du Haut comité arabe, dont la profonde hostilité au sionisme et aux Juifs excluait toute chance de compromis. Abdallah était la seule alternative politique réaliste au mufti*[38] *»*.

Début septembre, le roi fit savoir à Sasson qu'il était prêt à signer un accord sur le partage de la Palestine avec création d'un État juif et annexion du reste à la Transjordanie. C'est en substance, mais sous une forme moins officielle, le compromis auquel parviendront, lors de leur rencontre du 17 novembre à Naharayim au bord du Jourdain, Abdallah et Golda Meyerson. Ainsi, résume Avi Shlaïm, *« à la fin de 1947, deux plans de partage – et non un – avaient vu le jour : l'un était né à New York le 29 novembre 1947, porteur du cachet officiel de la communauté internationale et appelant à la création de deux États indépendants pour remplacer le mandat britannique en Palestine ; l'autre, conçu secrètement à Naharayim, fruit d'une alliance profane entre les sionistes et les Hachémites, envisageant la création d'un seul État et l'annexion du reste de la Palestine par la Transjordanie.* [...] *La communauté juive de Palestine était le principal bénéficiaire des deux plans.* [...] *Le Haut comité arabe et la majorité des États arabes étaient irréductiblement opposés au premier et soupçonneux, voire hostiles, à l'égard du second.* [...] *Quant au roi Abdallah, s'il ne gagnait rien à l'application de ce plan, il était le principal bénéficiaire arabe du plan alternatif de partage de la Palestine avec les Juifs*[39] *»*. *A fortiori* lorsqu'il obtient, après des semaines de tractations, la bénédiction de Londres.

Sur ce point aussi, les « nouveaux historiens » divergent avec leurs aînés, qui présentaient le Royaume-Uni comme complotant contre la création même d'Israël. Non, prouvent Avi Shlaïm et Ilan Pappé, archives à l'appui : ce que les Britanniques rejettent, début 1948, ce n'est pas l'État juif, mais l'État arabe, qu'ils entendent voir rattacher à leur fidèle Transjordanie. Et, de fait, le 7 février 1948, Ernest Bevin reçoit le Premier ministre transjordanien, Tawfik Abul Huda, au Foreign Office. Informé par celui-ci des plans de déploiement de la Légion arabe après le retrait britannique, le ministre des Affaires étrangères – selon le récit du général John Glubb, le commandant (britannique) de la Légion arabe présent lors de l'entretien – se contente d'un : *« Cela me semble la chose évidente à faire. »* Après quoi il ajoute : *« N'allez pas envahir les régions attribuées aux Juifs. »* Son interlocuteur répondra simplement : *« Nous n'aurions pas les forces pour le faire, même si nous le désirions*[40] *»*... Hostile à toute vision machiavélique du rôle joué par les Britanniques dans cette période, Avi Shlaïm estime qu'*« un partage en douceur du pays entre Abdallah et les Juifs était, d'un* *point de vue britannique, une issue hautement désirable.* [...] *C'était la politique générale des ministres travaillistes d'encourager Abdallah à parvenir à un accord avec les Juifs*[41] *».*

Mais les événements, on le sait, ne se déroulent jamais comme on les a prévus. Surtout en temps de guerre. Dans les semaines qui précèdent l'affrontement, il arrive que des unités de la Légion arabe appuient des milices palestiniennes. D'autres prennent part à des attaques contre les forces juives, dans une banlieue de Jérusalem, puis contre les *kibboutz* Gesher (en zone juive) et surtout Kfar Etzion (en zone arabe). *« Tout cela et les déclarations fréquentes d'Abdallah selon lesquelles il allait envoyer son armée protéger les Arabes de Palestine ont contribué à la perception juive que la Légion avait abandonné sa neutralité antérieure*[42]. *»* Le roi a beau réitérer ses assurances, les dirigeants sionistes en doutent de plus en plus, d'autant qu'il refuse de s'engager par écrit. Londres a aggravé la confusion en refusant d'informer les Américains de la teneur du sommet du 7 février entre Bevin et Abdul Huda : Washington, et donc Tel Aviv, ignorent qu'Amman s'est formellement engagé à ne pas franchir les frontières de l'État juif, sous peine de perdre immédiatement le financement, le ravitaillement en armes et l'encadrement fournis par la Grande-Bretagne. Essentiel apparaît aussi l'échec du sommet de la dernière chance, le 10 mai 1948 à Naharayim, entre Abdallah et Golda Meyerson, laquelle revient persuadée que le roi a renié sa promesse de novembre. Là encore, d'ailleurs, Avi Shlaïm questionne sérieusement la vision « orthodoxe » de l'événement, soulignant à la fois la formidable bourde diplomatique qu'a représenté le choix de cette femme intransigeante et l'analyse erronée que celle-ci a faite de la politique d'Abdallah. Selon nombre d'observateurs et d'experts, le roi n'entendait aucunement engager sa Légion au-delà de Jérusalem et de la Cisjordanie – mais Golda Meyerson, ironise Shlaïm, *« était très encline à tout voir en noir et blanc ; elle était nettement fermée aux solutions intermédiaires et aux tactiques détournées*[43] *».*

Reste que, le 15 mai, au lendemain de la proclamation de l'État d'Israël, les armées arabes entrent en Palestine, sous la pression d'opinions survoltées – *« Nous devons envahir,* confie alors le ministre syrien des Affaires étrangères à l'ambassadeur américain, *sinon le peuple va nous tuer*[44]. *»* Le fait que l'armée d'Abdallah prenne part à l'invasion marque, pour Ben Gourion, la rupture du pacte secrètement conclu six mois plus tôt. Si, souligne Shlaïm, *« l'espoir, même vague, d'un accord avec Abdallah, était permanent dans l'esprit de Ben Gourion, quand la Légion entra en Palestine, il n'y eut plus de retenue, du moins initialement. Plus tard, au cours de la guerre, Ben Gourion et Abdallah ont donné l'impression de mener une stratégie plus limitée l'un envers l'autre, mais les raisons de ces stratégies étaient beaucoup trop complexes pour être expliquées en termes de complots, de collusions et de "grands plans"*[45] ». Les faits, pourtant, sont là. D'un bout à l'autre de la guerre, jamais la Légion arabe ne pénétrera sur le territoire d'Israël. L'inverse n'est absolument pas vrai : les forces juives s'empareront de Lydda et de Ramleh, tenteront de prendre Latroun, occuperont la Galilée comme le Néguev et descendront même jusqu'à la mer Rouge. Mais rares seront les véritables affrontements entre elles et la Légion arabe, à l'exception de Latroun et surtout des combats pour le contrôle de Jérusalem, qui ne faisait pas partie des territoires accordés à l'État juif et, à ce titre, ne figurait pas dans l'accord Abdallah-Meyerson du 17 novembre *(voir chapitre 8)*. En dépit d'offensives répétées des forces israéliennes, l'ensemble de la vieille ville de Jérusalem - y compris le quartier juif, qui tombe le 28 mai 1948 - restera d'ailleurs aux mains de la Légion arabe. Bref, si, à l'époque, on ne peut évidemment plus parler de « collusion » entre le jeune Israël et la Transjordanie – *« Le contact,* rappelle Avi Shlaïm, *a été rompu en mai, et il ne sera pas repris avant quatre mois »* –, il existe en revanche *« un accord tacite »* visant à *« éviter une collision majeure entre leurs forces armées* [...] *La distinction,* poursuit Shlaïm, *n'est pas purement sémantique. Une "collusion" implique un accord direct et explicite et est connotée comme relevant d'un* deal *secret et méprisable. Un "accord tacite", en revanche, peut résulter d'une compréhension réciproque de la pensée de l'autre, amenant à prendre conscience que la coopération entre adversaires peut être mutuellement avantageuse sans supposer un contact direct ou un plan d'action explicitement formulé*[46] ».

Quand Abdallah abandonne Farouk

Dès le 3 août 1948, en tout cas, Israéliens et Transjordaniens reprennent contact : l'ambassadeur de Transjordanie à Londres, Amir Abdul Majid

Haidar, vient à Paris rencontrer Elias Sasson, que Ben Gourion a chargé de sonder les représentants des différents pays arabes. *« Le fait,* écrit Shlaïm, *que Sasson ait consacré beaucoup de ses talents et de son énergie à la restauration du lien rompu avec le roi Abdallah n'était pas entièrement fortuit. Pas plus que le fait que, de tous les efforts de Sasson, celui-ci ait été le plus rapidement couronné de succès. Les deux pays étaient parvenus à un accord sur le partage de la Palestine en novembre 1947 et, malgré tous les malentendus intervenus ensuite et la guerre, la base de cet accord n'avait pas entièrement disparu* [47]. »

Au contraire : quelques semaines plus tôt, le médiateur des Nations unies, le comte Folke Bernadotte, abandonnant le plan de partage adopté par l'Assemblé générale, s'était prononcé pour le rattachement de la partie arabe de la Palestine à la Transjordanie – avec, en prime, le Néguev, qu'il proposait d'échanger contre la Galilée dont les forces juives avaient déjà occupé l'essentiel. C'est pourquoi, d'ailleurs, Israël n'aura de cesse de s'en emparer : d'où les ruptures unilatérales de la trêve[48] et les offensives contre l'armée égyptienne, d'abord le 15 octobre, puis à nouveau le 22 novembre 1948. Or, loin de manifester sa solidarité avec le roi Farouk dont les troupes sont attaquées par Tsahal, Abdallah laissera sa Légion arabe l'arme au pied. Non sans vérifier auprès de Londres qu'en cas d'attaque israélienne contre ses propres forces, le traité d'alliance anglo-transjordanien jouerait – Ernest Bevin prévint effectivement son homologue américain George Marshall du risque de guerre entre la Grande-Bretagne et Israël si celui-ci s'en prenait à la Légion arabe [49]. Du « cadeau » inespéré représenté par la passivité transjordanienne lors de son attaque contre l'Égypte comme du risque majeur que lui ferait encourir une opération contre la Légion arabe, David Ben Gourion saura tenir compte ensuite.

Il lui faudra trancher, au préalable, un double débat. D'abord celui que suscitent – encore à l'automne 1949, s'agissant de Jérusalem – les partisans d'une « solution militaire ». Jusqu'aux opérations de l'automne 1948 en Galilée et dans le Néguev, le Premier ministre est lui-même favorable à une offensive contre la Légion arabe en Cisjordanie : il soumet au gouvernement, le 26 septembre, une proposition en ce sens, qui est repoussée par sept voix contre six – *« dans les années qui suivront, Ben Gourion a présenté ce vote comme la plus grande occasion ratée de la guerre de 1948* [50] ». Ce qui n'empêchera d'ailleurs pas le lieutenant-colonel Moshe

Dayan, le 19 octobre, de lancer deux bataillons à l'assaut de la colline de Beit Jala, tremplin stratégique pour la conquête de Bethléem et de Hébron – son échec sera dissuasif. Mais, une fois la Galilée et le Néguev sous contrôle, la situation a changé : du strict point de vue militaire, les Forces de défense d'Israël peuvent certes s'emparer de la Cisjordanie et de Jérusalem-Est, mais à quel prix politico-diplomatique ? Ben Gourion redoute un conflit avec la Grande-Bretagne et craint la dégradation de l'image du jeune État, qui est alors candidat aux Nations unies. Bref, le Premier ministre acquiert, écrit Shlaïm, la conviction que *« le temps était venu de se concentrer sur les tâches de la paix : le souci des immigrants et de leur réadaptation, la colonisation de la terre, l'injection de la vie dans les régions désertiques. La Terre d'Israël, disait Ben Gourion, ne resterait pas leur uniquement par la guerre et la force de l'armée. Pour Ben Gourion, le livre de la guerre était fermé – au moins pour le moment*[51] *»*.

Le second débat, plus souterrain, oppose, en matière de paix cette fois, les tenants de « l'option égyptienne » à ceux de « l'option transjordanienne », voire de « l'option palestinienne ». Là encore, longtemps hésitant, Ben Gourion va faire, lentement mais sûrement, son choix. Même lorsque le Premier ministre apprit, le 15 décembre 1949, que les Égyptiens étaient disposés à concéder dix kilomètres de côte supplémentaires à Israël, *« il s'opposa*, écrit Shlaïm, *à toute remise en cause des négociations avec la Jordanie en raison de l'importance intrinsèque d'un accord israélo-jordanien, à cause du rôle de ce dernier pour ouvrir la voie à un accord avec l'Égypte, et du fait de la nécessité de s'épauler réciproquement avec Abdallah face à la campagne visant à l'internationalisation de Jérusalem*[52] *»*. Huit mois plus tôt, lors du débat houleux, à la Knesset, sur l'armistice israélo-jordanien, Ben Gourion, accusé par Menahem Begin de signer un « nouveau Munich », s'était écrié qu'*« il était préférable d'avoir un État juif sans la totalité de la Terre d'Israël plutôt que la totalité de la Terre d'Israël sans État juif. Un État juif, argumenta-t-il, n'était pas possible sur l'ensemble de la Terre d'Israël ou même dans sa partie occidentale si cet État devait être aussi démocratique, puisque le nombre d'Arabes y dépassait le nombre de Juifs. Voulaient-ils un État d'Israël démocratique sur une partie de la Terre d'Israël ou un État juif sur l'ensemble de la terre et l'expulsion de ses habitants arabes ? demanda Ben Gourion »*. Et Shlaïm d'ajouter : *« Bien qu'au fond de son cœur Ben*

Gourion ait aspiré à un État juif sur l'ensemble de la Terre d'Israël, il considérait cela comme une tâche pour de futures générations[53] »...

Repris le 9 novembre 1948 *via* Elias Sasson et Abdul Majid Haidar, le dialogue entre Tel Aviv et Amman débouche tout d'abord sur un cessez-le-feu à Jérusalem, sanctionnant le partage de la ville entre Israël et la Transjordanie, le 29 novembre 1948 - un an jour pour jour après que l'Assemblée générale des Nations unies en a décidé l'internationalisation. Ce premier résultat facilite la négociation - en apparence à Rhodes, en fait directement à Shuneh, le palais d'Abdallah - de l'armistice qui met définitivement fin (jusqu'en juin 1967 !) aux hostilités entre eux. C'est chose faite le 3 avril 1949, malgré une ultime provocation israélienne : la prise d'Umm Rashrash (la future Eilat) sur la mer Rouge, le 10 mars. En revanche, les tractations en vue d'un traité de paix en bonne et due forme n'aboutiront jamais. Ayant obtenu ce qui était de son point de vue capital - l'essentiel de la Cisjordanie et la vieille ville de Jérusalem -, Abdallah ne voudra braver, ni sa propre opinion publique, ni celle du monde arabe en général. Il souhaite encore moins risquer que la Transjordanie soit exclue de la Ligue arabe, voire victime d'un boycottage de sa part. Au grand dam de Ben Gourion, le roi, qui avait pourtant donné son accord de principe à la conclusion d'un pacte de non agression, fera machine arrière. En échange, la Ligue arabe entérinera l'annexion de la Cisjordanie, qui sera officielle le 24 avril 1950. Cet ultime sursaut, grâce auquel Abdallah espérait aussi visiblement ne pas entrer dans l'histoire comme un « traître » à la cause arabe, ne lui épargnera pas une fin tragique : le 20 juillet 1951, il tombera sur le seuil de la mosquée al-Aksa, à Jérusalem, sous les coups d'un nationaliste palestinien.

Le 5 mai 1949, lors d'une rencontre à Shuneh, Abdallah avait confié à Moshe Sharett (ex-Shertok) que « *lui aussi, comme les Israéliens, était entré en guerre contre sa volonté.* [...] *Le roi ajouta que, tout au long de la période des opérations militaires, ses forces n'avaient pas franchi les frontières de l'État juif définies par la résolution des Nations unies. En vérité, dit-il, leurs forces respectives ne s'étaient affrontées qu'à Jérusalem, et c'étaient les Israéliens qui avaient provoqué le combat* ». Commentaire d'Avi Shlaïm : « *Il aurait été difficile de contester la version d'Abdallah, et Sharett ne tenta pas de le faire. Abdallah dit qu'il n'avait pas voulu partir en guerre, mais qu'une série d'événements commençant par Deir Yassine et finissant par la rupture par les Juifs du cessez-le-feu à Jérusalem l'avaient forcé à agir. Abul Huda non plus n'avait pas voulu la guerre et était resté fidèle à la stratégie limitée pour laquelle il avait obtenu le consentement secret de la Grande-Bretagne* [...] *Indirectement, Abdallah affirmait maintenant que ce n'était pas lui, mais les Juifs qui étaient revenus sur l'accord secret qu'ils avaient conclu quant au partage de la Palestine*[54] »...

Notes

1. Cité par Simha Flapan, *The Birth of Israel. Myths and Realities,* Croom Helm, Londres et Sydney, 1987, p. 189.
2. *Ibidem.*
3. Benny Morris, *1948 and After. Israel and the Palestinians,* Clarendon Press, Oxford, 1990, p. 14.
4. Cité par Simha Flapan, *op. cit.,* p. 191.
5. *Ibidem.*
6. *Ibidem.*
7. *Ibidem.*
8. Jon et David Kimche, *A Clash of Destinies, The Arab-Jewish War and the Founding of Israel,* Frederick A. Praeger, New York, 1960, p. 79.
9. Benny Morris, *The Birth of the Palestinian Refugee Problem, 1947-1949,* Cambridge University Press, Cambridge, 1987, pp. 21-22.
10. Michel Bar-Zohar, *Ben Gourion,* Fayard, Paris, 1986, pp. 235-236.
11. Benny Morris, *The Birth..., op. cit.,* pp. 20.
12. *Ibidem,* p. 23.
13. Elias Sanbar, *Palestine 1948. L'Expulsion,* Les livres de la *Revue d'études palestiniennes,* Paris, 1984, pp. 150 à 152.
14. Benny Morris, *1948..., op. cit.,* p. 14.
15. Simha Flapan, *op. cit.,* p. 58.
16. *Ibidem,* pp. 67-68.
17. Cité par Simha Flapan, *op. cit.,* p. 73.
18. Jon et David Kimche, *op. cit.,* p. 162.
19. David Ben Gourion, *War Diaries,* Tel Aviv, 1982, p. 428.
20. Yehuda Slutzky, *Sefer Toldot Hahagana,* Tel Aviv, 1972, vol. 1, p. 12.
21. Dominique Lapierre et Larry Collins, *Jérusalem,* Robert Laffont, Paris, 1971, p. 374.
22. Avi Shlaïm, *Collusion Across the Jordan. King Abdullah, the Zionist Movement, and the Partition of Palestine,* Clarendon Press, Oxford, 1988, p. 198.
23. Entre le 20 mai et le 11 août 1948, plus de cent vols déversent fusils, cartouches, mitrailleuses, canons et mortiers, sans oublier les avions Messerschmitt et Spitfire qui permettront aux Israéliens, le 29 mai, d'arrêter les Égyptiens parvenus à 30 kilomètres de Tel Aviv (Voir Dominique Vidal, « Moscou et la Palestine 1945-1955 », *Revue d'études palestiniennes,* Paris, n° 28, été 1988).
24. Jon et David Kimche, *op. cit.,* pp. 223-224.
25. Benny Morris, *1948..., op. cit.,* pp. 14-16.

26. Cité par Walter Laqueur et Barry Rubin, *The Israel-Arab Reader*, Penguin Books, Londres, pp. 79-84.

27. Simha Flapan, *op. cit.*, pp. 191 et 192.

28. *Ibidem*, p. 192.

29. *Ibidem*, pp. 18-19.

30. Cité par Avi Shlaïm, *op. cit.*, p. 41.

31. *Ibidem*, p. 58.

32. *Ibidem*, p. 71.

33. Cité par Michael J. Cohen, *Palestine and Great Powers, 1945-1948*, Princeton University Press, 1982, p. 145.

34. Cité par Avi Shlaïm, *op. cit.*, p. 78.

35. *Ibidem*, p. 87.

36. *Ibidem*, p. 92.

37. *Ibidem*, p. 100.

38. *Ibidem*, p. 107.

39. *Ibidem*, p. 121.

40. Cité par Avi Shlaïm, *op. cit.*, p. 136.

41. *Ibidem*, p. 163.

42. *Ibidem*, p. 169.

43. *Ibidem*, p. 214.

44. *Ibidem*, p. 193.

45. *Ibidem*, p. 238.

46. *Ibidem*, p. 235.

47. *Ibidem*, p. 281.

48. Avi Shlaïm donne des détails sur les conditions de la rupture de cette trêve. Les Israéliens avaient observé que, lorsqu'ils envoyaient un convoi ravitailler les *kibboutzim* du nord du Néguev, conformément aux dispositions du cessez-le-feu, les Égyptiens tiraient souvent sur lui. Le 15 octobre, ils organisèrent donc un convoi dans l'espoir que, les forces égyptiennes les attaquant, ils obtiendraient ainsi le prétexte recherché pour reprendre les combats. Mais les armes se turent. *« Loin d'être découragés par le spectacle déplorable de la passivité égyptienne, les soldats israéliens tirèrent sur un de leurs camions et l'immobilisèrent. Appelés rapidement sur place, les observateurs des Nations unies, voyant le camion criblé de balles, déclarèrent les forces égyptiennes coupables de rupture du cessez-le-feu »* (*op. cit.*, p. 321).

49. Israël, de fait, frôlera un incident majeur avec le Royaume-Uni lorsque celui-ci, pour surveiller le retrait des troupes israéliennes du Sinaï, en décembre 1948, enverra des avions de reconnaissance dont deux seront abattus par la DCA juive. Le retrait définitif de Tsahal du territoire égyptien, le 7 janvier 1949, mettra fin à la crise.

50. *Ibidem*, p. 309.

51. *Ibidem*, p. 460.

52. *Ibidem*, p. 529.

53. *Ibidem*, pp. 430-431.

54. *Ibidem*, pp. 450 et 452.

CHAPITRE III

EN DEUX TEMPS, CINQ MOUVEMENTS

« *Le gouvernement d'Israël doit dénier toute responsabilité dans la création de ce problème. L'accusation selon laquelle ces Arabes ont été chassés de force par les autorités israéliennes est totalement fausse ; au contraire, tout a été fait pour prévenir cet exode*[1]. » Voilà ce qu'explique, dès juillet 1948, un responsable éminent du ministère israélien des Affaires étrangères en réponse à son homologue américain. Telle sera – et telle reste, en principe – l'histoire officielle de l'exode de quelque 800 000 Arabes palestiniens [2] entre le plan de partage du 29 novembre 1947 et le dernier armistice israélo-arabe, en l'occurrence avec la Syrie, le 20 juillet 1949. C'est pourtant une tout autre version qui émerge des archives israéliennes, telles que les ont examinées, depuis vingt ans, un certain nombre d'historiens.

Le premier à la proposer fut Benny Morris, alors correspondant diplomatique du quotidien israélien en anglais *The Jerusalem Post,* journal à l'époque assez critique à l'égard de la politique des gouvernements israéliens, après s'être plongé longuement dans le passé, grâce à l'étude minutieuse de documents l'attestant. Dès les premières pages de son œuvre majeure, *The Birth of the Palestinian Refugee Problem,* il présentait une carte situant les 369 villes et villages arabes d'Israël (dans ses frontières de 1949) et résumait, localité par localité, les causes du départ de leur population [3]. Dans 45 cas, l'auteur avouait les ignorer. Les habitants de 228 autres étaient partis au cours d'assauts des troupes juives et, pour 41 d'entre eux, après des expulsions *manu militari*. Dans 90 cas, les Palestiniens [4] avaient cédé à la panique consécutive à la chute d'une agglomération voisine, à la hantise d'une attaque ennemie ou encore aux rumeurs propagées par l'armée juive – particulièrement après le massacre des habitants de Deir Yassine, dont la nouvelle se répandit comme une traînée de poudre à travers tout le pays.

Benny Morris, en revanche, ne recensait que 6 cas de départ à l'injonction des autorités arabes locales. « *Il n'existe pas de preuve,* ajoutait-il, *attestant que les États arabes et le Haut comité arabe* [HCA, palestinien] *souhaitaient un exode de masse ou qu'ils aient publié une directive générale ou des appels invitant les Palestiniens à fuir leurs foyers (même si, dans certaines zones, les habitants de villages spécifiques ont reçu de commandants arabes ou du HCA l'ordre de partir, essentiellement pour des raisons stratégiques)* [5]. » Plus : les radios de Jérusalem et de Damas, rapportent les services de renseignement de la Hagana, annoncent au nom du quartier général arabe que « *tout Arabe doit défendre sa maison et sa propriété* [...] *Ceux qui quitteront leurs foyers seront punis et leur maison détruite* ». L'ordre, précise Benny Morris, était signé Qawuqji, un « ancien » de la révolte de 1936-1939 qui avait pris la tête de l'Armée de Libération infiltrée dès janvier 1948 [6].

Nous voici au cœur d'une des principales manipulations de l'histoire de cette tragédie. En 1961, devant la Knesset, David Ben Gourion déclare encore : « *Le départ des Arabes d'Israël* [...] *a commencé immédiatement après la résolution* [de partage] *des Nations unies* [...] *Et nous avons des documents explicites témoignant qu'ils ont quitté la Palestine en suivant les instructions de dirigeants arabes, le mufti en tête, et sur la base de l'hypothèse que l'invasion des armées arabes* [...] *détruirait l'État juif et pousserait tous les Juifs à la mer* [7]. » Des documents explicites ? « *À aucun moment durant la guerre,* précise Benny Morris, *les dirigeants arabes n'ont publié un appel général aux Arabes de Palestine à quitter leur maison et leur village et à errer vers l'exil. Pas plus qu'il n'y eut de campagne à la radio ou dans la presse arabes ordonnant aux Palestiniens de fuir. En réalité, je n'ai pas trouvé de trace d'une telle campagne et, si elle avait eu lieu, s'il y avait eu de telles émissions, elles auraient été citées ou au moins laissé des traces dans la documentation. Les services de renseignement du Yichouv* [...] *et les ambassades britanniques et américaines au Moyen-Orient enregistraient tous les programmes des radios arabes. La BBC en faisait autant. Mais aucun d'entre eux, dans les milliers de rapports sur ces enregistrements, n'a jamais – sans même parler de citation – fait référence à une seule de ces prétendues émissions* [8]. » Vingt-six ans plus tôt, déjà, Erskine Childers avait analysé l'ensemble des enregistrements de la BBC pour conclure : « *Il n'y avait pas un seul mot, appel ou suggestion, relatifs à l'évacuation hors de Palestine, de la part d'aucune station de radio arabe, ni en Palestine, ni à l'extérieur en 1948* [9]. »

C'est, explique pour sa part Simha Flapan, le contraire qui se produisit : « *Lorsqu'en avril 1948 la fuite prit des dimensions massives, Abd Al-Rahman Azzam Pasha, le secrétaire général de la Ligue arabe, et le roi Abdallah rendirent tous deux publics des appels enjoignant les Arabes de ne pas quitter leurs foyers. Fawzi Al-Qawuqji, commandant de l'Armée de libération* [du Secours] *arabe, se vit donner des instructions d'arrêter l'exode par la force et de réquisitionner des moyens de transport dans ce but. Les gouvernements arabes décidèrent d'autoriser l'entrée des femmes et des enfants et de renvoyer tous les hommes d'âge militaire (entre 18 et 50 ans). Muhammad Adi Al-Umri, directeur adjoint de la station de radio de Ramallah, appela les Arabes à arrêter de quitter Jenine, Tulkarem et autres villes du Triangle bombardées par les Israéliens. Le 10 mai, Radio Jérusalem diffusa les ordres donnés par les commandants arabes et le Haut comité arabe de stopper la fuite de masse de Jérusalem et de ses environs. Des sources palestiniennes fournissent d'autres preuves que, plus tôt déjà, en mars et en avril, le Haut comité arabe, lors d'émissions radiophoniques depuis Damas, demanda à la population de ne pas bouger et annonça que les Palestiniens en âge de combattre devaient revenir des pays arabes. Il fut également demandé à tous les officiels arabes en Palestine de demeurer à leur poste. Pourquoi ces appels eurent si peu d'impact ? Ils furent en fait balayés par l'effet cumulatif des tactiques de pression sioniste, depuis la guerre économique et psychologique jusqu'à l'expulsion systématique de la population par l'armée* [10]. »

De fait, le phénomène se déroule en plusieurs phases, évidemment liées aux différentes périodes de la première guerre israélo-arabe. Il se répartit à peu près également entre les deux grandes étapes de l'affrontement : la guerre civile israélo-palestinienne, du 30 novembre 1947 au 14 mai 1948, date de la déclaration d'indépendance d'Israël ; à partir du 15 mai 1948, avec l'entrée en Palestine de troupes de cinq États arabes, la guerre israélo-arabe proprement dite, qui se prolonge jusqu'aux armistices. Mais, examinée plus attentivement, chacune de ces deux grandes étapes voit se succéder des moments sensiblement différents. Ainsi la guerre civile comprend-elle deux ensembles distincts, que sépare la mise en œuvre par la Hagana, en mars 1948, du plan Dalet (D, en hébreu) : limité et socialement typé avant, l'exode devient ensuite massif et touche différentes classes de la société.

Pareillement, la guerre proprement dite voit-elle se succéder des périodes de combats et de trêves. Ces dernières, qui interviennent du 10 juin au 8 juillet et du 18 juillet au 15 octobre 1948, sont toutes deux suivies de vigoureuses offensives des Forces de défense d'Israël nouvellement constituées, au cours desquelles l'expulsion des Palestiniens prend, plus encore qu'en avril-mai, un tour à la fois brutal et massif. Encore faut-il, pour comprendre l'exode, prendre la mesure de la *« faiblesse structurelle de la société palestinienne »*. Ainsi, explique Benny Morris, *« le manque de structures administratives d'autogouvernement, de même que la faiblesse des dirigeants, une organisation militaire pauvre ou inexistante hors du village et des mécanismes de taxation défectueux ou inexistants, tout cela a amené les principales villes à tomber en avril-mai, lorsque les Britanniques se retirèrent et que la Hagana attaqua. La chute des villes* – poursuit l'historien – *et l'exode* [de leur population] *provoquèrent, à leur tour, peur et découragement dans l'arrière-pays rural. Traditionnellement, les villages, bien qu'autarciques économiquement, comptaient sur les villes pour les diriger et les guider politiquement. »* C'est dire que l'effondrement des villes et la fuite des classes moyennes comme des dirigeants *« donna aux villageois palestiniens un exemple à imiter* [11] *»*.

D'abord les Palestiniens aisés

Dans *Naissance du problème des réfugiés palestiniens*, Benny Morris propose de diviser l'exode de la population arabe en cinq vagues, d'ampleur très inégale d'ailleurs : la première se déroule de décembre 1947 à mars 1948 ; la deuxième déferle d'avril à juin ; la troisième couvre juillet et août ;

la quatrième se prolonge en octobre et novembre ; enfin la cinquième s'étend de décembre 1948 à 1951. Reprenons cette périodisation, en examinant, dans chacune des phases, dans quelles conditions le départ des Palestiniens se produit.

La première vague semble, de prime abord, la moins massive : Benny Morris l'évalue à 70 000 personnes. Pour l'essentiel, il s'agit de Palestiniens aisés habitant les villes et désirant éviter un affrontement généralisé qu'ils jugent inévitable. Car, dès le lendemain de l'adoption du plan de partage par l'Assemblée générale des Nations unies, le 29 novembre 1947, les incidents se multiplient. Ils restent cependant limités. Du côté arabe, en effet, la majorité de la population paraît sinon se résigner à céder la moitié de sa patrie aux Juifs, en tous cas hésiter devant la perspective d'un choc majeur avec eux – du moins selon des sources israéliennes, les sources arabes étant, sur ce point notamment, indispensables à une reconstitution fidèle de la réalité. « *Il n'y a aucun doute sur le fait que la majorité du peuple palestinien s'opposait au partage et luttait pour faire de la Palestine un État arabe indépendant,* écrit Simha Flapan. *Cependant, il est également clair qu'ils ne se sont pas engagés dans une guerre totale contre les Juifs et qu'ils ont progressivement réalisé que le partage était inévitable et irréversible. Les preuves sont si écrasantes qu'on peut se demander comment le mythe d'une* djihad *palestinienne contre les Juifs a survécu aussi longtemps.* »

Quant à la Hagana, elle prétend s'en tenir, dans un premier temps, à une attitude essentiellement défensive et limiter les représailles contre les attaques arabes – à quelques exceptions près, à Jérusalem, en Galilée et dans le Néguev, que David Ben Gourion critique d'ailleurs début janvier. L'ancien responsable du Mapam évoque en particulier les tentatives des Palestiniens de « *se protéger de la guerre par l'unique moyen à leur disposition : des accords locaux avec leurs voisins juifs contre les attaques mutuelles, les provocations et les actes hostiles* [12] ». Des centaines de villages arabes signent des pactes de non-agression avec des *kibboutzim* (communes collectivistes) et des *moshavim* (coopératives) ; des ouvriers et des employés arabes et juifs d'entreprises ou de services les imitent ; Tel Aviv et Jaffa envisagent d'en faire autant. La très officielle *Histoire de la Hagana* confirme l'ampleur de ce mouvement qui, insiste Simha Flapan, « *s'est répandu dans tout le pays, entraînant la plupart des villages arabes de la région de Sharon et des environs de Jérusalem, y compris Deir Yassine et Silwan, le nord de la Galilée et le Néguev. Des initiatives similaires furent prises à Haïfa et Tibériade* [13] *».*

Mais le vent de la guerre commence à souffler plus fort dès janvier 1948. Les quelques milliers d'hommes, maigrement armés, des milices palestiniennes reçoivent peu à peu le renfort d'un nombre des volontaires arabes de l'Armée dite de Libération. Recrutés à travers le Proche-Orient par Fawzi Al-Qawuqji, ils seront, on l'a vu dans le précédent chapitre, 3 800 à la mi-mai. C'est peu, mais assez pour interrompre les voies de communication, isoler ainsi les villes juives et prendre les colonies au piège, voire s'emparer de zones encerclées. Fin mars, Jérusalem est virtuellement coupée de la plaine. Les villes ne sont pas épargnées. Si des Arabes décapitent des blessés juifs de l'hôpital français de Jaffa, le Palmah laissera de son passage dans le village de Balad al-Sheikh, près de Haïfa, 60 cadavres de villageois – dont de nombreuses femmes avec leurs enfants. Plus de cinquante civils disparaissent dans l'explosion de trois camions piégés, au milieu de la principale rue juive de Jérusalem, le 22 mars 1948. De son côté, avec ses attaques à la bombe contre des civils palestiniens, le Lehi assassine des dizaines d'Arabes en quelques semaines. À la fin février 1948, suivant les Nations unies, 869 personnes ont été tuées et 1 909 blessées.

Cette escalade grossit naturellement le flux des Palestiniens qui partent sur les routes de l'exil. Des 70 000 habitants arabes de Haïfa, où les opérations de la Hagana et surtout des milices d'extrême-droite ont été particulièrement brutales, 20 000 à 30 000 auront abandonné leurs foyers à la fin mars. Mêmes chiffres à Jaffa, où les Arabes redoutent d'autant plus la fin du mandat britannique que la ville est située juste au sud de Tel Aviv, et que le Yichouv refuse la trêve proposée par le maire. À Jérusalem et dans les environs, où la bataille et le terrorisme font rage, les Arabes fuient les quartiers ou les villages attaqués, voire même occupés par les Juifs – dans plusieurs cas, il s'agit à proprement parler d'expulsions : raids de l'Irgoun et du Lehi à Lifta et Romema, ordre d'expulsion de la Hagana à Sheikh Badr, bombardement (condamné par David Ben Gourion) à Qatamon, évacuation exigée par la Hagana à Tabiyeh. *« Ainsi Jérusalem-Ouest devint-elle complètement juive, et les parties orientales arabes de la ville furent-elles partiellement évacuées »*, conclut Benny Morris[14]. La Légion arabe, elle, occupe le gros de la vieille ville, où elle encercle le quartier juif – il tiendra jusqu'au 28 mai.

Si l'exode concerne surtout les classes moyennes des villes, il connaît aussi, à l'époque, ses premières manifestations à la campagne, le plus souvent du fait d'attaques de la Hagana ou, plus rarement, de l'Irgoun. C'est sur la plaine côtière (dite Sharon) – qui constitue le cœur du territoire attribué par les Nations unies aux Juifs et où ceux-ci sont majoritaires – qu'il est le plus net. Sont touchés des dizaines de villages, mais également la ville de Césarée, que ses habitants arabes fuient avant et après sa prise par le Palmah, le 15 février 1948. Celui-ci détruira leurs maisons et chassera les dernières familles – ce fut, écrit Benny Morris, *« la première expulsion planifiée et organisée d'une communauté arabe par la Hagana en 1948* [15] *»*. Josef Weitz qui, on le verra au chapitre 5, prendra bientôt la tête du Comité du transfert et organisera la « judaïsation » des villes et villages arabes, signale aussi des cas de départs en Galilée et parmi les Bédouins de la vallée de Beisan (future Beit Shean). Faute d'obtenir, à l'époque, une décision nationale d'expulsion de la population arabe du territoire de l'État juif, il prend l'initiative d'expulsions locales. D'autres évacuations s'inscrivent dans les représailles que pratique la Hagana : c'est le cas des Bédouins de Mansurat al-Kheit sur le Jourdain et, dans la même région, de al Huseiniya al-Ulmaniya, Kirad al-Ghannama... Malgré tout, le Yichouv n'en reste pas moins, fin mars, en difficulté – d'autant qu'à la même période, aux Nations unies, le grand allié américain semble faire machine arrière pour substituer au plan de partage une tutelle internationale sur l'ensemble de la Palestine. L'idée fera long feu, Washington reculant devant la perspective de la présence de troupes soviétiques parmi les forces indispensables pour imposer les décisions des grandes puissances...

Le plan Dalet, tournant de la guerre et de l'expulsion

La deuxième vague de l'exode palestinien, beaucoup plus massive, se produit en avril, mai et juin 1948. Elle résulte avant tout du changement de stratégie de la Hagana. Le Yichouv a en effet décidé de sortir définitivement de la défensive : l'opération Nahshon, destinée à rouvrir la route stratégique de Tel Aviv à Jérusalem, doit être le prélude d'une offensive militaire tous azimuts, baptisée plan Dalet. Et David Ben Gourion, qui présente ce plan à l'état-major le 28 mars, s'est donné les moyens d'assouvir ses ambitions :

- l'armement, grâce aux livraisons par avion et par bateau *(voir chapitre 2)* ;

- l'argent : aux quelque 100 millions de dollars collectés aux États-Unis par l'Agence juive entre 1945 et 1947, s'ajoutent 50 millions supplémentaires, grâce à une tournée de Golda Meyerson en décembre 1947 et janvier 1948 - bien plus qu'il n'en faut pour payer *cash* les livraisons tchèques, mais également les chars, fusils et cartouches achetés en France ou aux États-Unis ;

- l'organisation : la mobilisation générale des 18-25 ans, décrétée en février, permet de redéployer les forces juives en une infanterie de 15 000 hommes et une garde territoriale de 3 000 - l'inverse de la proportion antérieure. La Hagana totalise maintenant six brigades : Alexandroni, Kiryati et Givati d'un bout à l'autre de la plaine centrale, Carmeli à Haïfa, Golani au sud de Nazareth, Etzioni enfin au sud de Jérusalem. Le Palmah, pour sa part, en aligne trois - Yiftah pour la Galilée, Harel pour Jérusalem, et Hanegev entre Gaza et Beersheba.

Chaque étape de la contre-offensive juive provoque, souvent directement, une fuite éperdue de la population arabe, laissée le plus souvent sans défense par des groupes armés palestiniens sous-équipés, mal entraînés et profondément divisés. « *L'essence du plan* [D] *était de nettoyer le territoire futur de l'État juif de tous les forces hostiles ou potentiellement hostiles* », rappelle Benny Morris, qui ajoute : « *Comme les irréguliers arabes étaient basés et logés dans les villages, et comme les milices de maints villages participaient aux hostilités contre le Yichouv, la Hagana considérait la plupart des villages comme activement ou potentiellement hostiles* [16]. » Si l'historien nie l'existence d'un plan d'expulsion, il admet qu'« *à partir du début avril, il y a des traces claires d'une politique d'expulsion à la fois au niveau national et local en ce qui concerne certains district et localités stratégiques-clés* [17] » – le lecteur trouvera plus d'éléments sur ce point au chapitre sept.

Sur le terrain, le phénomène est évident. Après l'échec de l'assaut des hommes de Qawuqji contre le *kibboutz* de Michmar Haemek, du 4 au 7 avril 1948, les dirigeants de ce dernier - pourtant militants de l'Hachomer

Hatzaïr (sioniste socialiste) – viennent voir David Ben Gourion pour lui dire qu'*« il est impératif d'expulser les Arabes* [de la région] *et de brûler leurs villages*[18] *»* : cette « mission », exécutée par la Hagana tout au long d'avril, sera complétée par l'Irgoun à la mi-mai. Pour briser le blocus de Jérusalem, l'opération Nahshon, qui va se déployer du 6 au 15 avril, implique la conquête et la destruction des villages arabes dominant la route de Tel Aviv – *« lorsqu'on en vint à la pratique, la clause du plan D prévoyant de laisser intacts les villages non résistants fut supplantée par la décision de détruire les villages des zones stratégiques ou situés le long de routes cruciales sans tenir compte du fait qu'il avaient ou non résisté à leur conquête par la Hagana*[19] *»*, estime Benny Morris. L'exode ainsi déclenché est évidemment décuplé par la nouvelle du massacre de Deir Yassine : le 9 avril 1948, tandis que la Hagana arrache Castel aux troupes du chef palestinien Abdel Qader Husseini, qui trouve la mort dans cette bataille, les miliciens de l'Irgoun et du Lehi assassinent de sang froid, maison après maison, 250 habitants de ce village arabe pourtant en paix avec le Yichouv *(voir chapitre suivant)*. Menahem Begin, le chef de l'Irgoun, à ce titre co-responsable de la tuerie officiellement condamnée par l'Agence juive, niera que des civils ont été assassinés. Dans la version hébraïque de ses *Mémoires*, il écrit : *« La propagande arabe répandit une légende de terreur parmi les Arabes et les troupes arabes, qui furent pris de panique à la mention des soldats de l'Irgoun. La légende valait une demi-douzaine de bataillons des forces d'Israël. »* Dans la version hébraïque, Begin poursuit : *« Amenés à croire les contes sauvages sur la "boucherie de l'Irgoun", les Arabes à travers tout le pays furent pris d'une panique illimitée et commencèrent à fuir pour sauver leurs vies. Cet exode massif se transforma en une folle débandade, incontrôlable. Des quelque 800 000 Arabes qui vivaient sur le territoire actuel de l'État d'Israël, seuls 160 000 sont encore là. La signification politique et économique de ce développement ne saurait être surestimée*[20] *»*...

« La reddition ou le suicide »

Le flot s'enfle à vue d'œil. Au nord, quand Tibériade tombe le 18 avril, les Britanniques ont évacué ses 4 000 Arabes, effrayés par les victimes civiles de la prise des villages environnants et les premiers dynamitages de maisons au centre. Quatre jours plus tard, la Hagana s'empare de la ville-port de Haïfa – le 22e bataillon de la Golani avait pour ordre de *« tuer tout* [homme adulte] *arabe rencontré »* et de mettre le feu avec des bombes incendiaires *« à tous les objectifs qui peuvent être incendiés*[21] *»*. Malgré la trêve négociée, la ville se vide de ses Palestiniens : il ne restera que 3 000 à 4 000 des 70 000 habitants arabes d'avant le partage – David Ben Gourion attribuera cet exode massif à la peur d'un nouveau Deir Yassine. Au centre, l'Irgoun s'attaque le 25 avril 1948 à ce *« cancer »* que constitue, selon elle, Jaffa en plein cœur du futur État juif : lorsque les miliciens se retirent, après une semaine de bombardements intensifs et de combats acharnés, la ville ne compte plus que 4 000 à 5 000 de ses 70 000 à 80 000 Arabes. Il en ira de même au nord quand Igal Allon, le commandant du Palmah, décida début mai de prendre Safed (10 000 à 12 000 habitants arabes) et Beisan (6 000) : *« Il ne voulait pas laisser de centres de population arabe immédiatement derrière ce qui deviendrait les lignes de front*[22]. *»* Mission accomplie le 13 juin : les deux villes ne comptent plus aucun habitant arabe, les derniers étant évacués par les camions des forces juives...

Le même Allon, avec l'opération Yiftah, « nettoiera » la Galilée orientale entre la mi-avril et la mi-mai : pour lui, explique Benny Morris, *« l'évacuation de toutes les forces et populations arabes de la région était la manière la plus simple et la meilleure d'assurer la sécurité de la frontière*[23] *»* avec la Syrie. À la mi-mai également, la Hagana s'est emparée de Saint-Jean-d'Acre et de sa région : sommés, par haut-parleur, de choisir entre *« la reddition ou le suicide*[24] *»*, les deux tiers des 12 000 à 15 000 Palestiniens de la superbe cité – et quelque 25 000 autres, réfugiés de Haïfa – ont « choisi » l'exil. Plus au nord encore, toujours à la mi-mai, la dernière opération de la Hagana avant l'indépendance, dite Ben Ami, lui permettra d'en finir avec toute présence arabe, ou peu s'en faut, en Galilée occidentale jusqu'à la frontière libanaise : *« Attaquer pour conquérir, pour tuer des hommes, pour détruire et brûler les villages d'al-Kabri, Umm al-Faraj et al-Nahr*[25] *»*, avait par exemple ordonné, le 19 mai, le brigadier-général Moshe Carmel à ses commandants... Violences contre les civils, maisons incendiées ou dynamitées, expulsions lorsque les Arabes n'ont pas fui : avec l'opération Mitzva Barak, le plan D s'applique également, d'avril à juin, dans le Sud, où la Hagana reste sur la défensive. Quant à la campagne palestinienne, résume Benny Morris, *« l'évacuation des Arabes en avril-mai y a suivi de près – et a souvent été précipitée par – des offensives juives qui faisaient partie de la mise en œuvre du plan D. L'exode arabe a presque complètement suivi la série des attaques juives dans chaque zone, mais ce sont des pressions militaires arabes qui, dans plusieurs cas, forcèrent la Hagana à lancer prématurément de telles offensives*[26] ».

Le plan de partage des Nations unies est définitivement enterré lorsqu'au lendemain de la proclamation de l'État d'Israël, le 14 mai 1948, des troupes égyptiennes, transjordaniennes, syriennes, libanaises et irakiennes pénètrent en Palestine. Un moment bousculées – par les Égyptiens au Sud, par les Syriens sur la rive méridionale du lac Tibériade, par les Irakiens sur le Jourdain puis à Nétanya, par la Légion arabe transjordanienne à Jérusalem, par les Libanais dans le « doigt de Galilée » –, les forces armées juives se reprennent avant la trêve, qui sépare les belligérants le 11 juin.

Dans *1948 and After*, Benny Morris analyse plus en détail, s'agissant de cette première phase de l'exode, une pièce qu'il juge pour l'essentiel fiable : le rapport rédigé par les services de renseignements de l'armée israélienne et daté du 30 juin 1948. Intitulé « L'émigration des Arabes de Palestine dans la période 1/12/1947-1/6/1948 », ce document estime à 391 000 le nombre de Palestiniens ayant déjà quitté le territoire alors aux mains d'Israël et évalue l'influence des différents facteurs expliquant leur départ : *« Au moins 55 % du total de l'exode ont été causés par nos opérations »*, écrivent les experts, qui ajoutent à ce chiffre les opérations des dissidents de l'Irgoun et du Lehi *« qui ont directement provoqué environ 15 % de l'émigration »*. Avec 2 % attribués aux ordres d'expulsion explicites donnés par les soldats juifs et 1 % à leur guerre psychologique, on arrive donc à 73 % de départs directement provoqués par les Israéliens. De surcroît, dans 22 % des cas, le rapport met en cause les *« peurs »* et la *« crise de confiance »* répandues dans la population palestinienne. Quant aux appels arabes à la fuite, ils n'entrent en ligne de compte que dans 5 % des cas...

Bref, ce rapport, comme le résume Benny Morris lui-même, *« sape l'"explication" israélienne traditionnelle d'une fuite en masse sur l'ordre ou à l'invitation de la direction arabe »*. D'autant que le texte *« insiste sur le fait que l'exode était contraire aux intentions politico-stratégiques du Haut comité arabe comme des gouvernements des pays arabes voisins »*. Pour autant, souligne l'historien, *« il ne conforte pas non plus l'explication arabe traditionnelle de l'exode – à savoir que les Juifs, d'une manière préméditée, centralisée et systématique, auraient mené une campagne visant à l'expulsion complète de la population palestinienne autochtone »*. Toutefois, reconnaît Benny Morris, pour la seconde période – au cours de laquelle le nombre de réfugiés se serait élevé à 300 000-400 000 personnes –, *« c'est une autre histoire »* : l'expulsion des Palestiniens occupe, admet-il, une place de plus en plus importante dans le déroulement de la guerre à partir du 9 juillet 1948.

100 000 en 10 jours

Ce jour-là se termine la trêve entre les forces juives et arabes, au cours de laquelle David Ben Gourion a maté, à droite, la rébellion de l'Irgoun[27] et réduit, à gauche, l'influence jusque-là écrasante du Mapam dans l'armée et son état-major. Le 31 mai 1948, en effet, il a unifié les diverses milices juives au sein des Forces de défense d'Israël (Tsahal), dotées d'effectifs plus nombreux – elles alignent désormais 65 000 soldats face aux 40 000 des États arabes – et beaucoup mieux équipées. Bref, Tsahal est en mesure de se lancer dans une triple offensive : sur le front central, pour prendre Lydda et Ramleh (situées sur le territoire alloué par les Nations unies à l'État arabe) afin de dégager la route de Jérusalem ; au Sud, pour tenter de refouler les troupes égyptiennes ; au Nord, enfin, pour enlever Nazareth et terminer la judaïsation de la Galilée. Quelques opérations se poursuivront, du 18 juillet au 15 octobre, durant la trêve au beau milieu de laquelle le médiateur des Nations unies, le comte Folke Bernadotte, sera assassiné par des militants du Lehi : le Suédois prônait, certes, le rattachement du territoire prévu pour l'État arabe à la Transjordanie, mais il suggérait qu'en échange de la Galilée récupérée par Israël, ce dernier abandonne le Néguev – et surtout il persistait à faire de Jérusalem une cité internationale... Plus que jamais, à l'époque, l'heure, pour les dirigeants israéliens, est à la conquête du territoire le plus vaste possible peuplé du moins possible d'Arabes – même si, sous la pression du Mapam, David Ben Gourion *(voir chapitre 7)* a dû faire diffuser, le 6 juillet, une directive de l'état-major interdisant toute destruction, tout incendie ou toute expulsion sans son accord formel.

Entre-temps, toutefois, le statut de la population arabe a changé. Avec la déclaration d'indépendance de l'État d'Israël, le 14 mai 1948, l'autorité militaire mise en place par Ben Gourion dans les régions allouées par l'ONU à l'État arabe et conquises par les forces juives, devenue formellement Gouvernement militaire, est progressivement étendue aux régions arabes à l'intérieur de l'État juif. « *Si bien,* explique Simha Flapan, *que 80 % de la population arabe d'Israël vivait sous le contrôle de gouverneurs militaires agissant au nom de l'état-major et du ministre de la Défense.* » Les lois d'urgence - édictées par les Britanniques en 1936 pour réprimer la Révolte arabe, puis remises au goût du jour en 1946 contre la la résistance juive - permirent à « *l'armée et* [aux] *gouverneurs militaires* [d'] *exercer un contrôle total sur la vie, la propriété, le travail et la liberté de mouvement des civils placés sous leur juridiction* ». Ils purent ainsi « *emprisonner des habitants, les expulser du pays, confisquer ou détruire leur propriété, et leur interdire de travailler ou de poursuivre tout autre type d'activité.* [...] *Et, par ordre du ministre de la Défense, le Gouvernement militaire était protégé contre toute interférence des autorités législatives ou judiciaires*[28] ». Ce statut spécial, qui restera d'ailleurs en vigueur jusqu'en 1965, donna aux expulsions massives de l'après-trêve les bases légales qui leur faisaient défaut auparavant.

La troisième vague de l'exode palestinien commence le 9 juillet. L'opération Dani mobilise près de la moitié de la nouvelle armée avec pour objectifs Lydda (l'actuelle Lod) et Ramleh. « *Dès le début,* estime Benny Morris, *les opérations contre les deux villes étaient conçues pour pousser les populations à la panique et à la fuite*[29] ». Deux jours de bombardements intensifs déclenchent l'exode. L'ordre donné par le lieutenant-colonel Itzhak Rabin est on ne peut plus clair : « *Les habitants de Lydda doivent être expulsés rapidement sans prêter attention à leur âge.* » Et Benny Morris ajoute : « *Un ordre similaire avait été donné* [...] *concernant les habitants de la ville voisine de Ramleh*[30]. » Le 12, à Lydda, après une escarmouche avec des blindés transjordaniens, les soldats israéliens se livrent à une violente répression : 250 civils palestiniens y trouvent la mort, y compris des prisonniers désarmés. Le massacre accélère la fuite. Quant aux habitants demeurés sur place, Itzhak Rabin, avec le feu vert de Ben Gourion, en organise l'expulsion systématique vers l'est, en camions et bus à Ramleh, à pied à Lydda. « *Une fois la population partie,* précise Simha

Flapan, *les soldats israéliens se mirent à piller les deux villes, dans une explosion de vols massifs que les officiers ne purent, ni prévenir, ni contrôler*[31]. » Dans un passage de ses *Mémoires* (1979), coupé à la demande de la censure israélienne, Itzhak Rabin assure : « *Les hommes qui prirent part à l'action d'évacuation en souffrirent beaucoup. Il y avait des responsables des mouvements de jeunesse auxquels on avait inculqué des valeurs telles que la fraternité internationale et l'humanité. L'action d'évacuation allait au-delà des concepts auxquels ils étaient habitués. Il y en eut qui refusèrent d'y participer.* [...] *Des activités prolongées de propagande furent nécessaires après l'action* [...] *pour expliquer pourquoi nous étions obligés de recourir à une action aussi dure et cruelle*[32]. » Reste qu'en moins d'une semaine, le futur État d'Israël s'est débarrassé de quelque 70 000 civils palestiniens - près de 10 % de l'exode total de 1947-1949 ! Sans doute est-ce à l'affaire de Lydda et de Ramleh que pense Meir Yaari, un des secrétaires du Mapam, lorsqu'en décembre 1948, il interpelle ainsi ses camarades : « *Beaucoup d'entre nous perdent leur image* [humaine], s'écrie-t-il. *Comme ils estiment facilement pouvoir – et avoir le droit de – prendre des femmes, des enfants et des vieillards et en remplir les routes parce que tel est l'impératif de la stratégie. Et cela nous le disons, nous les membres de l'Hachomer Hatzaïr, qui nous rappelons qui a utilisé ces moyens contre notre peuple durant la* [seconde] *guerre* [mondiale]. *Je suis horrifié*[33]. »

Sereine, elle, *L'Histoire* (officielle) *de la guerre d'indépendance* résumera ainsi l'événement : « *Les Arabes* [de Lydda], *qui avaient violé les termes de leur reddition et craignaient des représailles, étaient heureux de la possibilité qui leur était offerte d'évacuer la ville et d'aller plus à l'est vers le territoire* [contrôlé par] *la Légion ; Lydda se vida de ses habitants arabes*[34]. »

Moins brutal est le scénario mis en œuvre dans le nord, avec l'opération Dekel. Certes, deux brigades de la Golani conquièrent, les uns après les autres, les villages de Galilée occidentale. Puis c'est au tour de Nazareth et de ses environs. Mais bombardements et destructions se font plus rares. D'ailleurs, dans l'ensemble, la population arabe chrétienne et druze semble autorisée à rester sur place, tandis que les musulmans sont expulsés ou s'enfuient. Tactique préméditée ? Sans doute, à en croire les critiques de Yitzhak Avira, un collaborateur des services de renseignement de la

Hagana, qui met en garde contre le danger de croire que les chrétiens et les druzes seraient « *casher* » tandis que les musulmans ne le seraient pas [35]. Pourtant, dans le cas de la ville de Nazareth proprement dite, le fait que la population ait pu rester sur place tient à une erreur d'interprétation des ordres donnés par David Ben Gourion *(voir chapitre 7)*. Au total, néanmoins, de 20 000 à 30 000 réfugiés supplémentaires rejoindront, en dix jours, leurs dizaines de milliers de prédécesseurs en Galilée septentrionale et au sud du Liban...

Dans le Sud, les brigades Néguev et Givati tentent, en vain, d'établir un passage entre la plaine côtière et les colonies juives isolées du désert. Elles parviennent, en revanche, à élargir la zone qu'elles contrôlent, au sud dans le Néguev, au nord vers Hébron. Au prix d'une nouvelle expulsion de Palestiniens : le premier bataillon de la Givati n'était-il pas appelé explicitement à « *expulser les réfugiés campant dans la région, afin de prévenir une infiltration ennemie* [36] » ? De fait, quelque 20 000 Arabes, fuyant à l'approche des troupes israéliennes, et coupés des forces égyptiennes, gagneront les collines situées au sud de Hébron et, pour certains, la bande de Gaza.

Cette troisième vague sera grossie par les offensives menées par les forces de défense d'Israël au cours de la seconde trêve, du 18 juillet au 15 octobre 1948. La principale opération se déroule dans la région dite du « Petit triangle », d'où les forces palestiniennes attaquent régulièrement les véhicules circulant sur la route Tel Aviv-Haïfa. C'est la mort de deux passagers, le 18 juillet, qui précipite les événements. Devant le refus des Arabes de Jaba, Ijzim et Ein Ghazal de se rendre ou de quitter leur village, les brigades Alexandroni, Carmeli et Golani les pilonnent trois jours durant, puis les assaillent le 24 à grand renfort de tirs d'artillerie et, pour la première fois, de bombardements aériens. La prise des villages se serait accompagnée d'atrocités, ce que nièrent formellement les autorités – *voir chapitre 4* –, et se conclut par la destruction de deux des villages. Les enquêteurs des Nations unies concluront, en outre, que « *lors de l'achèvement de l'attaque,* [...] *tous les habitants des trois villages furent contraints de les quitter* [37] ». De même, dans la zone côtière, à l'ouest de Yibna, la Givati mènera, du 24 au 28 août, une opération baptisée « Purification », au cours de laquelle les unités recevront l'ordre de détruire toute force armée et, rapporte Benny Morris, « *d'expulser toute* [personne] *non armée de* [la région] ». De fait, le 29 août, après le départ de la plupart des Arabes, les soldats dynamitèrent des maisons et brûlèrent des cabanes, et « *dix Arabes qui tentaient de s'échapper furent tués* ». Deux semaines plus tôt, dans le désert, la brigade Néguev avait « nettoyé » la zone de Kaufakha al-Muharraqa : « *Les habitants des villages et les concentrations* [de Bédouins] *furent dispersés et expulsés. Un certain nombre de maisons furent dynamitées. Al-Muharraqa et les maisons de Sheikh Ukbi* [...] *furent minées.* » Ce type d'actions se multipliera, dans le Néguev, tout au long de la trêve, au point de susciter les critiques du ministère israélien des Affaires étrangères et même celles de certains responsables de *kibboutzim* de la région. Auparavant, les *mukhtars* s'étaient plaints à David Ben Gourion lui-même de ce que l'armée « *détruisait des maisons, volait des moutons, du bétail et des chevaux, et incendiait des champs*[38] » appartenant à des Bédouins pourtant neutres dans le conflit. Rares furent, durant la seconde trêve, les localités arabes à échapper au « nettoyage » des routes stratégiques et des lignes de front au sud et au centre (mais, on l'a vu, pas au nord) : Abou Gosh à l'ouest de Jérusalem, Freidis et Arab al-Ghawarina sur la plaine côtière. Et Benny Morris de conclure : « *Au total, les offensives israéliennes durant les "Dix jours" et les opérations de "nettoyage" consécutives ont probablement envoyé quelque 100 000 Arabes supplémentaires en exil en Palestine orientale tenue par la Transjordanie, sur la bande de Gaza, au Liban et dans la Haute Galilée aux mains de l'Armée de libération* [du Secours] *arabe de Qawuqji*[39]. »

Du désert du Néguev aux collines de Galilée

La quatrième vague de l'exode partira du Sud et du Nord. Avant d'être abattu, le comte Folke Bernadotte avait proposé qu'en échange de la Galilée, l'État juif rétrocède aux Arabes le Néguev : c'est donc là que les dirigeants israéliens concentrent leur effort, pour créer un nouveau fait accompli avant que le plan du médiateur des Nations unies ne puisse s'appliquer, mais aussi pour venir à la rescousse des colonies juives assiégées par les forces égyptiennes. Les Israéliens, on l'a vu, montent de toutes pièces, le 15 octobre, la provocation qui sert de prétexte à l'opération « Dix plaies ». Bientôt renommée Yoav, celle-ci est dirigée par « *Igal Allon, qui dans toutes ses campagnes précédentes n'avait pas laissé de commu-*

nauté arabe civile dans son sillage : il en avait été ainsi de l'opération Yiftah au printemps, et de même de l'opération Dani en juillet. Ni au début ni au cours de l'opération Yoav, il ne donna l'ordre formel de chasser les communautés arabes rencontrées, mais il est bien possible – estime Benny Morris – *qu'il ait indiqué ses souhaits, lors de tête-à-tête avant la bataille, à ses officiers* [40] ». La percée israélienne dans le Néguev s'accompagne en tout cas, presque partout, d'actes d'expulsion. C'est en particulier le cas lors de la prise de Beersheba, le 21 octobre : si la plupart des habitants fuient durant les combats, « *quelques jours après la conquête, apparemment le 25 octobre, le reste de la population, consistant en plusieurs centaines (pour l'essentiel) de femmes, d'enfants et de malades ont été expulsés vers la bande de Gaza* [41] ».

Cinq jours plus tard, Ben Gourion visite la ville en compagnie d'un responsable du ministère des Affaires des minorités qui déclare : « *Nous sommes venus pour expulser les Arabes. Fais-moi confiance, Igal.* » Ils sont déjà partis, lui répond Allon[42]. À Isdud (future Ashdod), sur la côte méditerranéenne, une autre expulsion du même type se produit : le gros de la ville a accompagné les troupes égyptiennes dans leur retraite, mais « *300 personnes restèrent, qui saluèrent les Forces de défense d'Israël avec des drapeaux blancs. Ils furent presque tous expulsés immédiatement vers le sud*[43]. » Même scénario, le même jour, à Hamama. Une exception toutefois : à Majdal (aujourd'hui Ashkelon), conquise le 4 novembre, l'ordre d'expulsion est différé... provisoirement, on le verra bientôt. Entre-temps, dans les collines au sud de Hébron, un épouvantable massacre s'est déroulé à ad-Dawayima *(voir chapitre suivant)* qui, comme celui de Deir Yassine, accroît la panique de la population arabe et amplifie sa fuite. Ainsi, au terme des batailles d'octobre-novembre dans le sud, le nombre de réfugiés dans la bande de Gaza est passé de 100 000 à 230 000, selon un rapport de F. G. Beard, qui prépare la création d'un organisme des Nations unies pour les réfugiés palestiniens – le futur Office de secours et de travaux des Nations unies pour les réfugiés (UNRWA) qui sera créé en décembre 1949. Leur condition, explique-t-il, « *défie toute description* [...] *La plupart d'entre eux vivent à l'air libre* [...] *et ne reçoivent pas de rations régulières de nourriture* [...] *Il n'y a pas de sanitaires* [...] *et il règne une saleté épouvantable* », témoigne Beard, qui reproche à l'armée égyptienne et au Haut comité arabe leur « *grande négligence* [44] ».

À la conquête du Néguev au Sud, correspond, au Nord, celle de la poche de Haute Galilée tenue par les hommes de Fawzi Al-Qawuqji. L'opération Hiram ne dura que trois jours, mais elle provoqua un exode majeur. « *De la population (locale et réfugiée) estimée à 50 000-60 000 avant le 29 octobre,* estime Benny Morris, *approximativement la moitié finit au Liban. Le 31 octobre, Ben Gourion rapporta qu'environ la moitié des villageois de la poche avaient fui, mais quelques jours plus tard, l'armée estimait que seuls quelque 12 000-15 000 habitants étaient restés dans la poche conquise* [45]. » Avec cette particularité déjà notée lors de la deuxième vague : si les musulmans partent, les chrétiens, les Druzes et les Circassiens [46] sont souvent autorisés à demeurer sur place – ce ne sera pas toujours le cas ailleurs. Et pourtant ce sont surtout les circonstances qui semblent décider, dans chaque village, s'il y a, ou non, expulsion. Certes, avant l'opération, le ministère des Affaires étrangères a fait savoir que l'armée devait « *essayer, au cours de la conquête, de* [faire en sorte] *que pas un habitant arabe ne reste en Galilée et certainement que pas un réfugié venu d'ailleurs n'y demeure* ». Mais la directive est mal transmise, et les commandants regretteront « *de ne pas avoir eu d'instructions claires, de ligne claire concernant l'attitude à avoir vis-à-vis des Arabes dans les zones conquises* ». Et Benny Morris de citer Yaacov Shimoni, du ministère des Affaires étrangères, qui « *n'avait aucun doute sur le fait que certaines des atrocités commises n'auraient pas eu lieu "si l'armée conquérante avait eu une ligne claire et positive quant à son comportement"* [47] ». La Galilée sera en effet le théâtre – *voir chapitre suivant* – de scènes d'épouvante, qui déboucheront sur une des rares crises politiques de cette période au sein des autorités israéliennes.

Soulignant que les opérations Yoav et Hiram avaient pour objectifs essentiels de détruire les formations armées ennemies et de conquérir plus de territoire, Benny Morris souligne que « *les ordres opérationnels, comme dans presque toutes les offensives des Forces de défense d'Israël, ne faisaient pas référence à la population civile arabe.* [...] *Sur aucun front il n'a été émis d'ordres généraux en vue de chasser les populations arabes. Mais les commandants de brigade, de bataillon et de compagnie, en octobre 1948, étaient en général d'avis que le mieux serait que l'État juif ait aussi peu d'Arabes que possible.* [...] *Les expulsions, lorsqu'elles se produisirent, eurent généralement lieu à l'initiative des commandants locaux. À ce qui précède, on doit ajouter le "facteur atrocité", qui a joué un rôle majeur en précipitant la fuite de divers groupes de villages musulmans de Galilée ainsi que de ad-Dawayima dans le Sud* [...]. *Au total, les opérations Hiram et Yoav ont transformé environ 100 000-150 000 Arabes en réfugiés* [48] ».

« Nettoyer » les frontières

La cinquième vague de l'exode n'en est pas une à proprement parler. Benny Morris y regroupe en fait toutes les expulsions et transferts intervenus de novembre 1948 à juillet 1949, à l'occasion d'actions de l'armée israélienne pour « nettoyer » les frontières du nouvel État. Ainsi, dans le Nord, le quartier général - sans avoir consulté le ministère des Affaires des minorités - décide, à l'issue de l'opération Hiram, de rayer de la carte tous les villages arabes situés sur une bande de cinq à quinze kilomètres de la frontière avec le Liban. Les uns sont expulsés vers le pays du Cèdre, les autres plus au sud, en Galilée. Le conseil des ministres approuvera l'opération après coup, le 24 novembre, tout en se prononçant pour le retour des villageois chrétiens de Bir'im. Il n'en sera rien : malgré le soutien du ministre Bechor Shitrit, et même du futur président d'Israël Itzhak Ben-Zvi, l'armée s'y refusera formellement, comme dans les cas d'Iqrit et de al-Mansura - qui feront l'objet de longues procédures juridiques. Ces trois cas, souligne Benny Morris, « *illustrent combien la détermination des Forces de défense d'Israël de créer une zone frontalière nord débarrassée de ses Arabes était, à partir de novembre 1948, profondément enracinée* [49] ». D'où la reprise des opérations en décembre 1948 et janvier 1949, cette fois pour chasser les Arabes revenus illégalement. Typique apparaît, selon Benny Morris, le raid du 16 janvier 1949 contre les villages de Tarshiha et de Miilya : « *L'armée israélienne a formé un cordon autour du village et imposé un couvre-feu. Tous les mâles de plus de 16 ans sont rassemblés sur la place du village. Là, un groupe de 8 Israéliens les interrogent.* [...] *Au total, 33 chefs de famille et 101 membres de famille* [...] *furent arrêtés et déportés* [50]. » Les dernières grandes expulsions dans le Nord auront lieu à la mi-1949, notamment, le 5 juin, celles des habitants de Jauna, Khisas et Qeitiya. Leur collaboration avec le Yichouv depuis 1937 ne les empêchera pas d'être embarqués de force, à minuit, dans des camions, et ce – selon les termes d'un député du Mapam – *« brutalement* [...] *à coups de pieds, avec force blasphèmes et mauvais traitements*[51] *»*. Quant aux quelque 2 200 Palestiniens demeurés dans la zone démilitarisée, à la frontière avec la Syrie, malgré la clause du traité d'armistice signé par les deux pays le 20 juillet 1949 protégeant leur présence, ils seront poussés à quitter Israël *« par une combinaison de bâton et de carotte – pressions économiques et policières, petites tracasseries, incitations matérielles*[52] *»*.

Dans le Sud aussi, Israël violera le traité d'armistice, signé cette fois avec l'Égypte, le 24 février 1949, pour contraindre à la fuite les dernières communautés arabes du nord du Néguev : les 2 000-3 000 villageois de Faluja et Iraq al-Manshiya. Le médiateur des Nations unies, Ralph Bunche, citant ses observateurs présents sur place, se plaindra que *« des civils arabes* [...] *à Faluja ont été battus et volés par des soldats israéliens et* [...] *il y a eu quelques tentatives de viol*[53] *»*. Cette affaire d'intimidation-expulsion provoqua la colère de Moshe Sharett : Israël rencontrait des difficultés aux Nations unies, auxquelles il s'efforçait alors *(voir chapitre 6)* d'adhérer, *« sur la question de notre responsabilité dans le problème des réfugiés arabes. Nous donnons comme argument que nous n'en sommes pas responsables* [...] *De ce point de vue, la sincérité de nos professions de foi est testée sur notre comportement dans ces villages* [...] *Toute pression intentionnelle visant à déraciner* [ces Arabes] *équivaut à un acte planifié d'expulsion de notre part*[54] *»*. Pour Benny Morris, la décision d'intimider les habitants de ces deux villages fut prise, cette fois encore, par Igal Allon. Mais l'historien ajoute : *« Quelques mois plus tôt, Weitz et Ben Gourion s'étaient mis d'accord sur la nécessité de chasser, en les intimidant, les communautés arabes se trouvant à proximité de l'axe Faluja-Majdal*[55]. *»*

Le Sud connaîtra d'ultimes expulsions après juillet 1949. Ainsi les tribus bédouines du Néguev, un temps concentrées à l'est de Beersheba, seront chassées en deux fois : d'abord en novembre 1949 vers al-Khalil/Hébron (500 familles), puis en septembre 1950 vers le Sinaï (4 000 personnes). Mais le transfert le plus massif et sans doute le plus organisé se produira à Majdal (Ashkelon). Benny Morris lui consacre un chapitre entier de son second livre, *1948 et après*. Dans un premier temps, le cabinet s'était prononcé, début 1950, pour un *« transfert ordonné des Arabes restés à Majdal vers des sites à l'intérieur d'Israël*[56] *»* – et 200 réfugiés seront effectivement déplacés à Ramleh. Mais le successeur d'Igal Allon, le général Moshe Dayan, préfère évacuer la population arabe vers la bande de Gaza et obtient, le 19 juin, le feu vert de David Ben Gourion. En fait, l'évacuation a commencé dès le 14. Les convois - bus et camions - se succéderont tout l'été et, le 22 octobre, il ne restera à Majdal que 32 Arabes. Expulsion ? C'est trop dire : deux ans d'isolement ont produit chez les Arabes de Majdal « *une dépression collective* » ; le chômage qui sévit contraste avec les emplois disponibles dans la bande de Gaza ; on redoute un second round israélo-égyptien...[57] « *Ce qui est sûr,* conclut néanmoins Benny Morris, *c'est qu'Israël voulait voir partir cette dernière concentration d'Arabes au sud de la plaine côtière et manigança leur départ. Des moyens de pression éprouvés, juste en-dessous de l'expulsion ouverte, ont été utilisés, y compris de la "propagande noire" ("Dieu sait ce qu'il adviendra de vous si vous restez"), l'annonce d'une évacuation imminente et diverses contraintes et restrictions (ghettoïsation imposée par des sentinelles et des barbelés, isolement physique, contrôle des déplacements et obstacles à l'emploi). À tout cela s'ajoutèrent une série de "carottes", la plus importante étant l'offre exceptionnelle d'un taux de change très généreux pour les devises israéliennes des partants*[58]. » C'est ainsi que Majdal devint Ashkelon...

À l'Est, à la frontière avec la Transjordanie, il ne restait presque plus personne dans les villages arabes : Tsahal se contenta de les détruire, pour éviter tout retour de réfugiés. Mais les rectifications de frontière - acceptées par le roi Abdallah, sous la pression des Israéliens, dans le cadre de l'armistice du 3 avril 1949 - impliquaient la cession à Israël de quelque quinze villages, avec 12 000 à 15 000 habitants. La pression internationale, notamment celle des États-Unis, était cependant trop forte pour que l'armée israélienne ait pleinement recours aux méthodes décrites durant les phases précédentes. Seule expulsion, « *forcée et brutale* » selon les termes de Moshe Sharett[59] : celle des 1 200 à 1 500 réfugiés installés à Baqa al-Gharbiya, renvoyés dans le Triangle.

Malgré la réprobation de la communauté internationale, d'autres villages seront vidés de leur population arabe à la fin 1948 ou au début 1949. Ce sera notamment le cas des habitants de Zakariya, à l'entrée de la route de Jérusalem. Mais, observe Benny Morris, « *l'armée souhaitait que les zones frontalières soient libres de toute présence arabe.* [Or] *elle échoua à créer une telle zone à la frontière libanaise (Rihanya, Jish, Hurfeish, Tarshiha et Miilya restèrent) de même qu'elle échoua – de manière encore plus décisive – le long de la ligne d'armistice avec la Jordanie à l'ouest du Triangle* [...] *Compte tenu de l'état des relations d'Israël avec les États-Unis et avec les Nations unies, avec pour toile de fond des discussions de Lausanne, les dirigeants israéliens estimèrent qu'ils ne pouvaient pas s'offrir le luxe de causer le genre de friction qu'une nouvelle vague d'expulsions aurait généré*[60] ». Et l'historien de conclure : « *Les opérations d'évacuation de la frontière menées entre novembre 1948 et 1951 étaient principalement motivées par des considérations de sécurité, mais les dirigeants politiques du pays n'étaient pas sans penser à leur effet "bénéfique" en matière de maintien ou de réduction du nombre d'Arabes israéliens*[61]. » De fait, selon les statistiques, le nombre de Palestiniens – Bédouins compris – expulsés ou « convaincus » de s'en aller tout au long de cette période, de novembre 1948 à la fin 1951, se situe, à en croire Benny Morris, entre 20 000 et 30 000, plus les « infiltrés » repoussés sans ménagement...

Cinquante ans plus tard, Israël compte plus de 800 000 Palestiniens (sur (5,5 millions d'habitants), Jérusalem, la Cisjordanie et la bande de Gaza 2 750 000, tandis que plus de 2 500 000 autres vivent hors de leur patrie. Parmi les exilés, 3 300 000 sont des réfugiés recensés par l'UNRWA, dont 1 000 000 habitent encore des camps...

Notes

1. Ilan Pappé, *The Making of the Arab-Israeli Conflict, 1947-1951*, I. B. Tauris, Londres et New York, 1992, p. 214.

2. Le nombre de Palestiniens expulsés fait l'objet d'évaluations contradictoires. Selon le rapport du Comité du transfert, signé Josef Weitz, Ezra Danin et Zalman Lifschitz, ils étaient 460 000 à la fin novembre 1948. Partant du recensement du 31 mars 1947, lui appliquant les taux d'accroissement naturel constatés en 1946 et déduisant le nombre d'Arabes restés en Israël, la démographe Janet Abu Loughod arrive à un total de 770 000 à 780 000 Palestiniens déplacés au moment des armistices. À la même période, l'Office du Secours et des travaux des Nations unies pour les réfugiés palestiniens (UNRWA) avance, pour sa part, le chiffre de 900 000 réfugiés. Enfin, dans *Collusion Across the Jordan*, Avi Shlaïm cite les statistiques de l'Office des réfugiés de Ramallah de Muhammad Nimr Al-Hawari qui recense en 1948 766 000 réfugiés, dont 200 000 à Gaza, 50 000 dans le district d'Hébron, 15 000 dans celui de Bethléem, 20 000 à Jérusalem, 40 000 à Jéricho, 72 000 à Ramallah, 100 000 à Naplouse, 70 000 en Jordanie, 80 000 en Syrie, 100 000 au Liban, 14 000 en Égypte et 5 000 en Irak.

3. Benny Morris, *The Birth of the Palestinian Refugee Problem, 1947-1949,* Cambridge University Press, Cambridge, 1987, pages XIV à XVIII. Une comparaison attentive du texte du livre et des tables où est indiquée, village par village, la cause majeure de l'exode révèle d'ailleurs une sous-estimation, dans les tableaux, des expulsions proprement dites.

4. Nous utiliserons indifféremment ici, pour éviter trop de répétitions, les termes « Arabes » et « Palestiniens », bien que le second soit anachronique. À l'époque, avant la naissance de l'État d'Israël, est « Palestinien » tout habitant, qu'il soit arabe ou juif, de la Palestine sous mandat britannique.

5. *Ibidem*, p. 129.

6. Cité par Benny Morris, *Ibidem*, p. 69.

7. Cité par Benny Morris, *1948 and After, Israel and the Palestinians*, Clarendon Press, Oxford, 1990, p. 30.

8. *Ibidem*, pp. 17 et 18.

9. Erskine Childers, « The Other Exodus », *The Spectator Magazine*, Londres, 12 mai 1961, cité par Nadine Picaudou, *Les Palestiniens, un siècle d'histoire*, Éditions Complexe, Bruxelles, 1997, p. 115.

10. Simha Flapan, *The Birth of Israel, Myths and Realities*, Croom Helm, Londres et Sydney, 1987, pp. 86 et 87.

11. Benny Morris, *1948...*, *op. cit.*, p. 21.

12. Simha Flapan, *op. cit.*, pp. 72-73.

13. *Ibidem*, p. 74.

14. Benny Morris, *The Birth...*, *op. cit.*, p. 52.

15. *Ibidem*, p. 54.

16. *Ibidem*, p. 62.

17. *Ibidem.*, p. 64.

18. *Ibidem*, p. 116.

19. *Ibidem*, p. 112.

20. Cité par Lenni Brenner, *The Iron Wall. Zionist Revisionism from Jabotinsky to Shamir*, Zed Books, Londres, 1984, p. 143.

21. Benny Morris, *The Birth...*, *op. cit.*, p. 76.

22. *Ibidem*, p. 101.

23. *Ibidem*, p. 121.

24. *Ibidem*, p. 109.

25. *Ibidem*, p. 125.

26. *Ibidem*, p. 111.

27. C'est l'affaire de l'*Altalena*. L'Irgoun a affrété ce bateau – baptisé du nom de plume de Vladimir Zeev Jabotinsky, le fondateur du sionisme « révisionniste » – qui accoste le 21 juin 1948 à Kfar Vitkin avec quelque 5 000 fusils, 250 mitrailleuses, 3 millions de cartouches, 3 000 bombes, des centaines de tonnes d'explosifs, des mortiers, des bazookas et d'autres armes légères en provenance de France. La milice de Menahem Begin prétend faire main basse sur ce trésor, alors qu'elle est censée intégrer les Forces de défense d'Israël fondées le 31 mai. David Ben Gourion croit-il à un coup d'État ? Toujours est-il qu'il fait couler le bateau qui a finalement jeté l'ancre devant Tel Aviv.

28. Simha Flapan, *op. cit.*, p. 102.

29. Benny Morris, *The Birth...*, *op. cit.*, p. 204.

30. Benny Morris, *1948...*, *op. cit.*, p. 2.

31. Simha Flapan, *op. cit.*, p. 100.

32. *Ibidem*, p. 101.

33. Cité par Benny Morris, *The Birth*, *op. cit.*, p. 211.

34. Cité par Benny Morris, *1948...*, *op. cit.*, p. 3.

35. Benny Morris, *The Birth...*, *op. cit.*, p. 201.

36. *Ibidem*, p. 212.
37. *Ibidem*, p. 214.
38. Cette citation et les précédentes sont tirées de Benny Morris, *The Birth..., op. cit.*, p. 215.
39. *Ibidem*, p. 216.
40. *Ibidem*, p. 219.
41. *Ibidem*, p. 221.
42. *Ibidem*.
43. *Ibidem*, p. 223.
44. Cité par Benny Morris, *The Birth..., op. cit.*, p. 224.
45. *Ibidem*, p. 225.
46. Les Druzes sont une secte issue d'une des branches du chiisme. Les Circassiens sont originaires d'une région du Caucase acquise par la Russie en 1829 ; nombre d'entre eux, musulmans, émigrèrent ensuite dans l'Empire ottoman.
47. Cité par Benny Morris, *The Birth..., op. cit.*, pp. 226-227.
48. *Ibidem*, pp. 235-236.
49. *Ibidem*, p. 239.
50. *Ibidem*, p. 240.
51. *Ibidem*, p. 242.
52. *Ibidem*, p. 243.
53. Cité par Benny Morris, *The Birth..., op. cit.*, p. 244.
54. *Ibidem*, p. 244.
55. *Ibidem*, p. 245
56. Cité par Benny Morris, *1948..., op. cit.*, p. 258.
57. *Ibidem*, pp. 261-262.
58. *Ibidem*, p. 268.
59. Benny Morris, *The Birth..., op. cit.*, p. 249.
60. *Ibidem*, pp. 251-252.
61. *Ibidem*, p. 253.

CHAPITRE IV

DEIR YASSINE, L'EXCEPTION ET LA RÈGLE

« La tendance des commandants militaires locaux à donner un "coup de pouce" aux Palestiniens afin qu'ils s'enfuient – relève dans son second livre l'historien Benny Morris [1] – *s'amplifia au fur et à mesure de la guerre. Des atrocités juives – beaucoup plus répandues que les vieilles histoires ne le disaient (il y a eu des massacres d'Arabes à ad-Dawayima, Eilaboun, Jish, Safsaf, Madj al-Kurum, Hule (au Liban), Saliha et Sasa, en plus de Deir Yassine, Lydda et autres lieux) – ont aussi contribué de manière significative à l'exode. »*

C'est évidemment, comme on l'a vu dans le chapitre précédent, le cas du carnage de Deir Yassine, le 9 avril 1948. Trois jours auparavant, la Hagana a lancé l'opération Nahshon, qui vise à dégager la route menant de Tel Aviv à Jérusalem, où les quartiers juifs sont encerclés par les forces arabes, en détruisant tous les « villages résistants » et en en expulsant la population. Mais, si le village de Deir Yassine surplombe bien la voie de communication décisive pour le Yichouv, il a signé un pacte de non-agression avec ses voisins juifs depuis 1942. Il n'empêche : quelque 120 hommes, aux deux tiers de l'Irgoun, le reste du Lehi, le prennent d'assaut et y commettent la pire des tueries de toute la guerre – sur 800 habitants, 254 morts, estime-t-on à l'époque du côté des victimes comme des bourreaux, nettement moins s'il faut en croire certaines sources plus récentes, israéliennes et palestiniennes [2]. Initiative isolée ? Ce n'est pas la thèse de l'Irgoun, qui soulignera : *« Le commandement de la Hagana a menti sciemment quand il a affirmé, après l'attaque* [...], *qu'elle était contraire au "plan général". La vérité toute nue, c'est que la conquête de Deir Yassine faisait partie de son propre plan. Les soldats de l'Irgoun et du Lehi ne se sont pas contentés de dynamiter le village.* [...] *Ils l'ont aussi tenu pendant plusieurs jours dans l'intention de le remettre à la Hagana*[3]. » Un communiqué du Lehi accuse : « *Les gens de Solel Boneh* [la compagnie de travaux publics du syndicat Histadrout] *sont arrivés sur les traces des hommes de la Hagana qui étaient venus prendre possession de Deir Yassine. Ils entreprirent immédiatement d'emporter les machines utilisées dans la carrière. Des voitures vinrent et repartirent chargées de produits alimentaires trouvés dans le village. De la même manière qu'ils nous ont pris des mains le triomphe, ils ont volé le village de Deir Yassine*[4]. »

Ce qui est certain, c'est que l'opération est coordonnée avec celles menées simultanément par la Hagana, qu'elle a reçu le feu vert – non sans réticence, il est vrai – de son commandement général et qu'elle bénéficiera d'un appui de son artillerie. Mais, contrairement à l'Agence juive qui, David Ben Gourion en tête, condamne cette barbarie[5], l'Irgoun, loin de s'en repentir, publiera un communiqué expliquant que la « *conquête de Deir Yassine* » a développé « *la terreur et l'épouvante parmi les Arabes de tous les villages environnants* [...] *une fuite panique a commencé qui a facilité la reprise des communications* [...] *entre la capitale* [Jérusalem] *et le reste du pays*[6] ». Dans ses *Mémoires*, on l'a vu, Menahem Begin élargit encore le phénomène, qu'il attribue à la « *propagande mensongère sur les atrocités juives* » (sic). « *Ce n'est pas ce qui s'est passé à Deir Yassine, mais bien ce qui a été inventé à propos de Deir Yassine qui nous a aidés à nous ouvrir un chemin vers des victoires décisives sur le champ de bataille. La légende de Deir Yassine nous a aidés en particulier à sauver Tibériade et à conquérir Haïfa.* [...] *Toutes les forces juives avancèrent dans Haïfa comme un couteau dans du beurre. Les Arabes pris de panique s'enfuirent aux cris de "Deir Yassine"*[7]. » Et les services de renseignement de la Hagana confirment, évaluant l'exode des Palestiniens début juin 1948 : ils définissent Deir Yassine comme « *le facteur d'accélération décisif* »[8]. Si le récit du martyre du village-symbole – largement répandu à travers tout le pays tant par les Palestiniens, qui s'en indignent, que par les révisionnistes, qui s'en félicitent et s'en servent – suscite l'épouvante, c'est qu'il est effectivement épouvantable, au sens premier du mot. Faute de récit dans les livres des « nouveaux historiens » israéliens, nous aurons ici recours aux deux principaux témoignages : celui d'un jeune combattant du Palmah, chargé des « opérations spéciales », averti de ce qui se tramait et donc présent sur les lieux, Meir Philipski qui, devenu le colonel Meir Païl, racontera le drame vingt-quatre ans plus tard, le 4 avril 1972, dans le quotidien *Yediot Aharonot*[9] ; et celui de Jacques de Reynier, le délégué du Comité international de la Croix-Rouge pour la Palestine, qui l'exposera dans un livre[10].

Meir Païl écrit : *« Pendant que les unités du Palmah menaient une bataille vitale à Castel, des unités de l'Irgoun et de Stern s'approchèrent du village* [...] *Une première force, partie du quartier de Beth Hakerim, attaqua Deir Yassine par le sud-est, alors qu'une deuxième partait du nord-est. À l'aube, les deux forces atteignirent l'orée du village. Un blindé équipé d'un haut-parleur, envoyé pour demander aux habitants de se rendre et d'évacuer le village, versa dans une tranchée et ne put servir* [...]. *Les habitants, réalisant que certains des assaillants s'étaient déjà infiltrés dans le village, ouvrirent le feu.* [...] *Mais l'Irgoun et Stern prirent rapidement le contrôle des lieux, à l'exception de la partie ouest où quelques villageois retranchés dans un bâtiment élevé continuaient à résister* [...]. *Le combat devint incertain, et les munitions des assaillants, qui avaient déjà quatre morts et douze blessés, commencèrent à manquer. Un membre de Stern décida alors de demander de l'aide. Il se dirigea rapidement vers le camp Scheller à Jérusalem qui servait de base militaire à une compagnie du 6e bataillon du Palmah. Il alla voir le commandant Yaacov Wuf du* kibboutz *de Merhavia, et lui annonça : "Nous sommes en train d'attaquer Deir Yassine* [...]. *Vous devez nous aider". Yaacov chargea quelques-uns de ses hommes dans un camion, prit une mitrailleuse, et se dirigea immédiatement vers Deir Yassine. À quelques centaines de mètres du village, Yaacov et ses hommes installèrent leur mitrailleuse et tirèrent plusieurs rafales vers l'édifice élevé. Lorsque je vis les hommes du Palmah dans le secteur, je me dirigeai vers Yaacov et lui suggérai de se retirer immédiatement si lui et ses hommes tenaient à ne pas être mêlés à la chose. Il rebroussa chemin. La mitrailleuse avait néanmoins permis aux assaillants de compléter leur tâche. Il était midi quand la bataille se termina. Le calme régnait, mais le village ne s'était pas rendu. Les irréguliers de l'Irgoun et de Stern sortirent de leurs caches et commen-*

cèrent les opérations de nettoyage. Faisant feu de toutes leurs armes, ils balançaient également des explosifs dans les maisons. Ils abattirent ainsi toutes les personnes qu'ils y trouvèrent, y compris les femmes et les enfants [...]. *Par ailleurs, près de vingt-cinq hommes qui avaient été sortis de chez eux furent chargés dans un camion et exposés, à la romaine, à travers les quartiers de Mahaneh Yehuda et de Zikhron Josef* [à Jérusalem]. *Après quoi, ils furent emmenés dans une carrière de pierre entre Givat Shaul et Deir Yassine et là abattus de sang froid. Les assaillants prirent alors les femmes et les enfants qui avaient survécu et les laissèrent à la porte Mandelbaum. »*

Ce témoignage ayant fait scandale et suscité une vive polémique, Meir Païl le compléta, toujours dans *Yediot Aharonot*, le 29 avril 1972 [11] : *« Après le départ des hommes du Palmah, les hommes de l'Irgoun et de Stern commencèrent le massacre honteux des habitants : hommes, femmes, vieillards et enfants, sans distinction, furent tués, alignés aux murs et dans les coins des maisons. Des photographies le prouvent. Il est vrai que la plupart des habitants furent abattus avec des armes à feu, il est vrai que le massacre eut lieu spontanément à la fin de la bataille, il est vrai que les officiers ne contrôlaient pas leurs hommes – ils ne montrèrent d'ailleurs aucun empressement à le faire –, mais ce fut un massacre, et le fait qu'il ait été perpétré à chaud ne change rien aux choses.* [...] *Le commandant de l'Irgoun à Jérusalem peut protester mille fois et affirmer que la "parade de victoire" est une "accusation criminelle montée de toutes pièces", j'affirme en tant que témoin oculaire qu'elle a effectivement eu lieu. Les Arabes furent abattus, de sang froid cette fois, dans la carrière entre Deir Yassine et Givat Shaul ; de cela il existe également des documents photographiques. Ce fut un acte criminel et non une "accusation criminelle montée de toutes pièces". »*

Arrivé sur les lieux peu après le massacre, Jacques de Reynier en raconte, lui, les suites : *« Le samedi 10 avril, dans l'après-midi, je reçois un appel téléphonique des Arabes me suppliant d'aller immédiatement à Deir Yassine où la population civile de tout le village vient d'être massacrée. J'apprends que ce sont les extrémistes de l'Irgoun qui tiennent ce secteur, situé tout près de Jérusalem. L'Agence juive et le quartier général de la Hagana me disent ne rien savoir de cette affaire et qu'en outre il est impossible à quiconque de pénétrer dans une zone Irgoun. Ils me déconseillent de me mêler de cette affaire, ma mission risquant d'être définitivement interrompue si j'y vais. Non seulement ils ne peuvent pas m'aider, mais déclinent toute responsabilité sur ce qui ne manquera pas de m'arriver. Je réponds que mon intention est d'y aller, et que l'Agence juive, de notoriété publique, exerce son autorité sur tout le territoire en mains juives, qu'elle reste donc responsable de ma personne comme de ma liberté d'action dans le cadre de ma mission.* [...] *Nous sortons de Jérusalem, quittons la grande route et le dernier poste de l'armée régulière, et nous nous engageons dans un chemin de traverse. Très rapidement, nous sommes arrêtés par deux espèces de soldats, à l'air tout ce qu'il y a de moins rassurant, mitraillettes en avant, et large coutelas à la ceinture. Je reconnais la tenue de ceux que je cherchais.* [...] »

« *Parvenus sur une crête, à 500 mètres du village que nous apercevons en contrebas, il nous faut attendre longuement l'autorisation d'avancer,* poursuit Jacques de Reynier. *Le tir arabe se déclenche chaque fois que quelqu'un tente de passer sur la route, et le commandant du détachement de l'Irgoun ne semble pas disposé à me recevoir. Enfin il arrive, jeune, distingué, parfaitement correct, mais ses yeux sont d'un éclat très particulier, cruel et froid. Je lui explique ma mission qui n'a rien de commun avec celle d'un juge ou d'un arbitre. Je veux sauver les blessés et ramener les morts. Les juifs ont d'ailleurs signé l'engagement de respecter les conventions de Genève, et ma mission a donc un caractère officiel. Cette dernière affirmation provoque la colère de cet officier qui me prie de considérer une fois pour toutes qu'ici, c'est l'Irgoun qui commande et personne d'autre, pas même l'Agence juive avec laquelle ils n'ont rien de commun.* [...] *Il me raconte l'histoire de ce village, peuplé exclusivement d'Arabes, au nombre d'environ quatre cents, désarmés depuis toujours et vivant en bonne intelligence avec les juifs qui les encerclent. Selon lui, l'Irgoun est arrivé il y a vingt-quatre heures et a donné l'ordre, par haut-parleur, à toute la population d'évacuer toutes les maisons et de se rendre. Délai d'exécution : un quart d'heure. Quelques-uns de ces malheureux se sont avancés et auraient été faits prisonniers, puis relâchés peu après vers les lignes arabes. Le reste n'ayant pas exécuté l'ordre a subi le sort qu'il méritait. Mais il ne faut rien exagérer, il n'y a que quelques morts qui seront enterrés dès que le "nettoyage" du village sera terminé. Si je trouve des corps, je puis les emporter, mais il n'y a certainement aucun blessé.* »

« Ce récit, rapporte Jacques de Reynier, *me donne froid dans le dos. Je retourne alors sur la route de Jérusalem et vais chercher une ambulance et un camion que j'avais fait alerter par le Bouclier Rouge* [société sioniste homologuée à la Croix-Rouge]. *Les deux chauffeurs et le médecin juifs qui les montent sont plus morts que vifs, mais me suivent courageusement.* [...] *J'arrive avec mon convoi au village, le feu arabe cesse. La troupe est en tenue de campagne, avec casque. Tous des jeunes gens et même des adolescents, hommes et femmes armés jusqu'aux dents : pistolets, mitraillettes, grenades, mais aussi de grands coutelas qu'ils tiennent à la main, la plupart encore ensanglantés. Une jeune fille, belle, mais aux yeux de criminelle, me montre le sien, encore dégoulinant, qu'elle promène comme un trophée. C'est l'équipe de "nettoyage" qui accomplit certainement très consciencieusement son travail. Je tente d'entrer dans une maison. Une dizaine de soldats m'entourent, les mitraillettes se braquent sur moi, et l'officier m'interdit de bouger. "On amènera les morts, s'il y en a", dit-il. J'entre alors dans une des belles colères de mon existence, disant à ces criminels tout ce que je pense de leur façon d'agir, les menaçant de toutes les foudres possibles, puis je bouscule ceux qui m'entourent et entre dans la maison. La première chambre est sombre, tout est en désordre, mais il n'y a personne. Dans la seconde, je trouve parmi les meubles éventrés, les couvertures, des débris de toutes sortes, quelques cadavres, froids. On a fait ici le nettoyage à la mitraillette, puis à la grenade ; on l'a terminé au couteau, n'importe qui s'en rendrait compte. Même chose dans la chambre suivante, mais au moment de sortir, j'entends comme un soupir. Je cherche partout, déplace chaque cadavre, et finis par trouver un petit pied encore chaud. C'est une fillette de dix ans, bien abîmée par une grenade, mais encore vivante. Comme je veux l'emporter, l'officier me l'interdit et se met en travers de la porte. Je le bouscule et passe avec mon précieux fardeau.* [...] *L'ambulance chargée s'en va avec ordre de revenir au plus tôt. Puisque cette troupe n'a pas osé encore s'attaquer directement à moi, j'ai la possibilité de continuer. Je donne ordre qu'on charge les cadavres de cette maison sur le camion et j'entre dans la maison voisine, et ainsi de suite. Partout c'est le même affreux spectacle. Je ne retrouve que deux personnes vivantes encore, deux femmes, dont une vieille grand-mère, cachée derrière des fagots où elle se tenait immobile depuis au moins vingt-quatre heures. Il y avait*

quatre cents personnes dans ce village, une cinquantaine se sont enfuies, trois sont encore vivantes, tout le reste a été massacré sciemment, volontairement, car, je l'ai constaté, cette troupe est admirablement disciplinée et n'agit que sur ordre. »

« Je rentre à Jérusalem, vais à l'Agence juive où je trouve les chefs consternés, mais s'excusant en prétendant, ce qui est vrai, qu'ils ont toujours dit n'avoir aucun pouvoir ni sur l'Irgoun, ni sur Stern. N'empêche qu'ils n'ont rien fait pour empêcher une centaine d'hommes de commettre ce crime inqualifiable. Je vais visiter ensuite les Arabes. Je ne dis rien de ce que j'ai vu, mais seulement que, après une première et rapide visite des lieux, il me semble qu'il y a plusieurs morts et je demande ce que je dois en faire, où il faut les déposer. L'indignation des Arabes est bien compréhensible, mais les empêche de prendre une décision. Ils voudraient que les corps soient ramenés du côté arabe, mais craignent une révolte dans la population et ne savent ni où les entreposer, ni où les enterrer. Finalement, ils décident de me prier de veiller à ce qu'une sépulture convenable leur soit donnée, en un lieu qui sera reconnaissable ultérieurement. Je m'y engage et repars pour Deir Yassine. Je trouve les gens de l'Irgoun de très mauvaise humeur, ils tentent de m'empêcher d'approcher du village et je les comprends quand je vois la quantité et surtout l'état des cadavres qu'on a alignés sur la rue principale. Je demande fermement qu'on procède à l'inhumation et exige d'y assister. Après discussion, on commence effectivement à creuser une grande tombe dans un petit jardin. Il est impossible de vérifier l'identité de ces morts, car ils n'ont aucun papier, mais je fais noter très exactement leur signalement avec âge approximatif. La nuit venue, je m'en retourne à Jérusalem, assurant vouloir revenir le lendemain. Deux jours après, l'Irgoun avait disparu de ces lieux et c'était la Hagana qui en avait pris possession. Nous avons découvert différentes places où les cadavres avaient été entassés, sans décence ni respect, en plein air. »

« Rentré dans mon bureau, après cette dernière visite, j'y reçois deux messieurs, en civil, très bien mis, qui m'attendent depuis plus d'une heure, conclut Jacques de Reynier. *C'est le commandant du détachement de l'Irgoun et son adjoint. Ils ont préparé un texte qu'ils me prient de signer. C'est une déclaration selon laquelle j'ai été très courtoisement reçu par eux, j'ai obtenu toutes les facilités désirées dans l'accomplisse-*

ment de ma mission et je les remercie de l'aide qu'ils m'ont apportée. Comme je fais mine d'hésiter et commence même à discuter, ils me disent que si je tiens à ma vie je dois signer immédiatement. Il ne me restait donc plus d'autre possibilité que de les persuader que je ne tenais nullement à la vie et qu'un rapport d'un sens tout à fait contraire au leur était déjà parti pour Genève. »

L'horreur appelle l'horreur. Quatre jours après Deir Yassine, l'agression d'« irréguliers » arabes contre un convoi de médecins, d'infirmières et d'étudiants juifs se rendant au mont Scopus se solde par 77 morts - le poste de police britannique, à côté, ne bronche pas. La vengeance palestinienne se poursuivra à Kfar Etzion, ce « bloc » de colonies juives qui, situées au sud de Bethléem en territoire attribué par l'ONU à l'État arabe, commandent l'axe Hébron-Jérusalem par lequel arrivent les convois d'armements et de munitions en provenance des camps britanniques du canal de Suez : les hommes de Qawuqji, appuyés par des blindés transjordaniens, finissent par y pénétrer et - de sources israéliennes, contredites par les sources palestiniennes - massacrent, après leur reddition le 14 mai et malgré le drapeau blanc hissé, plusieurs dizaines de survivants...

L'épilogue du drame aura lieu durant l'été 1949. Quelques centaines d'immigrants juifs venus d'Europe de l'Est s'installent à Deir Yassine. Des intellectuels - parmi lesquels Martin Buber, un des pionniers de l'idée binationale, balayée dans les années 40 au sein du mouvement sioniste, protestent auprès de David Ben Gourion. Tout en affirmant comprendre les souffrances et les besoins de logements des immigrants, ils estiment que Deir Yassine *« n'est pas le lieu approprié* [...] *L'épisode de Deir Yassine est une tache noire sur l'honneur du peuple juif* [...] *Il vaut mieux pour l'instant laisser la terre de Deir Yassine en friche et les maisons de Deir Yassine inoccupées, plutôt que d'exécuter une action dont l'importance symbolique l'emporte largement sur le bénéfice pratique. L'occupation de Deir Yassine, si elle se produit un an après le crime* [...] *représentera quelque chose comme* [...] *une approbation du massacre*[12] *»*. Aujourd'hui, sur les lieux d'une tragédie dont aucun signe ne marque d'ailleurs le souvenir, se trouve... un asile d'aliénés ! Quel symbole...

Tohar haneshek (« la pureté des armes ») : selon ce concept-clé de la pensée sioniste israélienne, les armes juives seraient toujours restées pures, dans la mesure où elles n'auraient servi qu'à l'autodéfense d'Israël, et n'auraient jamais été tournées contre des civils innocents. La sauvegarde de ce mythe passe évidemment par la négation du massacre de Deir Yassine, ou par sa réduction à une simple « bavure » commise par des « révisionnistes » irresponsables. Elle exige, *a fortiori*, que Deir Yassine soit un cas unique. Or telle n'est pas la vérité. Si cette tragédie est la pire de la guerre de 1947-1949, elle n'est cependant pas isolée. Nombreux sont alors les massacres qui jalonnent l'affrontement entre Israéliens et Palestiniens. Des années plus tard, note Simha Flapan, *« l'historien de la Hagana Arieh Yitzhaqi écrivait que l'opération de Deir Yassine était en ligne avec des dizaines d'attaques menées à cette époque par la Hagana et le Palmah, au cours desquelles des maisons pleines de personnes âgées, de femmes et d'enfants étaient dynamitées* [13] *».*

La première en date est l'attaque du 1er bataillon du Palmah et de la brigade Carmel contre le village palestinien de Balad al-Cheikh. Le 30 décembre 1947, un attentat de l'Irgoun contre des ouvriers arabes rassemblés à côté de la raffinerie de Haïfa fait 6 morts et 42 blessés ; immédiatement, les ouvriers arabes s'en prennent à leurs collègues juifs et en tuent 41. Dans la nuit du 30 au 31 janvier 1948, Palmah et Hagana se vengent contre le village arabe voisin de Balad al-Cheikh. L'historien Arieh Yitzhaqi en a porté témoignage dans *Yediot Aharonot* : *« Au cours de cette opération, plus de soixante ennemis* [14]*, pour la plupart des non-combattants, furent tués dans leur maison. Selon le rapport du commandant de l'opération, "les unités firent taire le feu, elles pénétrèrent alors dans le village et commencèrent à opérer à l'intérieur des maisons où, à cause de la densité du feu dans les chambres, il leur fut impossible d'éviter les femmes et les enfants." »* Et Yitzhaqi poursuit : *« Dans la nuit du 14 au 15 février 1948, une force du 3e bataillon du Palmah fit un raid au village de Sacsac. Durant cette opération, considérée durant des années comme un modèle du genre pour la haute technicité de son exécution, vingt maisons furent dynamitées sur leurs habitants, soixante Arabes furent tués, des femmes et des enfants, dans leur majorité. Dans la bataille qui eut lieu autour du monastère Saint-Simon à Qatamon, des femmes arabes qui travaillaient comme servantes dans le monastère furent toutes tuées dans le massacre que perpétra le 4e bataillon du Palmah*[15]. *»*

Massacre encore, on l'a vu dans le chapitre précédent, lors de la prise de Lydda comme de Ramleh et l'expulsion de leur dizaines de milliers d'habitants. Mais il s'en produit aussi sur le front Sud. Ainsi, le 29 octobre 1948, un drame terrible endeuille ad-Dawayima, à l'ouest de Hébron. Peu après, Shabtaï Kaplan, un membre du Mapam, rencontre – rapporte Benny Morris – un soldat israélien, dont il juge le témoignage « *fiable à 100 %* ». Le village, tenu par des « irréguliers », a été pris sans combat par le 89e bataillon (8e brigade), écrit Kaplan. « *La première* [vague] *de conquérants a tué environ 80 à 100 Arabes, hommes, femmes et enfants. Les enfants, ils les ont tués en leur brisant la tête à coups de bâton. Pas une maison qui n'ait eu un mort.* » Le témoin cité par Kaplan, arrivé avec la seconde vague, rapporte également que les hommes et les femmes arabes ont été ensuite enfermés « *sans eau ni nourriture* ». Le génie arrive pour dynamiter les maisons. « *Un commandant ordonna à un soldat du génie de mettre deux vieilles femmes dans une maison et* [...] *de faire exploser la maison avec les femmes dedans. Le soldat refusa* [...] *Le commandant ordonna alors à ses hommes de pousser les deux vieilles femmes et le funeste exploit fut accompli. Un soldat se vanta d'avoir violé une femme et l'abattit. Une femme, avec un nouveau-né dans les bras, nettoyait la cour où les soldats mangeaient. Elle travailla un jour ou deux. À la fin, ils la tuèrent, elle et son bébé.* » Le témoin relève en outre que « *des officiers cultivés* [...] *s'étaient transformés en vulgaires meurtriers et ce, non dans le chaleur de la bataille, mais à partir d'un système d'expulsion et de destruction. Moins il resterait d'Arabes, et mieux ça vaudrait. Ce principe est le moteur politique des expulsions et des atrocités.* » Ce que Kaplan ignorait, c'est que Igal Allon, le commandant des forces israéliennes sur le front Sud, avait ordonné une enquête dès le 3 novembre. De son côté, l'ex-chef (Mapam) de la Hagana démis de ses fonctions le 3 mai 1948 par Ben Gourion, Israël Galili, ayant vérifié les faits, confirma que le massacre avait effectivement été commis par la 8e brigade, « *mais que beaucoup sont* [des membres du] *Lehi, des Français, des Marocains, qui ont tendance à mal se comporter* ». Entre-temps, des sources arabes avaient prétendu que « *500 à 1 000* » Arabes avaient été « *alignés et tués à la mitrailleuse* » après la prise de ad-Dawayima. Les observateurs de l'ONU confirmeront le massacre, mais sans préciser le nombre de ses victimes[16]...

Le lendemain du carnage de ad-Dawayima, un autre se déroule dans le nord du pays. Les villages chrétiens, on l'a vu, étaient en principe épargnés par les Forces de défense d'Israël. Ce n'est pas le cas d'Eilabun. Le 30 octobre, les troupes de la Golani, au terme d'une bataille avec l'Armée de Libération, se rendent maîtresses du village, où quatre prêtres agitant des drapeaux blancs les accueillent en leur annonçant formellement la reddition des villageois blottis dans l'église. Mais les soldats découvrent bientôt, dans une maison, les têtes coupées de deux soldats israéliens disparus. Le commandant rassemble alors toute la population sur la place centrale, sélectionne 12 jeunes et fait emmener les autres - quelques 800 hommes et, malgré les supplications du prêtre, femmes et enfants - vers le bourg voisin de Maghar. « *Lui-même resta avec deux autres soldats,* raconte Benny Morris, *jusqu'à ce qu'ils tuent les 12 jeunes, après quoi ils rejoignirent l'armée en route vers Maghar.* » Quand les prisonniers atteignirent Kafr Inan, « *ils furent rattrapés par un blindé qui fit feu sur eux, tuant un vieil homme, Saman ash Shufani, 60 ans, et blessant trois femmes.* [...] *À Farradiya* [les soldats] *dérobèrent 500 livres israéliennes aux habitants et délestèrent les femmes de leurs bijoux, puis prirent 42 jeunes et les envoyèrent dans un camp de détention, tandis que, le lendemain, le reste était conduit* [...] *de l'autre côté de la frontière libanaise* ». Puis l'armée pille Eilabun. L'affaire fait grand bruit. Longtemps, les autorités vont débattre de l'opportunité de permettre aux habitants du village d'y revenir, le ministère des Affaires étrangères étant favorable et l'armée hostile. Finalement, durant l'été 1949, plusieurs centaines de villageois pourront regagner leurs foyers. « *Eilabun,* écrit Benny Morris, *était une atrocité dans la série commise par les Forces de défense d'Israël pendant l'opération Hiram. Toutes, soit dit incidemment, servirent à précipiter et à accroître la fuite des Arabes. Certaines des atrocités, comme à Eilabun et à Sasa, étaient liées à des expulsions, dont elles faisaient partie. Toutes étaient des initiatives de commandants et de troupes locales ; aucune n'a été ordonnée, entreprise ou approuvée par le quartier général de la brigade, de l'opération Hiram ou du Front nord. Les coupables d'au moins quelques-uns de ces crimes furent punis – même si ce fut légèrement – par la suite* [17]. »

Car les dirigeants israéliens n'ignorent rien du comportement de certains de leurs combattants. Ainsi, dans un rapport au Comité politique du Mapam, le 11 novembre, Israël Galili détaille d'ailleurs quelques-unes des atrocités commises au cours des combats d'octobre 1948. Il parle - rapporte toujours Benny Morris - de « *52 hommes* [à Safsaf] *attachés avec une corde, jetés dans un puits et abattus. 10 furent tués. Les femmes imploraient pitié.* [Il y eut] *trois cas de viol* [...] *Une jeune fille de 14 ans fut violée* ». À Jish, poursuit Galili, « *une femme et son bébé furent tués* ». À Sasa, il y eut des cas de « *meurtres de masse bien qu'un millier [?] aient levé des drapeaux blancs* [et] *qu'un sacrifice ait été offert* [pour accueillir] *l'armée. Tout le village fut expulsé* ». À Saliha, toujours selon Galili, « *on fit sauter 94 personnes* [...] *avec une maison* [18] ». Et Galili de mettre en cause, dans la plupart de ces exactions – à l'exception de celles d'Eilabun – la 7e brigade. « *Les atrocités d'octobre,* explique Benny Morris, *provoquèrent la première et la seule enquête extérieure de haut niveau sur l'attitude des Forces de défense d'Israël.* [...] *Tout au long de la guerre, Ben Gourion avait défendu, de manière cohérente, les hommes en uniforme et leurs actions contre les critiques et les investigations extérieures ; les enquêtes internes et les punitions pour mauvais traitements de civils arabes furent limitées au minimum. Le destin de l'État était dans la balance* [...] *Mais, en octobre, le danger pour l'État était passé, et les atrocités trop concentrées, répandues et graves pour être ignorées* [19]. »

Si bien que, le 7 novembre 1948, le cabinet confie l'enquête sur « les actes de l'armée dans les territoires conquis » à trois ministres : Félix Rosenblueth (futur Pinhas Rosen), du Parti progressiste, Haïm Moshe Shapira, du Parti national religieux, et Mordehai Bentov, du Mapam – selon ce dernier, « *seuls Ben Gourion et Shertok n'apparurent pas "choqués" par ce qui s'était passé* [20] ». Le Mapam est pourtant le parti le plus secoué par les révélations sur les horreurs des opérations Hiram et Yoav, dans lesquelles ses officiers et ses soldats sont directement impliqués. « *La jeunesse que nous avons nourrie au sein du Palmah, y compris des membres de kibboutz, ont* [de temps en temps] *transformé des Arabes en esclaves ; ils tirent sur des hommes et des femmes arabes désarmés, et pas pendant la bataille* », se lamente Meir Yaari, un des secrétaires du parti. Qui poursuit : « *Est-il acceptable de tuer des prisonniers de guerre ? J'espérais que certains se rebellent, désobéissent* [à l'ordre] *de tuer et se présentent au tribunal – mais il n'y en eut aucun* [21]. » D'autres *mapamnikim*, au contraire, prennent la défense du Palmah, tel Benny Marshak qui proteste contre l'utilisation d'expressions comme « *actes nazis* [22] » pour qualifier les actions des Forces de défense d'Israël. Rien d'étonnant si, dans ces conditions, le « Comité des trois » rencontre, au cours de son travail d'investigation dans l'armée, tant de réticences de la part des commandants qu'il demande au Premier ministre d'accroître ses pouvoirs. Au conseil des ministres du 14 novembre, les ministres s'empoignent à nouveau. Trois jours plus tard, le ministre de l'Agriculture Aharon Zisling reproche à Ben Gourion d'*« avoir, pendant plus de six mois, ignoré le problème du comportement juif vis-à-vis des Arabes, plaidé l'ignorance et détourné en permanence les critiques à l'égard de l'armée*[23] ». Et le ministre de l'Agriculture, faisant référence à une lettre au sujet des atrocités, de déclarer : *« Je n'ai pu dormir de la nuit. Ce qui est en cours blesse mon âme, celle de ma famille et celle de nous tous* (...) *Maintenant les Juifs aussi se conduisent comme des nazis et mon être entier en est ébranlé*[24]. » Rien n'y fait : le cabinet refuse d'étendre les prérogatives du « Comité des trois » et, devant la démission de Haïm Moshe Shapira, le Premier ministre obtient d'être lui-même chargé de l'enquête, qu'il confiera à l'attorney-général d'Israël. Quelques soldats et officiers impliqués seront emprisonnés pour *« de relativement courtes périodes »*, d'autres, *« peu nombreux »*, seront destitués. Et l'armée se dotera, à la mi-décembre 1948, d'une réglementation plus stricte du comportement de l'armée à l'égard des civils arabes, considérant *« comme assassinat le fait de tuer un civil de manière injustifiée »*, menaçant de punitions sévères *« la torture de civils calmes »*, et interdisant toute expulsion de population arabe *« sauf avec l'autorisation spéciale du quartier général du Front*[25] *»*.

Dans son *kibboutz* Ein Hahoresh, le grand poète national Abba Kovner, survivant du génocide, devenu officier culturel de la brigade Givati, n'a pas ces scrupules. En juillet 1948, il s'adresse aux conducteurs de blindés de sa brigade Givati et écrit : *« N'hésitez pas, fils : chiens de meurtriers – leur sentence doit être le sang ! Mieux vous courez après ces chiens de sang, et mieux vous aimerez le beau, le bon et la liberté... »* En octobre, il récidive : *« La baïonnette est juste et le sang est libre, car l'apparition du châtiment dit : Vengeance. Vengeance. Vengeance*[26] *! »*

Notes

1. Benny Morris, *1948 and After. Israel and the Palestinians*, Clarendon Press, Oxford, 1990, p. 22.

2. Voir Marius Schattner, *Histoire de la droite israélienne. De Jabotinsky à Shamir*, coll. « Questions au XXe siècle », Éditions Complexe, Bruxelles, p. 368.

3. Cité par Ilan Halevi, *Israël, de la terreur au massacre d'État*, Papyrus, Paris, 1983, p. 93.

4. *Ibidem*.

5. Toutefois, souligne Simha Flapan (dans *The Birth of Israel, Myths and Realities*, Croom Helm, Londres et Sydney, 1987, p. 95), « *après le massacre de Deir Yassine, Ben Gourion envoya un message spécial de l'Agence juive au roi Abdallah rejetant toute responsabilité dans l'attaque et condamnant ceux qui l'avaient perpétrée, mais il refusa de mener une action punitive contre les armées clandestines ou d'agir pour empêcher d'autres actions "non autorisées" de leur part* ».

6. Benny Morris, *The Birth of the Palestinian Refugee Problem, 1947-1949*, Cambridge University Press, 1987, p. 114.

7. Menahem Begin, *La Révolte d'Israël*, La Table Ronde, Paris, 1971, p. 200.

8. Benny Morris, *The Birth..., op. cit.*, p. 115.

9. Cité par Elias Sanbar, *Palestine 1948. L'Expulsion*, Les livres de la *Revue d'études palestiniennes*, Paris, 1984, pp. 167-168.

10. Jacques de Reynier, *À Jérusalem un drapeau flottait sur la ligne de feu*, Neuchâtel, Suisse, 1950, pp. 69-79.

11. Elias Sanbar, *op. cit.*, p. 168.

12. Benny Morris, *The Birth..., op. cit.*, p. 193.

13. Simha Flapan, *op. cit.*, p. 94.

14. Des sources palestiniennes parlent de 100 morts.

15. *Yediot Aharonot*, 14 avril 1972. Cité par Elias Sanbar, *op. cit.*, p. 172-173.

16. Toutes les citations de ce paragraphe sont tirées de Benny Morris, *The Birth..., op. cit.*, p. 222-223.

17. *Ibidem*, pp. 229-230.

18. *Ibidem*, p. 230.

19. *Ibidem*, p. 232.

20. *Ibidem*, p. 232.

21. Cité par Benny Morris, *1948..., op. cit.*, p. 59.

22. *Ibidem*, p. 60.

23. Cité par Benny Morris, *The Birth..., op. cit.*, p. 233.

24. Tom Segev, *1949. The First Israelis*, Free Press, New York et Londres, p. 26.

25. Benny Morris, *The Birth..., op. cit.*, p. 234.

26. Cité par Benny Morris, *1948..., op. cit.*, p. 60.

CHAPITRE V

« DESTRUCTION, RÉNOVATION, IMPLANTATION »

« Il doit être clair qu'il n'y a pas d'espace dans le pays pour deux peuples [...] *Si les Arabes s'en vont, le pays deviendra large et spacieux pour nous* [...] *La seule solution* [après la fin de la Seconde Guerre mondiale], *c'est la Terre d'Israël, au moins la partie occidentale de la Terre* [c'est-à-dire la Palestine à l'ouest du Jourdain], *sans Arabes. Il n'y a pas de compromis possible sur ce point !* [...] *Il n'y a pas d'autre moyen que de transférer les Arabes d'ici vers les pays voisins, de les transférer tous, sauf peut-être ceux de Bethléem, de Nazareth et de la vieille Jérusalem. Pas un village ne doit rester, pas une tribu* [bédouine]. *Le transfert doit être organisé vers l'Irak, la Syrie et même la Transjordanie. Pour cet objectif, des fonds doivent être trouvés* [...] *Et c'est seulement après ce transfert que le pays sera à même d'accueillir des millions de nos frères, et le problème juif cessera d'exister. Il n'y a pas d'autre solution*[1]. » L'homme qui écrit ces lignes dans son Journal, un soir de décembre 1940, s'appelle Josef Weitz. Arrivé de Pologne en Palestine à dix-huit ans, en 1908, il travaille dès décembre 1937 – rappelle l'historien palestinien Nur Masalha, qui reproche à Benny Morris de ne pas le mentionner[2] – au projet officieux de transfert suggéré par la Commission Peel. Dix ans plus tard, il occupe l'importante fonction de directeur du Département de la terre au Fonds national juif (FNJ), organisme chargé d'acheter les terrains nécessaires au développement du Yichouv. Son rêve,

il aura soudain l'occasion et les moyens de contribuer de manière décisive à le réaliser : en 1948 et 1949, il présidera le Comité du transfert, officieux jusqu'à la fin août 1948, officiel ensuite. À ce titre, il se posera en véritable chef d'orchestre de la destruction des villes et villages arabes, ou/et de leur restructuration en vue de l'installation d'immigrants juifs. C'est donc naturellement à travers sa pensée et son action que Benny Morris étudie – en particulier dans son second livre[3] – la politique mise en œuvre par Israël, non seulement pour empêcher le retour des réfugiés palestiniens, mais pour s'approprier leurs terres et leurs biens.

La guerre civile qui éclate entre Juifs et Arabes au lendemain de l'adoption par les Nations unies du plan de partage de la Palestine modifie évidemment les conditions de l'activité de Josef Weitz. Jusque-là, il fallait négocier pied à pied et payer chaque hectare. Et voilà que, soudain, l'exode palestinien en « libère » des milliers, désormais « à prendre ». L'homme du FNJ fut, estime Benny Morris, *« le premier à apprécier – et à agir sur – le potentiel d'acquisition de terre inhérent à l'état d'anarchie créé en Palestine lorsque les milices rivales échangèrent des coups sous les yeux des régiments britanniques occupés à organiser leur propre retrait[4] ».* Dans les années 40, le Fonds avait eu recours à la Hagana pour expulser des familles de paysans « squattant » des terres vendues par des propriétaires arabes « absents »[5] – mais nombre d'entre eux étaient revenus, protégés par les Britanniques. Le 11 janvier 1948, le directeur du Département de la terre discute, à Haïfa, avec les responsables du Fonds national juif du nord du pays de l'avenir de la région de Ramot-Menashe, à majorité arabe, mais décisive pour le Yichouv : *« N'est-il pas temps de nous débarrasser* [des fermiers-locataires] ? écrit Weitz, ce jour-là, dans son Journal. *Pourquoi continuer à laisser parmi nous ces épines qui représentent un danger potentiel[6] ? »* C'est en vain qu'il aborde le lendemain, à Yoqneam, un officier des services de renseignement : la Hagana n'a pas encore reçu, à l'époque, de directive concernant la population arabe. Mais Weitz insiste et, quelques semaines plus tard, il obtient gain de cause – l'armée chasse les fermiers de Qira wa Qamun, qui s'en vont, suivis de ceux de Yoqneam. À Daliyat ar Ruha, toutefois, douze familles tiennent bon, malgré une offre de compensation, et la Hagana refuse d'intervenir.

Le 2 avril, le responsable du FNJ s'en plaint à un des conseillers de David Ben Gourion, Levi Shkolnik – futur Premier ministre sous le nom de Levi Eshkol. « *La discussion, plus généralement, porta sur "l'éviction des Arabes" des terres possédées par les Juifs* », note Benny Morris. À l'issue de l'entrevue, Weitz commente dans son Journal : « *Il semble que je vais devoir m'occuper personnellement de tout ce qui concerne le territoire appartenant au Fonds national juif*[7]. » De fait, dans les premiers mois de 1948, l'homme du Fonds parcourt le futur État juif, plaidant pour le transfert des Arabes, voire l'organisant lui-même avec le concours de certains commandants de la Hagana – qu'il s'agisse des terres achetées par des Juifs ou, à plusieurs reprises, de terres arabes. Pour « nettoyer » Beit Shean et sa vallée, il multipliera les pressions sur Israël Galili, le chef d'état-major de la Hagana, puis sur Shkolnik et enfin sur Ben Gourion lui-même – la ville tombera le 12 mai, ses habitants seront expulsés et deux *kibboutzim* s'y implanteront...

« Expulser autant d'Arabes que possible »

« *Au cours du printemps 1948,* résume Benny Morris, *Josef Weitz a contribué à faciliter l'exode des Arabes de diverses localités. Mais le problème – le "problème arabe" – était national, et exigeait une solution globale au niveau national*[8]. » Tout en continuant à agir sur le terrain, le chef du Département de la terre du FNJ se bat donc pour obtenir la constitution d'un comité chargé de mettre en œuvre cette réponse d'ensemble. À Galili, le 31 mars, il pose la question « *de l'évacuation/expulsion* [le mot hébreu *pinui* signifie l'un et l'autre, signale Benny Morris] *des Arabes de nos régions* [c'est-à-dire de l'État juif prévu le 29 novembre 1947], *qui a commencé à certains endroits* » et de la « *nomination d'un comité ayant autorité pour agir* » dans ce sens[9]. Si le chef d'état-major semble convaincu, il n'en va pas de même de la majorité des membres du Comité pour la propriété arabe abandonnée, récemment formé, que Weitz rencontre le même jour. Deux semaines plus tard, il revient à la charge, argumentant auprès d'eux sur la nécessité d'un organisme qui « *dirigerait la guerre du Yichouv avec l'objectif d'expulser autant d'Arabes que possible de nos régions*[10] ». Nouvelle entrevue le 18 avril, au cours de laquelle, écrit Weitz, « *j'ai dressé une liste de villages arabes dont je pense qu'ils doivent être nettoyés afin d'homogénéiser les zones juives. J'ai également fait une liste des lieux qui* [...] *doivent être colonisés par les Juifs* [11]. »

Les victoires de la Hagana et l'exode des Arabes renforcent la conviction de Weitz : une « *révolution territoriale complète* [12] » est à l'œuvre. Un de ses interlocuteurs au moins la partage : Ezra Danin, un officier supérieur des services de renseignements de l'armée, qui lui propose ses services le 18 mai : « *Si nous ne cherchons pas à encourager le retour des Arabes dans les villages ou les villes qu'ils habitaient,* écrit-il, *alors ils doivent être confrontés à des* faits accomplis. » Et de préciser : « *Une possibilité est la destruction des immeubles* [...]. *Une autre, c'est d'implanter des Juifs dans toute la zone évacuée et de trouver les moyens légaux pour donner aux nouveaux habitants* [juifs] *certains droits* [sur les propriétés abandonnées][13]. » Le 28 mai enfin, Josef Weitz rencontre le nouveau chef de la diplomatie israélienne, Moshe Shertok, auquel il propose la constitution d'un Comité de trois membres - lui-même, Danin et Elias Sasson, porté il y a peu à la tête du département Moyen-Orient du ministère des Affaires étrangères - chargé d'agir pour « *transformer la fuite des Arabes du pays et l'interdiction de leur retour en fait accompli* [14] ». Le lendemain, le « *comité autoproclamé* » - comme l'appelle Weitz lui-même - se réunit à Tel Aviv pour réfléchir sur le « *miracle* » de l'exode arabe et les moyens de « *le rendre permanent* [15] »...

Reste à arracher le feu vert de Ben Gourion. Rendez-vous est pris pour le 5 juin. Weitz s'y présente muni d'un document de trois pages, intitulé « *Transfert rétroactif, un projet pour la solution de la question arabe* ». Estimant que 190 villages et 7 villes ont d'ores et déjà été évacués, soit un total de 335 000 Arabes, les trois membres du comité y proposent cinq mesures de nature, selon eux, à « *consolider et amplifier la transformation en cours* » : « *1) destruction de villages, autant que possible durant les opérations militaires. 2) Prévention de toute culture de la terre de leur part, y compris moisson, récolte* [des cultures], *cueillette* [des olives] *et ainsi de suite, même lors des périodes de cessez-le-feu. 3) Implantation* [settlement[16]] *de Juifs dans une série de villages et de villes afin d'empêcher qu'un vide ne se crée. 4) Promulgation d'une législation* [de nature à empêcher un retour] [...]. *5)* [Faire] *de la propagande contre le retour* [17]. » Le mémorandum suggère aussi l'achat de terres arabes palestiniennes et la négociation avec les pays voisins en vue de l'intégration des réfugiés.

Afin d'accomplir cette tâche, Weitz et ses amis prônent l'établissement d'un *« comité non-gouvernemental de trois personnes, investi de l'autorité claire et définie du cabinet »*.

Le budget de cet appareil se monterait à 150 000 livres pour *« la destruction et la rénovation dans les villes et villages »*, 2 250 000 pour l'établissement de quelque nouvelles 90 colonies juives, et 100 000 pour ses propres frais de fonctionnement. Ben Gourion, rapportera Josef Weitz dans son Journal, *« exprima son accord avec la ligne d'ensemble »* comme avec les *« ordres déjà donnés* [par Weitz] *pour commencer à détruire, ici ou là, des villages arabes*[18] *»*. Seul point de désaccord : si le Premier ministre envisage un comité permanent, il n'entérine pas le comité provisoire. Evoquant la rencontre dans son propre Journal, Ben Gourion – remarque Benny Morris – *« ne fait nulle part clairement référence à la destruction de villages arabes, à la prévention d'un retour des réfugiés* [...] ; *pas plus qu'il ne fait allusion, même de manière indirecte, au mémorandum du comité de Weitz*[19] *»*. Prudent, ce dernier écrit, dès le lendemain, au Premier ministre. Il lui demande de convoquer, comme convenu, une réunion du gouvernement destinée à discuter du projet, à nommer le comité *ad hoc* et à en cadrer le plan de travail. Mais il attend aussi de Ben Gourion la confirmation de son accord avec les opérations lancées, sans attendre, en Galilée, dans la vallée de Beisan, dans les collines d'Ephraïm et en Samarie. Bref, Weitz se couvre : il est *« conscient,* commente Benny Morris, *du* modus operandi *de Ben Gourion dans ces affaires sensibles – rien par écrit, rien dont la trace puisse remonter directement à lui-même ou au cabinet*[20] *»*. Et, de fait, le 7 juin au soir, il confie à son Journal n'avoir *« rien entendu de* D[avid] B[en] G[ourion] *et de* M[oshe] S[hertok]. *C'est pourquoi j'agis tout seul dans cette affaire. Est-ce juste*[21] ? *»*

Empoignades au Conseil des ministres

L'absence d'ordre ou même d'autorisation formels n'arrête pas le « comité autoproclamé ». D'autant que, le 8 juin, le ministre des Finances, Eliezer Kaplan, fait sien le projet, et annonce à Weitz la mise en place d'un comité regroupant des représentants du FNJ, de l'Agence juive et du ministère de la Défense – ce dernier point en infraction avec les précautions du Premier ministre et ministre de la Défense, coordination avec l'armée oblige. Car il y a du pain sur la planche : il faut choisir les villages à démolir, récupérer le matériel nécessaire – tracteurs, bulldozers, véhicules à chenille et surtout dynamite semblent rares en temps de guerre –, procéder aux opérations proprement dites... Asher Brobitzky et Moshe Berger sillonnent la plaine côtière. Le chef du comité parcourt, dans le nord, les vallées de Beit Shean et de Jezreel – *« Il y a un accord entre nous,* note-t-il le 13 juin, *sur la question des villages abandonnés : destruction, rénovation et implantation* [de Juifs] [22]. » Danin suit la destruction de Fajja, près de Petah Tikva, Yoav Zuckerman celle d'al-Mughar, au sud-est de Tel Aviv – Weitz viendra assister aux dernières démolitions, et constatera : *« J'étais surpris que rien ne bouge en moi à ce spectacle* [...] *Pas de regret et pas de haine* [...]. *Oui, nous* [les Juifs, maintenant] *voulons profiter de la vie dans ce monde, et pas dans le prochain. Nous voulons simplement vivre, et les habitants de ces maisons de torchis ne voulaient pas que nous existions ici. Ils pensaient non seulement nous dominer, mais aussi nous détruire* [...] *Et, de manière intéressante, c'est là l'opinion de tous nos gars d'un bout* [de l'éventail politique] *à l'autre* [23]. » La liste des villages « bulldozerisés » s'allonge : Biyar Adas (près de Magdiel), Miska (près de Ramat Hakovesh), Beit Dajan (à l'est de Tel Aviv), Hawassa (près de Haïfa), As Sumeiriya et Manshiya (près d'Acre), Jatun (près de Nahariya), Buteimat et Sabbarin (au sud-est de Haïfa)...

Certains, pourtant, s'émeuvent. Au sein de la coalition, le Mapam est, en particulier, traversé par des courants contradictoires *(pour plus de détails sur les débats internes de ce parti, le lecteur se reportera au chapitre 7).* Nombreux sont cependant, dans ses rangs, ceux que révulse la politique d'expulsion des Arabes et, *a fortiori,* de destruction de localités arabes. Même le leader des *kibboutzim* Artzi, affiliés au Mapam, Yaacov Hazan – qui, en tant que membre du bureau du FNJ, vote les crédits destinés à l'entreprise de démolition –, déclare s'opposer *« au transfert de tous les Arabes dans les pays voisins* [24] ». Et, quand Weitz entend le secrétaire du Mapam, Meir Yaari, s'indigner qu'on expulse les villageois arabes, il s'emporte dans son Journal : *« Comme s'il ne savait pas que tous ses amis des* kibboutzim *le font avec une totale dévotion. Voilà le pouvoir d'une idéologie abstraite* [25]. » Toujours est-il que les deux ministres du parti,

Mordehai Bentov, en charge du Travail, et Aharon Zisling, titulaire du portefeuille de l'Agriculture, harcèlent le chef du gouvernement de questions sur les opérations menées sous la direction de Josef Weitz. Le 16 juin, la querelle éclate en Conseil des ministres. Gêné, mais surtout désireux de ne pas mettre en danger la coalition, le Premier ministre - qui, trois jours plus tôt, a énuméré dans son Journal les noms des villages arabes déjà détruits [26] - promet de *« mener son enquête et de répondre [27] »*. Furieux, Zisling fait tenir le soir même une lettre à Ben Gourion, avec copie à tous les ministres : *« Qui a donné l'ordre de démolir des maisons et de détruire des villages – à Beit Shean, dans les villages des environs et dans d'autres coins du pays ?* [...] *Y a-t-il une base aux rumeurs selon lesquelles, à plusieurs reprises, on a entendu des personnes responsables formuler des "suggestions" qui furent comprises par ceux qui les entendaient comme équivalant à des ordres, donnant une évaluation du nombre d'Arabes qui pourraient, dans l'avenir, rester dans les lieux évacués ?* [...] *Si cette information qui me parvient a un fondement, alors la responsabilité provient de sources gouvernementales, et il est inconcevable que* [...] *des actions de ce genre continuent en contradiction avec ce qui est dit dans les délibérations du cabinet [28]. »*

Si le scandale rend évidemment inopportune la lettre officielle de désignation espérée par Josef Weitz, *« il ne réussit pas* - note Benny Morris - *à inciter le Premier ministre à publier une directive dure et rapide contraignant le Comité du transfert à arrêter immédiatement son travail de destruction [29] »*. Pourtant, l'affaire devient de plus en plus délicate. Elle figure à nouveau à l'ordre du jour du cabinet les 20, 23, 27 et 30 juin. D'autres ministres partagent les réticences de leurs collègues du Mapam et appuient leurs démarches. Le 23 juin, Bechor Shitrit, en charge des Affaires des minorités, proteste directement auprès de David Ben Gourion contre les activités du Comité de Weitz. Ce dernier, le 25 juin, reconnaît qu'*« il n'y a plus d'instrument et de matériel »* pour continuer à raser des villages - *« le manque de reconnaissance officielle a entraîné le manque de moyens [30] »*, conclut Benny Morris. Finalement, sous la double pression de ses ministres et du médiateur des Nations unies, le comte Folke Bernadotte, alors en tournée au Proche-Orient, le chef du gouvernement s'assure de la publication par l'état-major de l'armée, le 6 juillet, d'une directive interdisant toute expulsion et toute destruction *« sans autorisa-*

tion spéciale ou instruction explicite du ministre de la Défense » - voir chapitre 7 - et décide de mettre fin aux activités du Comité du transfert. Du moins dans sa première version. Car, analyse Benny Morris, *« la pensée du Premier ministre, malgré l'obstruction du Mapam et de Bernadotte, est restée ferme et claire*[31] ». D'ailleurs, le 14 juillet, la polémique entre Aharon Zisling et David Ben Gourion reprend de plus belle. C'est que l'armée n'a nul besoin du Comité de Weitz pour continuer à raser des villages arabes, *« avec apparemment* – précise Benny Morris, *l'approbation tacite de Ben Gourion*[32] ». Faisant état de dynamitages réalisés par des officiers, le ministre du Mapam s'étonne que les ordres aient émané de civils. Le Premier ministre l'interrompt : « *Un commandant* [militaire] *ne peut recevoir d'ordre de quelque comité que ce soit, seulement de son supérieur* [militaire]. » Zisling témoigne avoir vu détruire des villages arabes près de Hadera bien après les combats, exige que les responsables soient châtiés et, se tournant vers Ben Gourion, lui décoche cette dernière flèche : « *Et je n'accepte pas votre réponse selon laquelle vous ne savez pas qui les a détruits*[33]. »

Le transfert officialisé

Pour contourner la difficulté, le chef du gouvernement fera habiliter, une semaine plus tard, un Comité ministériel pour les propriétés abandonnées, composé de lui-même, de Moshe Shertok, Eliezer Kaplan (Finances), Félix Rosenblueth (Justice), Bechor Shitrit et Aharon Zisling. Le soir même, Kaplan informe Weitz du nouveau mode d'emploi : « *Les militaires soumettent leurs propositions, de détruire ou d'occuper un village, d'établir un contrôle permanent sur la terre, au comité. La décision du comité, si elle est unanime, devient politique. S'il y a désaccord, la question est résolue en séance plénière du gouvernement*[34]. » En principe, du moins : en pratique, en effet, les officiers se passent d'autorisation pour raser une localité arabe. Et lorsque, par exception, le général Zvi Ayalon sollicitera la permission de détruire partiellement un groupe de quatorze villages dans le centre du pays, le Premier ministre, au lieu de réunir le Comité, *a fortiori* le gouvernement, demandera leur avis par écrit, le 13 septembre, à ses ministres - « *J'attendrai votre réponse durant trois jours* [...] *Une absence de réponse sera considérée comme un consentement*[35] *»* ! Devant le Comité politique du Mapam, Aharon Cohen accuse : *« Ben Gourion a ordonné la destruction de villages sans nécessité stratégique* [...] *Dans les cercles dirigeants* [du Mapaï], *il y a une tendance à effacer plus de cent villages arabes* [...] *Notre État sera-t-il construit sur la destruction de localités arabes*[36] *? »*

Privé de ses pouvoirs antérieurs, Josef Weitz n'a pas pour autant dit son dernier mot. Il ne s'est pas écoulé quatre jours depuis l'instauration du Comité gouvernemental qu'il rencontre Ben Gourion et Shertok pour les presser de prendre une décision en matière de transfert. Avec succès : le Premier ministre confie cette question à son ministre des Affaires étrangères, qui met au travail deux de ses conseillers, Ezra Danin et Yaacov Shimoni. Le 18 septembre 1948, le chef du gouvernement réunit ministres et experts pour une large consultation sur le problème des réfugiés, la possibilité d'un retour et la politique d'Israël à l'égard de la minorité arabe. *« Le débat,* note Benny Morris, *se centra sur la nécessité d'interdire un retour des réfugiés, politique qui recueillit une complète unanimité*[37]. *»* Puis Weitz souligne la dimension du problème : 286 villages « évacués » (dont 179 à l'intérieur des frontières définies par les Nations unies), environ 300 000 hectares de terres abandonnés. Reprenant le schéma proposé à Ben Gourion en juin, il distingue villages à détruire et villages à coloniser – un plan officiel prévoira, deux jours plus tard, 32 nouvelles implantations juives sur des terres appartenant au Fonds national juif, à l'État ou à des propriétaires arabes. Ce qui peut être acheté, insiste Weitz, doit l'être. Quant aux champs arabes, il faut les cultiver et expliquer aux réfugiés, comme la propagande a commencé à s'en charger, que leur exil est définitif : il n'y aura pas de retour. Bechor Shitrit a beau suggérer que la résolution de cette question ne dépend pas seulement d'Israël, le Premier ministre ne le laisse même pas terminer : *« Nous partons,* rétorque Ben Gourion, *de la volonté d'aider ceux qui ne voudront pas revenir – aussi nombreux qu'ils soient (et pour nous il est préférable qu'ils soient le plus nombreux possible) – à s'installer à l'étranger*[38]. *»* Si bien que, le lendemain, Yaacov Shimoni peut avertir le directeur de son Département, Elias Sasson, basé à Paris, de l'opposition de tout le gouvernement au retour, même si, rapporte-t-il, le ministre des Finances, Eliezer Kaplan, et son directeur général, David Horowitz, s'avèrent *« plus conservateurs et plus prudents »* sur les méthodes à utiliser « *concernant la propriété arabe*[39] ». Rien n'interdit plus donc l'approbation par le cabinet de la formation du Comité du transfert : le 30 septembre, le secrétariat du gouvernement informe Weitz que le Premier ministre l'a désigné, avec Danin et le cartographe Zalman Lifschitz, pour cet organisme « *qui doit lui soumettre une proposition concernant les possibilités d'installation des Arabes de la Terre d'Israël dans les pays arabes*[40] ».

À peine quinze jours se sont-ils écoulés que Zalman Lifschitz découvre un problème majeur, dont il s'ouvre à Ben Gourion : seule une minorité de réfugiés vivent à proprement parler dans les pays voisins, le gros des *fellahin* se trouve en Cisjordanie, sur la bande de Gaza et en Haute Galilée. Ces concentrations aux frontières de l'État juif préoccupent d'autant plus le Comité que, le 18 septembre, le médiateur des Nations unies a rendu public son nouveau plan : outre l'échange entre la Galilée (rattachée à Israël) et le Néguev (attribué à la Transjordanie), le comte Folke Bernadotte y insiste sur le retour des réfugiés. Weitz redoute que « *la solution du problème arabe* [...] *n'arrive bientôt, et pas comme nous l'avons désirée*[41] ». La réponse du Comité a nom « *intimidation* » – « *par tous les moyens* », précise-t-il au Premier ministre lors d'une entrevue, le 26 septembre, proposant que l'armée les harcèle, au Nord comme au Sud. Comme on l'a vu dans le troisième chapitre, Israël rompra effectivement la trêve en vigueur, le 15 octobre 1948, pour déclencher les opérations Yoav et Hiram : la première chassera les Palestiniens vers la bande de Gaza et la région d'Hébron, mais la seconde en laissera sur place un bon nombre malgré l'avis formulé par Weitz à Igal Yadin. C'est que, théoriquement chargé d'une mission d'étude limitée aux réfugiés déjà partis d'Israël, le Comité et ses membres se mêlent de tout ce qui concerne les Arabes d'Israël. Ils se comportent comme un *lobby*, exigent de l'armée qu'elle veille à repousser les populations hors des villages conquis, pressent la direction du pays d'expulser les Arabes bien au-delà des nouvelles frontières que se donne l'État juif. Weitz et ses hommes conseillent même utilement les officines chargées de la propagande « officieuse » visant à convaincre les États arabes et les réfugiés que l'exode constitue un fait accompli et qu'Israël ne tolérera aucun retour – hypothèse que le gouvernement, officiellement à tout le moins, laisse ouverte dans la perspective de négociations de paix.

Une version « autorisée » de l'exode

Deux mois après sa nomination, le 26 octobre, le Comité rend son rapport, que Ben Gourion, dans son Journal, résume en huit points : « *A) Les Arabes eux-mêmes sont coupables de leur fuite. B) On ne devrait pas* [leur permettre] *de revenir* [...] *C) Les Arabes qui sont restés à l'intérieur de l'État devraient être traités en citoyens égaux* [...] *D) Les Arabes qui ont fui seront réinstallés par les gouvernements arabes en Syrie, Irak et Transjordanie* [...] *et au Liban* [...] *E)* [Le coût de] *la réinstallation devrait être couvert par la valeur des biens immobiliers* [terres et maisons abandonnées] *dans le pays (après déduction des réparations* [payées au Yichouv pour dommages de guerre]*), les États arabes donnant la terre, le reste* [provenant] *des Nations unies et d'institutions internationales. F) L'extraction des Juifs d'Irak et de Syrie. G) Que faire si les États arabes refusent de réinstaller les réfugiés ? H)* [Que faire] *si un retour* [de réfugiés] *nous est imposé ? À aucun prix, nous ne devons accepter un retour aux villages-frontières* [...] *et dans les villes seulement un certain pourcentage (15 % des Juifs* [c'est-à-dire de la population juive de chaque ville]*), seulement des ouvriers qualifiés et des gens capables de gagner leur vie* [...] [42]. » Pour l'essentiel, le Premier ministre se dit d'accord avec le contenu de ce rapport, avec quelques nuances de détail : mieux vaut, à son avis, exclure du texte la question des Juifs des pays arabes ; quant à la réinstallation des réfugiés, il préfère la réaliser dans un seul pays, l'Irak – pas question, en tout cas, de l'envisager en Transjordanie. Décision concrète : on installera des immigrants juifs dans 235 des 300 sites arabes abandonnés.

De fait, « *en septembre-octobre* [1948], note Benny Morris, *un changement graduel mais important s'est produit dans la pensée des cadres du Yichouv chargés du sort des sites arabes abandonnés. Ils commencèrent à penser plus en termes de rénovation et d'implantation de Juifs que de destruction. Deux facteurs majeurs y contribuèrent. Le premier, clairement, était la conscience grandissante que la menace d'un retour des réfugiés arabes manquait de substance. La première et la seconde trêves virent les Forces de défense d'Israël contrôler les lignes de front et être à même, dans la plupart des régions, d'empêcher toute infiltration significative de réfugiés revenant chez eux. Politiquement, le Yichouv avait esquivé avec succès les pressions internationales et arabes en faveur d'un retour. En second lieu, l'immigration légale des Juifs en Israël, qui avait repris avec la fin du blocus naval britannique en mai, commençait à prendre des proportions massives. À l'automne 1948, il devint clair que le pays était confronté à un sérieux problème de logement. Il était nécessaire de sauver des maisons arabes plutôt que de les détruire*[43]. » Raisonnement logique, mais qui n'empêchera pas, l'historien le remarque, les destructions de perdurer jusqu'au début des années 50. L'essentiel, cependant, c'est qu'aux 279 colonies juives existant en Palestine, le 29 novembre 1947, s'ajouteront 53 nouvelles implantations jusqu'au début mars 1949, puis encore 80 environ jusqu'à la fin août 1949 – presque toutes sur des terres arabes et un certain nombre sur le territoire alloué par les Nations unies à l'État arabe prévu par le plan de partage...

Bien qu'ayant achevé son œuvre, le Comité du transfert va poursuivre, un temps, son activité : il se transforme en organisme permanent affilié au ministère des Affaires étrangères. Sa première tâche, à ce titre, sera de rédiger une ultime rédaction de son rapport. Intitulé *« Concernant la solution pour les réfugiés arabes »*, ce document de plusieurs centaines de pages, signé par ses auteurs le 25 novembre 1948 et soumis au Premier ministre le 3 décembre, présente la première version « autorisée » de l'exode des Palestiniens. Il s'agit, contre toute vérité historique – et, s'agissant du principal signataire du texte, au prix d'une amnésie totale quant à ses propres activités – de blanchir Israël de toute responsabilité dans l'exode des Palestiniens. Contrairement à d'autres mouvements de population récents, assurent Weitz et ses collègues, *« la migration des Arabes de la Terre d'Israël n'a pas été causée par la persécution, la violence, l'expulsion »*. Le Yichouv a tout fait pour les persuader de rester. Leur départ fut donc *« une tactique de guerre de la part des Arabes qui dirigeaient la guerre contre les Juifs, dont le but était de déplacer les Arabes du voisinage des Juifs, de telle manière qu'eux, les Arabes qui attaquaient, puissent avoir toute liberté d'action »* (sic). Bref, *« les Arabes de la Terre d'Israël ont obéi aux ordres de leurs dirigeants dans le pays et de la Ligue* [arabe], *furent pris de panique et fuirent le pays »*. Les destructions de villages arabes ? *« Quand la bataille se développa,* [des zones entières] *devinrent des champs de bataille, de nombreux villages arabes furent endommagés au cours des actions militaires »*, les forces israéliennes

« châtiant » parfois quelques villages hostiles. Mais ni les citoyens d'Israël, ni son armée, ni son gouvernement *« n'eurent recours à des actes de violence, à part ceux* [d'usage] *dans la guerre, contre les citoyens arabes pour les forcer à abandonner leurs maisons et leurs biens ».* Examinant ensuite le sort des réfugiés, qu'il estime à 460 000, le rapport reconnaît leurs conditions misérables, et ne s'étonne donc pas de leur désir de revenir. Mais, ajoute-t-il, ils n'ont nulle part où retourner : leurs maisons ont été détruites par la guerre ou sont occupées par des *« réfugiés israéliens ». « Le seul bien que les réfugiés arabes peuvent peut-être prendre en considération est la terre. Le mot peut-être doit être souligné, car le gouvernement d'Israël peut l'exproprier comme propriété de l'ennemi qui nous a combattus. Ainsi fit la Tchécoslovaquie avec toutes les propriétés des Allemands des Sudètes. »* Unanimement hostiles à tout retour, les auteurs ajoutent que ce serait *« introduire une large Cinquième colonne agissant dans l'intérêt »* des États arabes, mais aussi créer un *« énorme fardeau économique »* et donc limiter la capacité d'Israël d'absorber de nouveaux réfugiés juifs – *« et, si l'on oppose les uns aux autres,* [...] *il est clair que les réfugiés* [Juifs] *ont la préséance ».* La solution, c'est donc la réimplantation des Palestiniens dans les pays arabes *« à la population clairsemée »* comme l'Irak, la Syrie et la Transjordanie, avec une préférence pour le premier qui n'a pas de frontière avec Israël [44].

300 000 hectares, 73 000 pièces d'habitation, 8 700 magasins...

C'est l'inverse que prône, une semaine plus tard, le 11 décembre 1948 très exactement, l'Assemblée générale des Nations unies : *« Il y a lieu de permettre aux réfugiés qui le désirent de rentrer dans leurs foyers le plus tôt possible et de vivre en paix avec leurs voisins* – déclare la résolution 194 (III) –, *et que les indemnités doivent être payées à titre de compensation pour les biens de ceux qui décident de ne pas rentrer dans leurs foyers et pour tout ce qui est perdu ou endommagé* [45]. *»* Coïncidence ou provocation ? Le lendemain du vote à l'ONU, le gouvernement israélien adopte la « Loi d'urgence relative aux propriétés des absents » – complétant la « Loi d'urgence » sur la « culture des terres abandonnées », édictée le 30 juin 1948, elle sera révisée en 1950. À la demande de Moshe Sharett, qui redoute qu'on « oublie » les Palestiniens réfugiés en Israël même et ceux qui, installés en Cisjordanie, pourraient repasser sous la juridiction israélienne en cas de conquête future, le texte précise que seront considérés comme *« absents »* tous les Arabes ayant quitté *« leur lieu habituel de résidence »* entre le 29 novembre 1947 et le 1er septembre 1948, soit pour se rendre hors de Palestine, soit pour gagner les zones de Palestine occupées par les forces arabes. Leurs biens (maisons, terres, troupeaux, etc.) pourront revenir à la « Garde des propriétés de l'ennemi », bientôt renommée « Garde des propriétés des absents ». Même les Arabes ayant voyagé pour rendre visite à leur famille ou pour quitter les zones de combat sont qualifiés d'*« absents »*. La loi crée, de ce fait, une nouvelle catégorie de citoyens, les *« absents présents »*, autrement dit des citoyens arabes jouissant (en principe) de tous leurs droits civiques – y compris le droit de vote – sauf un : celui de disposer de leurs biens. Et soumis, comme les autres Palestiniens, au gouvernement militaire instauré par David Ben Gourion dès le printemps 1948...

C'est un formidable *« transfert rétroactif »* – pour reprendre l'expression chère à Josef Weitz – qui se déroule en quelques mois. Pour en mesurer l'ampleur, il suffit de se reporter au bilan des biens arabes confisqués et transmis aux Juifs tel que l'établit, en 1952, l'expert Joseph Schlechtman. L'addition est impressionnante : *« 2 990 000 dounams* [soit 299 000 hectares [46]] *de terres autrefois possédées par des Arabes, y compris des oliveraies, des plantations d'oranges et de citrons, des vignes et des jardins d'arbres assortis, se retrouvèrent totalement désertés du fait de la fuite massive des Arabes.* [...] *De surcroît, dans les villes et les villages, 73 000 pièces d'habitation dans des maisons arabes abandonnées et 8 700 magasins, ateliers et entrepôts n'avaient plus de propriétaire »*.

Quant aux comptes en banque laissés par les Arabes dans des banques – arabes ou non – et gelés par le gouvernement israélien, leur montant total atteignait 5 millions de livres. *« On ne saurait sous-estimer,* poursuit Schlechtman, *le rôle énorme que tous ces biens arabes abandonnés ont joué dans l'installation des centaines de milliers d'immigrants juifs qui ont rejoint Israël depuis la proclamation de l'État en mai 1948. En octobre 1949, 47 nouvelles colonies rurales établies sur les sites de villages arabes abandonnés ont déjà absorbé 25 255 nouveaux immigrants. Au prin-*

temps 1950, 1 million de dounams [100 000 hectares] *ont été loués par la Garde à des colonies juives et à des fermiers individuels pour la culture de céréales. Des colons juifs ont également obtenu un bail sur de larges secteurs de terres appartenant à des Arabes absents pour y cultiver des légumes. Rien que dans le Sud, 15 000 dounams* [1 500 hectares] *de vignes et de vergers ont été confiés à des colonies coopératives.* [...] *Alors que le coût moyen de l'installation d'une famille d'immigrants dans une nouvelle implantation variait de 7 500 à 9 000 dollars, il n'excédait pas 1 500 dollars dans un village arabe abandonné (750 pour la réparation de la maison et 750 pour le bétail et l'équipement). Les habitations arabes abandonnées dans les villes ne sont pas non plus restées vides. À la fin juillet 1948, 170 000 personnes, notamment des nouveaux immigrants et des ex-soldats, en plus de 40 000 anciens fermiers, juifs et arabes, ont été logées dans des bâtiments placés sous le contrôle de la Garde ; et 7 000 magasins, ateliers et entrepôts furent sous-loués à des nouveaux arrivants. L'existence de ces maisons arabes – vides et prêtes à être occupées – a, dans une large mesure, résolu le plus grand problème immédiat auquel les autorités israéliennes étaient confrontées pour l'absorption des immigrants. Elle a aussi diminué considérablement le fardeau financier de* [leur] *intégration*[47]. » La manne arabe tombait à point nommé : Israël accueille 100 000 Juifs entre le 15 mai et le 31 décembre 1948 (ainsi, dès les premiers mois, 45 000 sont logés à Jaffa, 40 000 à Haïfa et 5 000 à Acre, remplaçant les autochtones et occupant leurs maisons), puis 239 576 en 1949, 170 249 en 1950 et 175 095 en 1951, soit un total de 686 748 en quatre ans[48] - une augmentation de 120 % de sa population !

Ainsi prend corps le vieux rêve - mais, pour les Palestiniens, un vrai cauchemar - de Josef Weitz, étrangement qualifié par Benny Morris d'*« homme d'intégrité, de vision et d'action »*. *« En termes d'organisation ou d'incitation des autres à organiser l'expulsion des Arabes, le rôle direct de Weitz,* conclut l'historien, *peut n'avoir concerné qu'une poignée de villages. Pareillement, son organisation et sa supervision de la destruction de villages abandonnés n'ont pas touché plus d'une ou deux douzaines de sites. Mais, indirectement, ses efforts personnels et ceux du Comité du transfert, sous ses deux formes, ont exercé une influence puissante sur le cours des événements*[49]. »

Notes

1. Cité par Benny Morris, *The Birth of the Palestinian Refugee Problem 1947-1949*, Cambridge University Press, 1987, p. 27.

2. Nur Masalha, « "1948 and After" revisited », *Journal of Palestine Studies*, publié par The University of California Press pour l'Institute for Palestine Studies et Kuwait University, Berkeley, n° 96, vol. XXIV, 1995, p. 92.

3. Benny Morris, *1948 and After, Israel and the Palestinians*, Clarendon Press, Oxford, 1990.

4. Benny Morris, *1948..., op. cit.*, p. 92.

5. Sous l'Empire ottoman, une bonne partie de la terre de Palestine appartenait à de grandes familles résidant ailleurs dans le monde arabe. Le Fonds national juif profita de cette situation, qui persista durant le mandat britannique, pour acquérir une terre bien plus difficile à acheter aux propriétaires palestiniens.

6. Cité par Benny Morris, *1948..., op. cit.*, p. 93. Dans un article intitulé « Falsifying the Record : A Fresh Look at Zionist Documentation of 1948 » (*Journal of Palestine Studies*, n° 95, vol. XXIV, 1995), Benny Moris souligne les distorsions importantes entre le Journal original de Josef Weitz et sa version imprimée. *« De nombreux passages liés à la politique juive à l'égard des Arabes, spécialement concernant le transfert, ont été radicalement changés ou omis dans la version publiée »*, écrit l'historien qui accumule effectivement les exemples. C'est entre autres le cas des conversations de Weitz, rapportées ici, avec les responsables du FNJ et de la Hagana du Nord.

7. Cité par Benny Morris, *1948..., op. cit.*, p. 94.

8. *Ibidem*, p. 98.

9. *Ibidem*, p. 99.

10. *Ibidem*, p. 100.

11. *Ibidem*. Benny Morris signale ici que, dans la version publiée de son Journal, Josef Weitz a remplacé « *une liste de villages qui doivent être nettoyés* [de leurs Arabes] » (cleared [of Arabs]) par « *une liste de villages arabes qui doivent être évacués* »...

12. *Ibidem*, p. 101.

13. *Ibidem*, p. 101.

14. *Ibidem*, p. 102.

15. *Ibidem*, p. 103.

16. Le terme *settlement*, régulièrement utilisé par Benny Morris dans la version anglaise de ses livres, est aujourd'hui le plus souvent traduit par « colonie ». En hébreu, le substantif *mochava* a pour racine le verbe *leiachev* qui signifie « faire peupler » ou « faire installer ». Nous utiliserons ici indifféremment « colonie », « implantation » ou « établissement », « colonisation » ou « installation », « coloniser » ou « installer » ou encore « établir ».

17. Cité par Benny Morris, *1948..., op. cit.*, p. 105.

18. *Ibidem*, pp. 105-106.

19. *Ibidem*, p. 106.

20. *Ibidem*.

21. *Ibidem*, p. 106-107.

22. *Ibidem*, p. 108.

23. *Ibidem*, p. 109.

24. *Ibidem*, p. 116.

25. *Ibidem*.

26. *Ibidem*, pp. 109-110.

27. *Ibidem*, p. 114.

28. *Ibidem*, pp. 114-115.

29. *Ibidem.*
30. *Ibidem,* p. 118.
31. *Ibidem,* p. 119.
32. Benny Morris, *The Birth, op. cit.,* p. 164.
33. Cité par Benny Morris, *1948..., op. cit.,* p. 115.
34. *Ibidem,* p. 119.
35. Cité par Benny Morris, *The Birth..., op. cit.,* p. 165.
36. *Ibidem,* p. 166.
37. Cité par Benny Morris, *1948..., op. cit.,* p. 129.
38. *Ibidem.*
39. *Ibidem.*
40. *Ibidem,* p. 130.
41. *Ibidem,* p. 131.
42. *Ibidem,* p. 134.
43. Benny Morris, *The Birth..., op. cit.,* pp. 168-169.
44. Cité par Benny Morris, *1948..., op. cit.,* pp. 135 à 137.
45. *Les résolutions des Nations unies sur la Palestine et le conflit israélo-arabe. 1947-1974,* Institut des études palestiniennes, Beyrouth, 1976, pp. 16 -17.
46. De 1948 à 1966, la superficie totale des terres arabes « transférées » atteindra 1,6 million d'hectares : voir Elias Sanbar, *Les Palestiniens dans le siècle,* Gallimard, Paris, 1994, p. 66.
47. Cité par Simha Flapan, *The Birth of Israel. Myths and Realities,* Croom Helm, Londres et Sydney, 1987, p. 107.
48. Chiffres avancés par Michel Bar-Zohar, *in Ben Gourion,* Fayard, Paris, 1986, p. 287.
49. Benny Morris, *1948..., op. cit.,* p. 144.

CHAPITRE VI

LAUSANNE, OU LA PAIX MANQUÉE

Si Israël s'efforce sur le terrain, on l'a vu, à l'initiative notamment de Josef Weitz, de créer des faits accomplis de nature à barrer la route du retour aux exilés palestiniens, il lui faut parallèlement mener la même bataille sur le front diplomatique. De ce point de vue aussi, comme le note Henry Laurens dans une présentation des « nouveaux historiens »[1], *« l'ouverture et l'exploitation des archives ont permis de redresser certains jugements. Contrairement à un cliché généralement répandu, les responsables arabes sont prêts au compromis »*. C'est tout le sens, en particulier, du travail d'Ilan Pappé qui, avec *The Making of the Arab-Israeli Conflict 1947-1951*, réécrit l'histoire des négociations consécutives au premier conflit entre Israël et ses voisins.

Quatre jours après l'assassinat par des terroristes du Lehi, le 17 septembre 1948, du médiateur des Nations unies, l'héritage de ce dernier est rendu public : un nouveau plan de paix. Il se distingue nettement de celui de juin. Première différence : renonçant à diviser la Palestine en un État juif et un État arabe, comme le prévoyait la résolution 181 du 29 novembre 1947, le comte Folke Bernadotte préconisait un nouveau partage, entre Israël et la Transjordanie cette fois, grossie de la Cisjordanie, conformément au compromis intervenu entre l'Agence juive et le roi Abdallah. Second point nouveau : selon ce qu'on appellera bientôt le « principe de Jessup » (du nom de Philippe C. Jessup, un membre de la délégation américaine aux Nations unies, qui allait le premier avancer cette suggestion, le 20 novembre 1948), il proposait, on l'a vu, que la Galilée soit rattachée à l'État juif, le Néguev revenant, lui, à la Transjordanie. Pour le reste en revanche, le médiateur réaffirmait le droit au retour des réfugiés palestiniens et le statut international du *corpus separatum* de Jérusalem. Évidemment favorable à une solution israélo-transjordanienne, le gouvernement israélien, contre l'avis du ministre des Affaires étrangères Moshe Sharett, s'oppose néanmoins à ce projet : pas question de lâcher le Néguev, de renoncer à faire de Jérusalem la capitale de l'État juif et *a fortiori* d'accepter le retour des réfugiés palestiniens. Les nouvelles offensives militaires prévues, dans le Nord comme dans le Sud, trancheront les arguties diplomatiques, assure David Ben Gourion. Si Londres, consciente que le renforcement de la Transjordanie conditionne la persistance de sa propre influence dans la région, appuie la démarche de Bernadotte, Washington prend ses distances : non seulement les États-Unis, après une phase d'hésitations, croient à nouveau au partage (à condition, toutefois, d'en améliorer les frontières), mais surtout Harry Truman, candidat à un second mandat présidentiel, hésite à s'opposer frontalement à Ben Gourion. L'Union soviétique, conformément à son comportement depuis le printemps 1947, s'aligne sur les positions israéliennes. Quant aux États arabes, à la seule exception de la Transjordanie, ils rejettent naturellement un plan contraire à leurs intérêts. En revanche, leur attitude à l'égard de la négociation en général contraste avec l'approche négative d'Israël : pour la première fois, presque tous paraissent disposés à considérer la résolution 181, base du plan de partage de 1947 qu'ils avaient refusé, comme cadre de la négociation à venir. Le fait est qu'à partir de janvier 1949, ils prennent, sous les auspices du successeur de Folke Bernadotte, l'Américain Ralph Bunche, le chemin du tapis vert : l'un après l'autre pour obtenir, à Rhodes, un armistice bilatéral avec Israël (que l'Égypte signera le 24 février, le Liban le 23 mars, la Transjordanie le 3 avril et la Syrie le 20 juillet) ; tous ensemble (y compris le Haut comité arabe palestinien), à Genève, puis à Lausanne, pour tenter d'aboutir à un règlement global, dans le cadre des négociations patronnées par les Nations unies.

Réunie en décembre 1948, la troisième Assemblée générale des Nations unies abandonne partiellement, *de facto*, le plan Bernadotte, dépassé sur le terrain. Elle rejette le partage israélo-transjordanien ainsi que les arrangements territoriaux suggérés par le défunt médiateur – l'échange entre

Galilée et Néguev n'a plus guère de sens, puisque les opérations militaires ont « judaïsé » l'une et l'autre. En revanche, elle préconise, comme le diplomate assassiné, que Jérusalem et ses environs soient placés sous le contrôle des Nations unies et que les réfugiés palestiniens aient droit à revenir dans leurs foyers ou, à défaut, à toucher une compensation pour leurs propriétés perdues. Enfin elle retient l'idée de Bernadotte de remplacer le médiateur unique par un organisme de médiation : la Commission de conciliation sur la Palestine (CCP). Et elle appelle, sur ces bases, les parties à entrer dans des négociations de paix, soit directement, soit sous les auspices du nouvel organisme de conciliation – avec pour but *« le règlement final de toutes les questions en suspens entre elles* [2] *».* C'est le sens de la résolution 194, qu'elle adopte, à Paris, le 11 décembre 1948. Le texte sur la CCP est directement inspiré d'un mémorandum présenté par le secrétaire d'État américain George Marshall en octobre – la comparaison des formulations des deux documents, souligne Ilan Pappé, atteste leur étroite ressemblance [3]. D'ailleurs, le discours de John Foster Dulles devant l'Assemblée signale, insiste l'historien israélien, *« le début d'un engagement américain intensif dans le processus de paix. Ce ne serait pas une exagération de dire que ce fut un tournant historique, au cours duquel les Américains remplacèrent les Britanniques comme courtiers de la paix. La résolution mit donc fin à une période de plus de trente ans de médiation britannique dans le conflit et marqua le début d'une nouvelle ère caractérisée par la diplomatie américaine qui dure depuis ce jour-là* [4] *».* Symboliquement, c'est un Américain, Mark Ethridge, qui est nommé à la présidence de la CCP, assisté d'un Français, Claude de Boisanger, et d'un Turc, Husayn Jahed Yalcin – un Espagnol, Pablo de Azcarate, assume le secrétariat de la Commission. Leur mandat couvre en particulier la question des frontières entre les États juif et arabe en Palestine, le problème des réfugiés et la question de Jérusalem.

Après une première réunion en janvier 1949, à Genève, la commission se met au travail. Le 21 mars 1949, elle rencontre pour la première fois la Ligue arabe, à Beyrouth. La démarche inquiète Israël qui – explique le journal du parti dirigeant, le Mapaï – *« préfère des négociations séparées avec chaque État arabe* [qui ont commencé à l'époque]. *Toute tentative de former un front uni contre Israël aggraverait la situation et diminuerait les chances de paix* [5] *».* Sentiment inverse en face : non seulement les

Arabes acceptent de rencontrer la troïka, mais le général (et historien) irakien Taha Al-Hashimi, conseiller du Comité Palestine de la Ligue arabe reconnaît en privé que *« l'État juif est un* fait accompli *et que les Arabes ne peuvent rien faire pour changer ce fait*[6] *»*. La seule chose qu'ils pourraient espérer serait une solution imposée par les puissances et qui serait favorable aux Arabes. Seuls les Transjordaniens, alors en pleine négociation avec Israël, redoutent que l'intervention de la CCP ne vienne troubler l'élaboration d'un compromis inspiré de l'accord entre le roi Abdallah et Golda Meyerson. Le oui des délégués arabes - qui acceptent même de ne plus ériger la solution du problème des réfugiés en condition préalable des négociations - permet l'ouverture de la conférence de Lausanne, le 28 avril 1949.

Impossible n'est pas français

Tout le monde est venu en Suisse, mais avec des objectifs contradictoires. Israël participe surtout à la conférence pour éviter qu'un boycottage de sa part, irritant la communauté internationale, compromette ses chances d'être admis aux Nations unies. Mettant l'accent sur les tractations bilatérales, l'État juif écarte toute concession majeure. À l'inverse, les Palestiniens et les États arabes entendent regagner autour de la table de négociations, en bloc, une partie du terrain perdu pendant la guerre. À cette date, tous - Syrie mise à part - ont signé un armistice avec Israël. *« La facette politique la plus importante à cette étape est probablement la reconnaissance implicite de l'État d'Israël par tous les pays arabes cosignataires des accords d'armistice »*, observe Ilan Pappé, qui ajoute : *« Cette opinion a été émise à l'époque par Walter Eytan, le codirecteur général du ministère israélien des Affaires étrangères*[7]. *»* Mais mettre fin à l'état de guerre est une chose, en finir avec le combat politique et idéologique pour la domination de la Palestine en est une autre. C'est justement l'ambition de la CCP qui, multipliant les rencontres officieuses et officielles et passant allègrement de la médiation à la proposition, parvient à franchir sur cette voie, le 12 mai 1949, une étape fondamentale : Israéliens et Arabes ratifient ce jour-là deux protocoles dont le texte unique fixe le cadre d'une paix globale.

Pourtant la gageure paraissait *a priori* impossible : « *Les Arabes,* résume Ilan Pappé, *refusaient de discuter un règlement général avant qu'Israël déclare accepter le rapatriement des réfugiés. Les Israéliens refusaient de réfléchir aux solutions pour le problème des réfugiés avant que les Arabes consentent à un règlement de paix. Les Israéliens étaient en particulier intéressés à une reconnaissance arabe du* statu quo *territorial qui émergeait de la guerre, à savoir l'État d'Israël*[8]. » Pour débloquer la situation, il n'y avait qu'une solution : combiner deux résolutions de l'Assemblée générale des Nations unies, celle du 29 novembre 1947 – qui crée deux États en Palestine, y compris donc l'État juif – et celle du 11 décembre 1948 – qui prévoit le droit au retour des réfugiés, la reconnaissance mutuelle entre les Arabes et Israël ainsi que l'internationalisation de Jérusalem. C'est le diplomate français Claude de Boisanger qui prend, le 9 mai, l'initiative de proposer cette synthèse aux Israéliens d'un côté et aux Arabes de l'autre. Pour les Israéliens, note Ilan Pappé, « *c'est une amère pilule à avaler – accepter la résolution du partage allait à l'encontre de tout ce en quoi Ben Gourion croyait à ce stade. Et maintenant, une fois que Washington avait donné sa bénédiction à l'initiative française, les Israéliens n'avaient pas d'autre choix que de l'accepter*[9] ».

Directeur général du ministère israélien des Affaires étrangères, Walter Eytan saura convaincre son gouvernement de signer le protocole, également approuvé par les Arabes. Non sans hésitation, car il en mesurait la portée. Comme l'écrit le ministre syrien des Affaires étrangères, qui dirigeait à Lausanne la délégation de son pays, « *les gouvernements arabes qui avaient rejeté le partage, avant et après la création de l'ONU, considéraient désormais la résolution des Nations unies comme une réussite politique arabe*[10] ». Si, le 12 mai, les délégations arabes signent le protocole de Boisanger, c'est que l'existence d'Israël – devenu de surcroît la veille membre de l'ONU – n'est plus en question : ce qui leur importe avant tout, c'est le droit au retour des réfugiés, dont le document établit sans ambiguïté le principe. Ainsi le gouvernement égyptien, qui, en août 1948 encore, jugeait le partage de la Palestine irréaliste, câble, à la mi-mai 1949 à son délégué à Lausanne : « *Israël est maintenant un membre des Nations unies – s'il accepte le principe du droit des réfugiés à retourner, vous êtes autorisés à discuter un règlement territorial*[11]. » Bref, les Arabes comptent s'appuyer sur le protocole pour contraindre Israël à revenir au partage de 1947 – donc à retirer ses troupes des régions allouées à l'État arabe et à accepter le retour des Palestiniens chassés de leurs foyers.

Plus les Arabes s'accrochent au texte signé le 12 mai, et plus les Israéliens prennent leurs distances avec lui. « *Mon principal objectif,* avouera Walter Eytan en juin 1949, *était de commencer à saper le protocole du 12 mai, que nous avions été contraints de signer dans le cadre de notre bataille pour être admis aux Nations unies* [...]. *L'important, c'était d'amener la Commission à s'habituer à l'idée que le protocole n'était pas la chose essentielle et que, tôt ou tard, nous allions nous fonder sur l'accord d'armistice*[12]. » Pour les Américains, au contraire, le document signé était bel et bien la « chose principale ». Confrontés à la tactique dilatoire mise en œuvre par les Israéliens, ils vont bientôt prendre conscience qu'il leur faut faire pression sur Ben Gourion et ses amis, en premier lieu pour imposer une solution du problème des réfugiés palestiniens – 910 000 selon l'Organisation internationale des réfugiés, 530 000 aux dires d'Israël, 750 000 pour la CCP – combinant rapatriement et réinstallation dans les pays arabes. Israël avait toujours assuré que sa reconnaissance par les pays arabes permettrait d'engager la négociation sur le retour des Palestiniens, fait tout pour rendre celui-ci impossible en prenant, à partir de juin 1949, des mesures irréversibles concernant leurs terres et leurs biens. « *La position israélienne,* analyse Ilan Pappé, *peut être condensée en deux lignes directrices fondamentales. La première affirmait qu'Israël n'a pas été responsable de la création de ce problème, mais que, malgré tout, il veut bien aider à résoudre la question sur des bases humanitaires ; la seconde qu'aucune solution du problème ne devrait jamais mettre en danger la sécurité d'Israël*[13]. » Le ministre israélien des Affaires étrangères, Moshe Sharett avait même qualifié d'« *irréversible* » le refus de son pays de discuter d'un rapatriement. C'est qu'un retour massif des réfugiés aurait sans doute compromis l'installation des immigrants juifs sur des terres et dans des maisons arabes, mais aussi heurté les sentiments d'une société peu désireuse de voir revenir les « ennemis » à peine vaincus.

Mark Ethridge, le représentant américain à la CCP, s'inquiète rapidement de ce qu'il considère comme de l'obstruction de la part des Israéliens. Pour lui, la cause est entendue : David Ben Gourion n'a accepté la participation de ses diplomates à la conférence de Lausanne que pour garantir l'entrée d'Israël aux Nations unies. Il ressort alors de ses dossiers une proposition imaginée avant même le 12 mai et susceptible, croit-il, de faire accepter aux Israéliens le principe du rapatriement : l'annexion par l'État juif de la bande de Gaza, avec ses résidents et ses réfugiés. Tentés par les avantages géopolitiques de l'opération, le Premier ministre israélien et la majorité de son gouvernement acceptent – et admettent du même coup qu'ils peuvent récupérer un nombre substantiel de réfugiés. Mais le gouvernement égyptien refuse d'abandonner ce « trophée » de la guerre, unilatéralement, sans contrepartie – pour ne pas laisser toute la Palestine aux Israéliens et aux Jordaniens. Du coup, les pays arabes réaffirment le lien entre la question des réfugiés et celle de la terre : une partie au moins de la Palestine doit rester sous souveraineté palestinienne, proclament-ils – sauf la Transjordanie qui, soutenue par l'Irak, annonce son intention d'annexer la Cisjordanie. L'échec de la proposition sur Gaza conduisit à un renforcement de la pression américaine sur Israël, qui l'avait pourtant acceptée. Harry Truman envoie, le 29 mai 1949, une note des plus sèches à David Ben Gourion : *« Le gouvernement des États-Unis,* lui écrit-il, *est sérieusement troublé par l'attitude d'Israël concernant le règlement territorial en Palestine et la question des réfugiés de Palestine. »* Déplorant le refus de réaffirmer le soutien de l'État juif au protocole de mai, il affirme que *« le gouvernement américain redoute sérieusement qu'Israël ne mette en danger la possibilité de parvenir à une solution du problème de la Palestine qui pourrait contribuer à l'établissement de relations saines et amicales entre Israël et ses voisins »*. Et de brandir la menace de sanctions : *« Le gouvernement américain sera amené, à regret, à la conclusion que la révision de son attitude à l'égard d'Israël est devenue inévitable* [14]. *»* Comparée à l'attitude de Tel Aviv, celle des capitales arabes, vue de Washington, apparaît très raisonnable : n'ont-elles pas réaffirmé leur adhésion au protocole du 12 mai et même au « principe de Jessup », et demandé qu'Israël fasse de même ?

Décidé à garder l'initiative dans ce *show* américain qu'est devenue la conférence de Lausanne, le département d'État envoie sur place son nouveau coordinateur pour les affaires des réfugiés palestiniens, George McGhee, pour seconder Mark Ethridge. D'accord avec l'exigence arabe d'un geste israélien sur les réfugiés comme préalable à tout règlement territorial, celui-ci développe une nouvelle approche : un « plan Marshall proche-oriental », grâce auquel Israël pourrait rapatrier 200 000 réfugiés et les pays arabes en intégrer 550 000. Trois mois plus tard, quand les Américains désespéreront de Lausanne et renonceront à faire pression sur Israël, ce dessein deviendra le cœur de la politique des États-Unis dans la région. Mais, en ce début juin 1949, Washington manie encore le bâton en direction de Tel Aviv : le 13, l'administration américaine conditionne l'octroi d'un prêt de 100 millions de dollars à Israël à l'attitude de celui-ci vis-à-vis du problème des réfugiés. Car le contentieux s'est aggravé avec le débat sur Jérusalem : au sous-comité de la CCP qui s'en occupe, le chef de la délégation israélienne annonce, fin mai 1949, que *« l'intégration de la partie juive de Jérusalem dans le cadre économique, politique et administratif de l'État d'Israël s'est produite comme un processus naturel résultant des conditions de la guerre, et a été suivi d'un processus parallèle du côté arabe* [jordanien][15] ». Autant dire que l'État juif rejette purement et simplement l'internationalisation de la ville que prévoit le plan de partage des Nations unies et qu'exigent tous les États arabes – y compris la Jordanie, qui en occupe pourtant la partie orientale... McGhee s'irrite aussi de l'insistance israélienne sur les accords bilatéraux, qui ne peuvent, selon lui, que perpétuer le conflit auquel les États-Unis recherchent au contraire une solution d'ensemble.

Une préférence israélienne pour les Jordaniens

Pour le chef de la délégation israélienne, Elias Sasson, la priorité va en effet aux négociations directes. Il poursuit en particulier un dialogue permanent avec son homologue transjordanien, le ministre de la Défense Fawzi Al-Mulki, contribuant ainsi aux tractations en cours entre Tel Aviv et Amman en vue d'une paix séparée. Mais il dialogue aussi avec les représentants de Beyrouth et du Caire, qui se sont déclarés prêts à reconnaître les frontières de l'État juif si celui-ci accepte de restituer un peu de territoire, au nord au Liban et au sud à l'Égypte. Il va même prendre contact avec des Palestiniens présents – sans avoir voix au chapitre – à Lausanne. Ainsi Muhammad Nimr Al-Hawari, un avocat de Jaffa accusé par le mufti Hadj Amin Al-Husseini de collaboration avec les Juifs, lui propose-t-il en mai 1949 qu'Israël annexe la Cisjordanie ou bien en fasse un État palestinien indépendant mais étroitement lié à lui. Cette position intéressa d'autant plus Moshe Sharett que, selon Al-Hawari, les réfugiés devraient, pour leur part, trouver directement avec Israël une solution à leur problème sans interférence des pays arabes, démarche cautionnée, en juin, par deux Palestiniens de Gaza arrivés à Lausanne. « *Que ces possibilités n'aient pas été correctement explorées,* estime Ilan Pappé, *découla surtout de la préférence israélienne pour une paix avec les Jordaniens qui excluait complètement des accords avec les Palestiniens et laissait sans solution le problème des réfugiés, Jérusalem et l'acceptation d'Israël dans le monde arabe – problèmes qui ne pouvaient être résolus qu'avec un consentement arabe général*[16]. » Fin juin 1949, à la demande des Américains, les négociations de Lausanne sont suspendues.

Avec Damas, Israël aurait pu aller beaucoup plus loin, mais il ne l'a pas voulu. En mars 1949, en effet, le chef de l'armée syrienne, le colonel Husni Zaïm, prend le pouvoir. Le nouveau chef de l'État rêve avant tout de l'aide financière et militaire de l'Occident, priorité qui le conduit, début juillet, à avancer une proposition extraordinaire : accueillir et installer en Syrie, dans la région d'al-Jazirah, au nord-est du pays, 200 000 à 300 000 réfugiés palestiniens. Si ce projet ne résout évidemment pas le problème national palestinien, il représente une ouverture inespérée pour Israël. D'ailleurs, au cours de l'été, Zaïm se déclare disposé à négocier, non seulement un armistice – qu'il signe le 20 juillet –, mais un traité de paix avec David Ben Gourion. Mais ce dernier, négligeant l'avis positif de son ministre des Affaires étrangères, refuse l'offre. « *Bien qu'il n'y ait pas de preuve historique pour étayer l'affirmation selon laquelle les intentions de Zaïm étaient sérieuses,* estime Pappé, *nous ne saurons jamais jusqu'où il pouvait être prêt à poursuivre cette priorité ; après quelques mois seulement au pouvoir, Zaïm fut renversé et son successeur revint à la traditionnelle politique antisioniste de la Syrie. Mais il est vrai que la recherche de la paix représente souvent une dynamique irréversible, et Zaïm pourrait avoir ouvert un nouveau chapitre dans la relation israélo-syrienne. Contrairement aux opinions de nombreux historiens et au mythe israélien concernant la guerre de 1948,* juge l'historien, *il y avait bien des leaders arabes qui recherchaient la paix avec le nouvel État juif au milieu d'eux, et certains d'entre eux subirent des rebuffades de la part d'Israël*[17]. »

Lorsque, le 18 juillet, la CCP reprend ses travaux à Lausanne, le blocage est total. Une proposition turque de Grande Transjordanie incluant la Palestine arabe – Cisjordanie, bande de Gaza et Néguev – a été rejetée par les Israéliens comme par les Arabes. De même un plan français laissant le Néguev aux Israéliens, mais suggérant une tutelle sur la Galilée. L'initiative revient donc à nouveau aux Américains, dont la délégation est désormais dirigée par l'avocat Paul Porter, un fervent partisan – comme George McGhee – du plan Marshall et de l'application de ce dernier au Proche-Orient. Convaincu que l'issue est d'abord économique, Porter n'en considère pas moins qu'un geste d'Israël sur la question des réfugiés conditionne tout pas en avant. Or, entre-temps, la pression de Washington sur Tel Aviv est devenue si forte que, le 5 juillet 1949, Moshe Sharett a obtenu du gouvernement israélien qu'il accepte le rapatriement de 100 000 réfugiés – en fait 65 000, car 25 000 d'entre eux sont déjà revenus et 10 000 ont reçu l'autorisation de le faire au titre de la réunion des familles. Ben Gourion s'y oppose, certain que les États-Unis trouveront l'offre insuffisante, puisqu'Israël avait envisagé d'annexer la bande de Gaza avec 250 000 réfugiés. Le Premier ministre a vu juste : Washington écarte l'offre considérée comme trop faible, et les Arabes la rejettent comme contradictoire avec la résolution du 11 décembre 1948. Retour à la proposition américaine, à savoir le rapatriement d'un nombre plus important de réfugiés en Israël et l'installation des autres dans les pays arabes. Mais le gouvernement israélien s'arc-boute : avec 150 000 Palestiniens restés dans le pays, plus 100 000 rapatriés, il y aurait 28 % d'Arabes – en imposer plus, c'est transformer l'État juif en État binational et gêner l'absorption des nouveaux immigrants juifs. Aux efforts déployés par Sharett pour trouver une solution au problème palestinien, Ben Gourion oppose une ligne dure, qu'il impose à la délégation israélienne à Lausanne, à la tête de laquelle il nomme, à la mi-juillet 1949, son principal conseiller sur les affaires arabes, Reuven Shiloah. « *Comme son mentor,* remarque Ilan Pappé, [ce dernier] *considérait Lausanne non comme une conférence de paix, mais comme un mal nécessaire.* » Le ministre des Affaires étrangères plie, mais n'en pense pas moins. D'un côté, il reconnaît que « *la nouvelle situation* [les accords d'armistice signés avec tous les pays arabes] *nous soulage du besoin de signer un accord de paix formel et écrit avec les pays voisins, car il y a très peu de différences, en ce qui concerne l'intégrité territoriale, entre les accords d'armistice existants et des traités de paix formels* ». Mais, de l'autre, il souligne que « *nous porterons préjudice à l'essence du projet* [sioniste] *si nous imaginons que les armistices vont tout résoudre et que nous pouvons maintenant ôter la recherche de la paix de notre ordre du jour national*[18] ».

« Le facteur qui bloque, c'est Israël »

Les Arabes demeurent loyaux à l'égard du protocole du 12 mai 1949 et, de ce fait - Shiloah va s'en convaincre rapidement à Lausanne -, ils ont des chances, lors de la prochaine Assemblée générale des Nations unies, en septembre, de bénéficier du soutien de l'essentiel de la communauté internationale. Il n'empêche : Israël continue de miser sur la négociation bilatérale, avec les Jordaniens bien sûr, mais aussi les Égyptiens et, brièvement, les Syriens. Pour la Commission de conciliation sur la Palestine, l'impasse est insurmontable. Car, chacun le sent, Israël ne bougera plus : « *L'arrivée de nouveaux immigrants d'Europe et le calme relatif aux frontières, résultat des accords d'armistice, ont durci la position israélienne sur le problème des réfugiés et d'un possible compromis territorial. De plus, comme nous l'avons indiqué avant, les concessions israéliennes antérieures, formulées dans le protocole de mai, avaient été conçues comme un simple geste tactique destiné à soulager la pression américaine, et non dans le désir sincère de parvenir à un compromis*[19]. »

Le 15 août 1949, les membres de la CCP tirent leur dernière cartouche : ils proposent aux parties en présence de signer un nouveau mémorandum comportant la reconnaissance par Israël du droit au retour des Palestiniens ; l'engagement des États arabes à en accueillir une partie ; une aide de la communauté internationale aux uns et aux autres ; et une commission d'enquête dans la région pour mesurer les difficultés économiques de cette réintégration - seul ce dernier point sera accepté, et la mission en question portera sur les fonts baptismaux l'Office de Secours et de Travaux des Nations unies pour les réfugiés palestiniens (UNRWA). On ne saurait mieux dire l'inspiration américaine de ce nouveau protocole : « *Le centre d'intérêt n'était plus le problème des réfugiés, mais la croissance économique du Proche-Orient et l'alliance politique de celui-ci avec l'Occident. Aux yeux des Américains, le nouveau plan avait les mêmes objectifs que le plan Marshall original : stabilisation politique et meilleur niveau de vie comme les meilleures garanties contre l'infiltration communiste et l'intervention russe dans la région. Avec le recul,* conclut Ilan Pappé, *on peut voir que cette évolution américaine poussa la conférence de Lausanne et la CCP dans les oubliettes de l'histoire. Il s'est avéré irréaliste et naïf de croire que les problèmes politiques du conflit israélo-arabe pourraient être résolus par les seuls moyens économiques. Pour le monde arabe, les réfugiés symbolisaient la catastrophe que la création de l'État d'Israël avait apportée aux Palestiniens. C'était une question de principe sur laquelle la plupart, sans doute, des dirigeants arabes étaient à l'époque engagés ; ne serait-ce que de manière ostensible, ils n'oseraient pas déserter. Cette position pouvait-elle être modifiée par une aide financière*[20] *?* »

À en croire les officiels israéliens, l'échec de Lausanne tient surtout au fait que les pays arabes y aient négocié en bloc – et non de manière bilatérale – avec Israël. « *La présence des Arabes sous forme d'une seule partie prenante,* soutient par exemple Walter Eytan, *les a inévitablement rendus, individuellement et collectivement, plus intransigeants.* [...] *Le résultat fut, naturellement, que tout représentant arabe qui aurait pu avoir des vues relativement modérées sur un sujet donné était intimidé.* » Cette thèse, un autre diplomate israélien présent à Lausanne, Gershon Avner, la qualifie d'« *infantile* » : « *En réalité, il est inconcevable que les deux parties d'un conflit veuillent un règlement et que seul un problème de méthode les empêche d'y parvenir.* » Selon Avner, « *il n'y avait aucune chance réelle d'aboutir à un accord de paix à Lausanne*[21] ». Si le diplomate reconnaît qu'Israël était alors « *ivre de victoire* », il accuse surtout les États arabes de n'avoir pas voulu vraiment traiter. Tel n'est pas l'avis d'Avi Shlaïm, qui, dans *Collusion Across the Jordan,* conclut son chapitre sur Lausanne en écrivant : « *En 1949, les Arabes reconnaissaient le droit d'Israël à exister, ils voulaient se retrouver face à face avec lui pour négocier la paix* [...] *et Israël a rejeté ces conditions non parce qu'elles étaient incompatibles avec sa survie comme État indépendant, mais avec la détermination de conserver tout le territoire qu'il détenait et de résister au rapatriement des réfugiés*[22]. » Et il invoque le témoignage du chef de la délégation israélienne à Lausanne : « *Nul autre qu'Elias Sasson, seul*

Juif oriental de rang élevé au ministère des Affaires étrangères, n'a mieux vu que la défense obstinée du statu quo *par Israël a barré la route à un accord avec les Arabes et voué la conférence de Lausanne à l'échec*[23]. »

À preuve, cette lettre en date du 16 juin 1949, adressée à son subordonné, Ziama Divon, dans laquelle Sasson ne dissimule pas son désarroi : « *Vous n'avez pas idée combien je suis désolé d'être venu à Lausanne.* [...] *Nous sommes venus dans un but particulier, un seul but, qui est de parvenir à la paix avec les États arabes. Mais nous sommes ici depuis deux mois, et nous n'avons pas avancé d'un pouce* [...] *D'abord, les Juifs pensent qu'ils peuvent aboutir à la paix sans en payer le prix, qu'il soit minimal ou maximal. Ils veulent obtenir (a) l'abandon par les Arabes de toutes les terres occupées par Israël ; (b) l'accord des Arabes pour absorber tous les réfugiés dans les pays voisins ; (c) l'accord des Arabes avec des rectifications de frontières au centre, au sud et dans la région de Jérusalem à l'avantage exclusif d'Israël ; (d) la renonciation des Arabes à tous leurs biens et propriétés en Israël en échange d'une indemnisation* [...] *; (e) une reconnaissance* de facto *et* de jure *de l'État d'Israël et de ses nouvelles frontières ; (f) un accord des Arabes pour l'établissement immédiat de relations diplomatiques et économiques entre leurs pays et Israël, etc., etc. Deuxièmement, les Arabes comprennent bien qu'Israël est devenu un fait etc., mais il se demandent : si ce sont là ses conditions, qu'est-ce qui nous oblige à nous presser et à le reconnaître ?* [...] *La situation aurait pu être entièrement différente s'il avait été possible de créer un État indépendant dans l'autre partie de la Palestine. Mais le facteur qui bloque, c'est aujourd'hui Israël. Par sa position et ses demandes actuelles, Israël rend la seconde partie de la Palestine inutilisable pour tout projet, sauf un – son annexion par un des États voisins, en l'occurrence la Transjordanie.* [...] *Quant aux réfugiés – ce sont les boucs-émissaires, si bien que personne ne leur prête la moindre attention. Personne n'écoute leurs demandes, explications et suggestions. D'un autre côté, toutes les parties utilisent ce problème à des fins qui n'ont aucun rapport avec les aspirations des réfugiés eux-mêmes*[24]. »

Trois mois plus tard, la conférence de Lausanne à peine terminée (le 14 septembre 1949), le même Elias Sasson - qui a visiblement surmonté ses états d'âme - en tire une leçon qui inspirera durablement la diplomatie de son pays. « *Les cinq mois de travail que j'ai passés à Lausanne,* écrit-il à

Moshe Sharett, *m'ont enseigné que toute médiation étrangère – quand bien même il s'agirait de la meilleure, de la plus impartiale et de la plus objective – devra, même avec les meilleures intentions, nous demander des concessions sur les questions des réfugiés, des frontières et de la paix –, ce à quoi nous devons absolument résister*[25]. » Quant à Abba Eban, futur ministre des Affaires étrangères d'Israël, il estime que son pays n'a « *pas besoin de courir après la paix, l'armistice nous suffit. Si nous recherchons la paix, les Arabes nous demanderont d'en payer le prix – frontières, ou réfugiés, ou les deux. Attendons quelques années*[26] ». Ben Gourion, à son habitude, dit les choses plus crûment encore : « *Je suis prêt à me lever au milieu de la nuit pour signer un accord de paix – mais je ne suis pas pressé et je peux attendre dix ans*[27]. »

Notes

1. Henry Laurens, « Travaux récents sur l'histoire du premier conflit israélo-arabe », *Maghreb-Machrek*, La Documentation française, Paris, n° 132, avril-juin 1991, p. 61.
2. Ilan Pappé, *The Making of the Arab-Israeli Conflict 1947-1951*, I. B. Tauris, Londres et New York, 1992, p. 197.
3. *Ibidem*, p. 196.
4. *Ibidem*, pp. 196-197.
5. *Ibidem*, p. 201.
6. *Ibidem*, p. 200.
7. *Ibidem*, p. 193.
8. *Ibidem*, p. 207.
9. *Ibidem*, p. 208.
10. *Ibidem*, p. 209.
11. *Ibidem*.
12. *Ibidem*, p. 212.
13. *Ibidem*, p. 214.
14. *Ibidem*, pp. 218-219.
15. *Ibidem*, p. 221. David Ben Gourion a aboli le Gouvernement militaire - propre aux zones occupées - à Jérusalem dès le 2 février 1949. Au vote de la tutelle internationale sur la ville par l'Assemblée générale des Nations unies, le 9 décembre 1949, répondra, le 13, le transfert de la Knesset, puis, le 1er janvier 1950, du gouvernement. Le 23 janvier 1950, la Knesset proclame Jérusalem capitale de l'État d'Israël.
16. *Ibidem*, p. 225.
17. *Ibidem*, p. 193.
18. *Ibidem*, p. 232.
19. *Ibidem*, p. 234.
20. *Ibidem*, p. 236.
21. Cité par Avi Shlaïm, *Collusion Across the Jordan. King Abdullah, the Zionist movement, and the Partition of Palestine*, Clarendon Press, Oxford, 1988, p. 463.

22. *Ibidem*, p. 482.
23. *Ibidem*, p. 473.
24. *Ibidem*, pp. 474-475.
25. Ilan Pappé, *op. cit.*, p. 238.
26. *Ibidem*, p. 240.
27. Cité par Avi Shlaïm, *op. cit.*, p. 465.

CHAPITRE VII

DAVID BEN GOURION, LE « GRAND EXPULSEUR » ?

« Israël n'a jamais expulsé un seul Arabe », assura un jour David Ben Gourion. Et l'historien Benny Morris, citant ce propos, de le qualifier de *« mensonge que même les journalistes et les officiels de l'ONU les plus crédules auraient trouvé dur à avaler* [1] *»*. L'aplomb du fondateur de l'État juif a de quoi stupéfier, sachant – comme nous l'avons vu au fil des chapitres précédents – qu'il a lui-même conduit de bout en bout les opérations militaires, politiques et diplomatiques des années 1947-1949, donc pensé et mis en œuvre les mesures visant à chasser les Palestiniens et à les empêcher de revenir. D'autant plus paradoxale apparaît, dans ces conditions, l'impression que donne malgré tout Benny Morris d'atténuer – après l'avoir mise en lumière – la responsabilité politique et morale du fondateur de l'État juif dans cette entreprise dont le Proche-Orient, Israël compris, paye encore lourdement les conséquences, un demi-siècle plus tard.

Dans son premier livre, *The Birth of the Palestinian Refugee Problem*, l'historien s'en tenait, s'agissant des responsabilités dans l'exode des Palestiniens, à une thèse « centriste » : *« Le problème palestinien*, assurait-il, *est né de la guerre, et non d'une intention, juive ou arabe. C'était une conséquence des peurs juives et arabes ainsi que des combats durs et prolongés qui caractérisèrent la première guerre judéo-arabe ; en plus petite partie, il s'est agi d'une création délibérée des hommes politiques et commandants militaires juifs et arabes* [2]. *»* Cette appréciation, il l'a néanmoins nuancée dans son deuxième livre, *1948 and After,* en concédant que le transfert a constitué *« un processus cumulatif, aux causes enchevêtrées, mais* [qu'] *il y eut un déclencheur majeur, un* coup de grâce [en français dans le texte], *en forme d'assaut de la Hagana, de l'Irgoun ou des Forces de défense d'Israël dans chaque localité*[3] *».* Sensible, cette évolution, d'un livre à l'autre, ne l'empêchera pas de continuer à récuser l'existence d'un plan d'expulsion conçu par les forces juives et singulièrement à disculper David Ben Gourion, président de l'Agence juive, puis Premier ministre et ministre de la Défense du jeune État d'Israël.

Comme l'a mis en lumière Norman G. Finkelstein, dans une explication de texte aussi brillante que polémique[4], ce double déni de Benny Morris paraît d'abord contredire... Benny Morris lui-même. Quiconque a lu ce que l'historien a écrit à ce sujet – en particulier sur le plan Dalet, mis en chantier à partir de la fin janvier 1948 et appliqué à partir de la fin mars – ne peut manquer d'en être frappé, tant la description des opérations militaires et des décisions politiques renvoie en permanence à une stratégie d'expulsion implicite.

Parfois même explicite. Ainsi, quand nous lisons sous la plume de Benny Morris – *voir chapitre trois* – que *« l'essence »* du plan D était *« de chasser toutes les forces hostiles et potentiellement hostiles de l'intérieur du territoire futur de l'État juif, d'établir une continuité territoriale entre les principales concentrations de population juive et d'assurer la sécurité des futures frontières avant l'invasion arabe attendue. Comme les irréguliers arabes étaient basés et cantonnés dans les villages, et comme les milices de nombreux villages participaient aux hostilités contre le Yichouv, la Hagana considérait la plupart des villages comme activement ou potentiellement hostiles*[5] *».* Ou quand, à la page suivante, il reconnaît que le plan D, sans donner un blanc-seing à l'expulsion de civils, représentait néanmoins, en cas de résistance à la Hagana, *« un ancrage stratégico-idéologique pour l'expulsion par les commandants de front, de district, de brigade et de bataillon »* auxquels il donnait « post facto *une couverture formelle et convaincante pour expliquer leurs actions ».* Benny Morris, en arrive à affirmer, à deux pages de distance, d'une part que *« le plan D n'était pas un plan politique d'expulsion des Arabes de Palestine »,* de l'autre que, *« à partir du début avril, il y a des traces claires d'une politique d'expulsion à la fois au niveau national et local en ce qui concerne certains districts et localités stratégiques-clés*[6] *»...*

« Expulsez-les ! »

À part le plan D, s'empresse d'ajouter l'historien, les archives ne révèlent aucun document attestant que les organismes dirigeants, civils et militaires, de la communauté juive de Palestine auraient décidé de chasser la population arabe. Certes, comme le dit le proverbe, les paroles s'envolent, les écrits restent. Mais les actes aussi demeurent. Dès le 7 février 1948, David Ben Gourion déclare aux responsables du Mapaï : *« Ce qui s'est passé à Jérusalem* [on n'y voit plus d'Arabes] *pourrait bien arriver dans de grandes parties du pays – si nous tenons bon.* [...] *Il est tout à fait possible que, dans les six, huit ou dix mois de la guerre se produisent de grands changements* [...] *et pas tous à notre détriment. Certainement il y aura de grands changements dans la composition de la population du pays*[7]*. »* C'est l'époque où, Benny Morris le note clairement, David Ben Gourion conçoit le plan Dalet, qui est mis en œuvre avec les conséquences que l'on sait. Non sans goût du paradoxe, il en tire d'ailleurs, début mai, les premières leçons devant le Conseil du peuple : les Arabes, explique-t-il, ont *« abandonné les villes très facilement, après la première défaite, bien qu'ils n'aient pas été confrontés* [...] *à un danger de destruction ou de massacre. Effectivement, cela a révélé avec une irrésistible clarté quel peuple est lié par des liens solides à ce pays*[8] *»*. Devant le spectacle de Jaffa vidée de sa population – après avoir, il est vrai, été lourdement bombardée par l'Irgoun –, Ben Gourion commente ingénument : *« Je ne pouvais pas comprendre : pourquoi les habitants de Jaffa sont-ils partis*[9] *? »*

En juillet 1948, c'est encore le Premier ministre personnellement qui ordonne l'opération de Lydda et Ramleh : *« Expulsez-les ! »*, répond-il à Igal Allon et Itzhak Rabin – ce dernier a raconté l'épisode dans ses *Mémoires*, mais le passage fut coupé par la censure israélienne, et c'est son traducteur en anglais, Peretz Kidron, qui prit sur lui de publier ce récit dans le *New York Times*[10]. L'ordre, précise Benny Morris, n'a pas fait l'objet d'un débat au sein du gouvernement israélien. Quelques jours auparavant, il est vrai, le 6 juillet, le Mapam avait obtenu qu'une instruction officielle du Quartier général interdise aux commandants de *« détruire, brûler et démolir des villes et villages arabes* [et] *d'expulser des habitants arabes des villages* [...] *sans une autorisation écrite ou une instruction explicite du ministre de la Défense dans chaque cas*[11] *»*... Cette directive, précise néanmoins

Benny Morris, n'a pas empêché Tsahal « *de continuer à raser des villages, apparemment avec l'approbation tacite de Ben Gourion. Les dirigeants du Mapam maintinrent un barrage de critiques et de questions tant au Parlement qu'au gouvernement, que Ben Gourion esquivait d'ordinaire en prétendant ignorer les faits ou en demandant aux critiques de fournir plus d'informations* [12] ».

Un petit retour en arrière s'impose ici sur la position complexe du partenaire du Mapaï au gouvernement, car elle explique pour une large part les pratiques quasi « clandestines » de David Ben Gourion en matière d'expulsion. Issu en janvier 1948 de la fusion d'un mouvement jusque-là favorable à un État binational judéo-arabe (Hachomer Hatzaïr) et d'un autre partisan du Grand Israël (Ahdout Haavoda), le Mapam s'est rapidement divisé sur la politique à suivre : dès avril, le débat y fait rage. Le 6 mai, Aharon Cohen, le chef du Département arabe du parti, tenant de la première thèse, affirme, dans un mémorandum, qu'« *une expulsion délibérée* [des Arabes] *se déroule* [...] *D'autres peuvent se réjouir – moi, en tant que socialiste, j'ai honte et je suis effrayé* [...] *En gagnant la guerre et en perdant la paix* [l'expression, étonnamment lucide, fera florès], *l'État d'Israël, lorsqu'il sera créé, vivra sur son épée* [13] ». Mais les membres du parti jouent un rôle essentiel dans les forces armées juives, notamment dans le Palmah, et, à ce titre, participent activement au transfert forcé des Palestiniens, voire à la « récupération » de leurs terres et de leurs biens. Certains dirigeants, tel Itzhak Ben-Aharon, couvrent ces derniers, au nom des impératifs militaires. Le 15 juin, le Comité politique tranche, dans une déclaration en onze points : le parti « *s'oppose à l'objectif d'expulsion des Arabes du territoire de l'État juif émergent* » ; propose que le gouvernement « *appelle les Arabes épris de paix à ne pas bouger* » ; s'oppose « *à la destruction des localités arabes* [...] *sauf* – nuance essentielle – *en cas de nécessité militaire* » ; et propose que le gouvernement appelle « *les citoyens arabes de l'État juif, la paix venue, à revenir à une vie de paix, de respect et de créativité* », et que leurs propriétés soient restituées aux réfugiés revenus [14].

« *Une fois cette position définie et rendue publique par le Mapam, toute approbation ouverte donnée par Ben Gourion ou par la majorité du cabinet à une politique de "transfert" aurait conduit à une rupture de la coalition* [15]. » C'est là une perspective que le Premier ministre écarte.

« Absorbé par la conduite d'un combat vital contre les États arabes, confronté à droite à une dissidence proche de la révolte et à un conflit ouvert avec l'armée, et soumis à une forte pression de la part de l'ONU et de puissances occidentales sur une série de questions cruciales, Ben Gourion – poursuit l'historien – *pouvait difficilement envisager que le cabinet se brise à la mi-1948. De plus, endosser et attacher son nom à une politique que les critiques contemporains et futurs pourraient traiter de moralement discutable allait contre la nature de Ben Gourion*[16]. » Victime de cette passe délicate, le Comité du transfert de Josef Weitz, dont la mise en place formelle n'est pas officiellement soumise au Conseil des ministres – il renaîtra néanmoins de ses cendres, cette fois officiellement, à la fin août, comme on l'a vu au chapitre 5. Pas question pour Ben Gourion, en revanche, de céder sur la question du retour. C'est en vain que, le 16 juin, le ministre de l'Agriculture Aharon Zisling (Mapam) lui reproche les destructions de villages arabes et se fait prophétique : « *Des centaines de milliers d'Arabes dépossédés* [...] *grandissent dans la haine et nous feront la guerre à travers tout le Moyen-Orient.* [...] *Ils porteront dans leur poitrine le désir de revanche, d'indemnisation et de retour*[17]. » Le Premier ministre n'en impose pas moins sa ligne au cabinet : les réfugiés ne reviendront pas, telle est la politique officielle d'Israël. Et pourtant les ministres n'ont pas voté : sinon, « *le Mapam aurait probablement été forcé de rompre la coalition, provoquant un affaissement de l'unité nationale et l'isolement du Mapaï dans le cabinet* ». Une situation d'autant plus périlleuse que « *les échelons supérieurs de l'armée et, à un moindre degré, de la bureaucratie civile du nouvel État en 1948 étaient largement occupés par les cadres du Mapam*[18] ».

« Qu'est-ce qu'ils font ici ? »

Un mois plus tard, la polémique rebondit à la suite de l'expulsion – indiscutablement forcée, celle-là – des Palestiniens de Lydda et de Ramleh, dont les principaux organisateurs, les généraux Igal Allon et Itzhak Rabin, appartiennent à l'aile Ahdout Haavoda du Mapam. Les anciens de l'Hachomer n'en condamnent que plus fermement leur comportement. Même Yaacov Hazan, pourtant membre du bureau du Fonds national juif (dont dépend Josef Weitz), déclare : « *Le vol, l'assassinat, l'expulsion et le viol des Arabes pourraient atteindre de telles proportions qu'il ne serait plus possible de les tolérer*[19] » – mais il hésite à quitter la coalition...

À la réunion du cabinet du 21 juillet, le ministre Aharon Zisling revient à la charge contre Ben Gourion, appuyé par Bechor Shitrit qui, en charge de la minorité arabe, est allé enquêter à Ramleh. Certes, peu après, le Premier ministre ne se gênera pas, devant les militants de son parti, pour railler l'hypocrisie de ce parti soi-disant marxiste qui dénonce des « activités » auxquelles ses militants, militaires du Palmah comme *kibboutznikim,* se livrent eux aussi : ainsi les membres du *kibboutz* Michmar Haemek, rappellera-t-il, « *ont fait face à une réalité cruelle et vu qu'il n'y avait qu'une voie, à savoir expulser les villageois arabes et brûler leurs villages. Et ils l'ont fait*[20] ». Mais la polémique est une chose, la politique une autre : d'où la mise en sommeil du Comité du transfert et l'interdiction signifiée officiellement par l'état-major de Tsahal aux commandants de front, de chasser la population arabe des villes conquises. Une feinte : c'est ainsi que tous les généraux ont interprété le message. « *Le seul qui prit le télégramme au pied de la lettre fut Haïm Laskov qui, supervisa la conquête de Nazareth. Quand Ben Gourion arriva à Nazareth et vit les Arabes, il demanda avec colère à Laskov : "Qu'est-ce qu'ils font ici ?"*[21] »

C'est encore David Ben Gourion qui, toujours en juillet 1948, inspire quasi-clandestinement l'opération de « délocalisation » des 3 500 Arabes (sur 85 000) restés à Haïfa, puis de destruction partielle de leurs anciens quartiers. C'est à l'occasion d'une visite, début mai 1948, qu'il expose « *son plan concernant l'avenir des Arabes de Haïfa : a) leur nombre n'excéderait pas 15 000 ; b) les deux tiers seraient chrétiens, un tiers musulmans ; c) tous les chrétiens seraient concentrés à Wadi Nisnas ; d) les musulmans seraient concentrés dans la banlieue de Wadi Salib*[22] ». Suivent deux mois de tractations avec les représentants de la communauté arabe. Le 1er juillet, l'état-major ordonne la réalisation de l'opération dans les cinq jours – il faut qu'elle soit terminée avant la trêve qui doit intervenir le 8. Impossible, dans ce délai, de la mener à bien « *de manière humaine* », écrit le journaliste Yosef Vashitz, le correspondant de *al-Hamishmar,* le quotidien du Mapam. D'autant que les principaux dirigeants arabes refusent catégoriquement : « *Je ne vois aucune raison, même militaire, qui nécessite une telle mesure,* s'écrie le communiste Tawfik Toubi. [...] *L'intention est de créer un ghetto arabe à Haïfa. Ce n'est pas ce qu'attendaient ceux qui sont restés ici et qui ont accepté le régime existant.* » Décontenancé, le major Amir rétorque : « *Je ne fais qu'appliquer des ordres* », et annonce qu'il va fournir les véhicules avec le carburant nécessaire – « *mais les gens paieront*[23] », précise-t-il... Les Arabes font alors appel au maire de Haïfa, Shabtai Levy qui, le 4 juillet, alerte le ministre Bechor Shitrit, lequel soumet immédiatement l'affaire au Conseil des ministres : « *Ben Gourion, responsable de l'armée en tant que ministre de la Défense, ignora apparemment la question*[24] », rapporte Benny Morris.

Shitrit répond donc à Levy qu'aucune décision n'a été prise pour l'instant. Erreur : le transfert est bel et bien réalisé, du 2 au 9 juillet, comme prévu, à ce détail prêt que le Comité pour les affaires arabes a dû finalement en prendre en charge le financement. Dès la fin juillet, l'opération Shikmona pourra commencer : la destruction – « *sans annonce préalable, processus légal ou promesse d'indemnisation*[25] » – des immeubles arabes jugés inappropriés pour reloger des immigrants juifs. À nouveau, le maire de Haïfa, qui n'avait pas été informé de ces démolitions, proteste auprès du ministre Shitrit, qui finit par s'adresser directement à Ben Gourion, le 1er septembre. « *Le ministre de la Défense répondit que ces affaires étaient du ressort de l'officier responsable des territoires* [arabes] *occupés*[26] » – or Haïfa appartenait bel et bien à l'État juif, et David Ben Gourion, comme ministre de la Défense, était responsable de l'ensemble de l'armée. La démarche de Bechor Shitrit aura néanmoins un résultat : le 8 septembre, le maire de Haïfa sera officiellement informé des destructions en cours... depuis six semaines !

La liste risque de devenir fastidieuse, car il n'est guère d'acte politique ou militaire, durant toute cette période qui s'étend entre le plan de partage et le dernier armistice (novembre 1947-juillet 1949), dont la responsabilité, directe ou indirecte, ne revienne au « Vieux ». Même l'ordre donné aux agriculteurs juifs, début mai 1948, de reprendre la culture des terres appartenant à des réfugiés arabes serait venu du chef du gouvernement, comme d'ailleurs l'autorisation signifiée aux soldats israéliens, en juin, de tirer sur les Palestiniens tentant de revenir sur leurs terres pour moissonner. Symboliquement et matériellement, Ben Gourion estime qu'il revient à Israël d'engranger le produit des semailles palestiniennes. Pire : si les Israéliens n'en ont pas les moyens, les cultures doivent être détruites !

Conclusion de Benny Morris : « *La moisson des champs arabes au début de l'été 1948 devint ainsi une étape majeure dans le processus d'acquisition par les juifs et d'expropriation des terres arabes palestiniennes abandonnées.*[27] » Car, dossier plus important encore, c'est le Premier ministre, et lui seul – à l'exclusion du gouvernement, on l'a vu dans le chapitre 5, qui couvre l'activité du fameux « Comité du transfert » et de son initiateur, Josef Weitz : il voulait, précise Benny Morris, « *que Weitz exécute le projet du "Comité du transfert", mais sans que son nom y soit mêlé ou cité comme source de l'autorité du comité. Le mieux serait que les "choses" se déroulent de manière spontanée – villages rasés, paysans tenus à distance de leurs champs, réfugiés empêchés de revenir et, effectivement, villageois expulsés – sans son* imprimatur *personnel. En cela,* répète Benny Morris, *Ben Gourion était probablement aussi sensible à la réputation du nouvel État juif qu'à son propre rang dans l'histoire. Mais il ne fait aucun doute qu'il était d'accord avec le plan de Weitz*[28]. » Il faudra attendre la dernière semaine d'août 1948 – soit huit mois après les premières « initiatives » du chef du département de la terre au Fonds national juif – pour que le Conseil des ministres officialise ce comité deuxième manière et entérine sa ligne : à cette date, 286 villages ont déjà été « évacués », dont 107 à l'extérieur des frontières prévues pour l'État juif par le plan de partage de l'ONU, et 300 000 hectares « abandonnés » par les Palestiniens...

Encore un épisode où s'exprime le talent linguistique du Premier ministre. À la veille d'une offensive israélienne en Galilée, en octobre 1948, Yaacov Riftin, secrétaire du Mapam, demande quel sera le sort de la population civile arabe. « *La réponse de Ben Gourion,* explique Benny Morris, *fut vague et trompeuse. Le 26 septembre 1948, il avait dit au cabinet que, si les combats devaient reprendre dans le nord, la Galilée deviendrait "propre" et "vide" d'Arabes*[29]. » Ce dessein survivra d'ailleurs à la guerre : ne verra-t-on pas, en janvier 1950, David Ben Gourion, alors en vacances à Tibériade, « *rencontrer Sharett, Weitz et d'autres officiels et décider d'évacuer les Arabes de Zakariya (en même temps que ceux de Majdal (Ashkelon) et de nombreux autres lieux "mais sans coercition"*[30] *?* »...

Bref, chacune des étapes marquantes de l'affrontement de 1947-1949 le démontre : le pouvoir, à l'époque, c'est David Ben Gourion et lui seul.

C'est avec lui que tout se décide, sur le plan militaire comme sur le plan civil, et le plus souvent sans la moindre consultation du gouvernement, *a fortiori* des partis qui y sont représentés. Le Mapaï a le sentiment, note Benny Morris, « *que la guerre et la politique à l'égard des Arabes à laquelle elle était inextricablement liée étaient le domaine légitime de Ben Gourion et du cabinet*[31] ». Quant au Mapam et à ses ministres, qui tentent vainement de s'opposer à cette gestion autoritaire, ils s'en plaignent amèrement. Le chef donne directement ses ordres à tout un chacun, et les « nouveaux historiens », à commencer par Benny Morris, en fournissent maintes preuves.

« Une seule fonction pour les Arabes : s'enfuir »

Dans ces conditions, l'absence, dans les archives, d'une décision formelle d'expulsion des Palestiniens prise par le gouvernement ou l'assemblée n'est, on en conviendra, guère probante – elle ne saurait servir de prétexte à une négation de l'expulsion. Et Benny Morris le sait fort bien, qui ne cesse, tout au long de *The Birth*, de nous mettre en garde contre la prudence des déclarations publiques du premier Premier ministre de l'État d'Israël. « *Ben Gourion a constamment pris ses distances en public avec les destructions de villages arabes et, plus généralement, avec tout ce qui le lierait à l'expulsion d'Arabes. Il était probablement plus motivé par le souci de sa place dans l'histoire, de l'image de lui-même et du nouvel État qu'il entendait donner à la postérité plutôt que par des craintes quant à l'unité de la coalition et à une possible rébellion du Mapam*[32]. » Racontant comment l'expulsion des Arabes de Saint-Jean-d'Acre fut stoppée, faute d'ordre écrit du Premier ministre, il ajoute : « *Et Ben Gourion a soigneusement évité, tout au long de 1948, de publier de tels ordres écrits*[33]. » Ce luxe de précautions vaut aussi, signale Benny Morris, pour « *l'état-major de la Hagana, où les officiers supérieurs, à l'exemple de Ben Gourion, répugnaient à publier ou approuver publiquement des ordres d'expulsion*[34]. » De même, à propos d'une lettre envoyée le 5 juin 1948 par Joseph Weitz afin d'obtenir la confirmation écrite de la mise en place du comité chargé de superviser la destruction des villages arabes, l'historien note : « *Weitz, bien sûr, se couvrait. Il savait que, sur ce sujet sensible, Ben*

Gourion préférait ne jamais rien coucher par écrit, et ne voulait pas risquer d'être accusé d'avoir agi sans autorisation politique[35] *»* – de fait, il ne recevra jamais la réponse attendue, mais cela ne l'empêchera pas de poursuivre sa besogne... Pareillement, Ben Gourion, lors du Conseil des ministres du 16 juin 1948, assure – on l'a vu – qu'il faut *« empêcher à tout prix »* les Arabes de revenir à Jaffa et ailleurs. Enfonçant le clou, il lance : *« Il n'y aura pas de retour pour eux après la guerre*[36] *»* – mais une note en fin de volume nous apprend, dans l'édition des œuvres de Ben Gourion, *« des versions abrégées de ce discours omettent l'opinion* [de celui-ci] *sur le barrage à opposer au retour des réfugiés*[37] *»*. L'historien signale une autocensure du même type dans le *Journal* qui, en date du 18 août 1948, « oublie » une réunion tenue dans son bureau, et où il fut question de la nécessité de détruire les villages arabes afin d'éviter que les réfugiés ne reviennent[38]. Certes, Benny Morris rapporte plus loin la fameuse phrase lâchée le 21 octobre 1948, lors d'un tête-à-tête avec Ezra Danin, un des responsables du Comité du transfert, et rapportée par celui-ci : *« Les Arabes de la Terre d'Israël, il ne leur reste qu'une fonction : s'enfuir*[39]. *»* Pareil cri du cœur est cependant rarissime.

« Ben Gourion, reconnaît Benny Morris, *voulait clairement que le moins d'Arabes possible demeurent dans l'État juif. Il espérait les voir partir. Il l'a dit à ses collègues et assistants dans des réunions en août, septembre et octobre. Mais aucune politique d'expulsion n'a jamais été énoncée et Ben Gourion s'est toujours abstenu d'émettre des ordres d'expulsion clairs ou écrits ; il préférait que ses généraux "comprennent" ce qu'il souhaitait les voir faire. Il entendait éviter d'être rabaissé dans l'histoire au rang de "grand expulseur" et ne voulait pas que le gouvernement israélien soit impliqué dans une politique moralement discutable. Et il entendait préserver l'unité nationale en temps de guerre*[40]. *»*

Que le fondateur de l'État d'Israël, mettant à profit l'impressionnante étendue de ses prérogatives, ait travaillé à élargir au maximum le territoire alloué par les Nations unies à l'État juif et à en réduire au minimum la population arabe relève en fait de l'évidence historique. D'autant que cette démarche s'inscrit dans la continuité de la pensée politique du président de l'Agence juive, comme Benny Morris le souligne dans l'importante étude qu'il a consacrée au soutien accordé de longue date par David Ben Gourion au projet de transfert[41]. En 1937, on l'a vu, face à l'extension de la révolte palestinienne, la Grande-Bretagne dépêche - comme en 1930 - une commission d'enquête, dirigée par Lord Peel. Conclusion : le mandat, jugé *« irréalisable »*, doit être remplacé par un partage de la Palestine en un État juif, un État arabe et une zone britannique. Et Lord Peel proposait, précise Benny Morris, *« un transfert (volontaire ou forcé) de la plus grande partie des populations arabes établies sur le territoire alloué à l'État juif vers le territoire attribué aux Arabes. Officiellement, il s'agissait d'un "échange de populations" (près de 1 250 Juifs étaient censés passer de l'État arabe au territoire de l'État juif) ; mais, en fait il s'agissait du transfert ou de l'expulsion massive des populations arabes*[42] *»*.

Au grand étonnement de nombre de ses collègues, et malgré la colère des sionistes « révisionnistes » de Vladimir Zeev Jabotinsky, Ben Gourion accepte le plan, à condition que le partage s'accompagne du transfert envisagé. Dans l'esprit du président de l'Agence juive, observe Benny Morris, *« le minuscule État juif proposé par Peel ne devait être qu'une "tête de pont" pour une future expansion juive en Palestine*[43] *»*. Et l'historien de préciser que le président de l'Agence juive est revenu fréquemment, en 1937-1938, sur le thème du transfert. Si ce dernier disparaît ensuite des débats du mouvement, c'est bien sûr en raison de l'enterrement du plan Peel, mais aussi, selon Benny Morris, parce que *« Ben Gourion avait compris que les discours superflus en faveur d'un transfert ne pouvaient que nuire aux objectifs du sionisme »*. Au point que lui-même et les autres dirigeants sionistes *« firent en sorte que leurs trop voyantes déclarations antérieures sur cette question fussent envoyées aux archives, voire effacées* [...] *Ces dernières années, les mêmes silences et le même souci d'effacer les traces de ces déclarations se sont insinuées dans l'historiographie sioniste, officielle et officieuse*[44] *»*. Dans un autre article qui fit grand bruit - d'autant qu'il était publié par le *Journal of Palestine Studies* -, Benny Morris a d'ailleurs dénoncé la falsification des archives sionistes sur 1948, en particulier concernant la question arabe[45]. Un an auparavant, dans le quotidien israélien *Haaretz*, il avait écrit : *« Les discours, débats, journaux et* memoranda *que les bureaucrates sionistes produisirent sont tous passés au tamis de la censure politique avant d'être publiés ; une grande proportion disparut ou fut déformée* [...] *Les historiens et les étudiants utilisant ces sources feraient bien de faire preuve d'un degré élevé de prudence*[46]. *»*

« Le transfert, une idée humaniste et sioniste importante »

Le cas le plus flagrant, que Benny Morris décortique, c'est celui de la brochure *Le 20e Congrès sioniste du 20 août 1937 et la 5e session du Conseil de l'Agence juive, Zurich, 3-21 août 1937, c.-r. sténographié* : le plaidoyer de David Ben Gourion en faveur du transfert y a été systématiquement gommé, mais on le retrouve... dans les archives sionistes centrales où sont réunis les sténogrammes de nombreux discours ! « *La puissance croissante du* [peuplement juif de Palestine] *accroîtra également notre capacité à mettre à exécution un transfert massif* », y déclarait le président de l'Agence juive. Et d'appeler ses camarades à se « *souvenir que cette démarche s'appuie sur une idée humaniste et sioniste importante : transférer une partie d'un peuple dans sa propre patrie et peupler des territoires inhabités* [dans les pays arabes][47] ». Ce projet tient suffisamment à cœur au leadership sioniste pour que Haïm Weizmann en fasse état, quatre ans plus tard, à l'ambassadeur soviétique à Londres, Ivan Maisky. Les archives Weizmann révèlent qu'à la suggestion faite par le Soviétique d'un échange de populations, « *le Dr Weizmann a dit que, s'il était possible de transférer un demi-million d'Arabes, deux millions de Juifs pourraient s'établir à leur place. Cela ne serait, évidemment, qu'une première étape. C'est l'histoire qui décidera ce qu'il adviendrait ensuite*[48] ». De même, suite à une proposition de John Philby, le conseiller britannique du roi Ibn Seoud d'Arabie Saoudite - la Palestine serait toute entière attribuée aux Juifs, qui collaboreraient à la constitution d'un grand État arabe unitaire –, David Ben Gourion rédige, le 15 octobre 1941, un long mémorandum formulant en détail ses propositions de transfert.

Sévère à l'égard de ses « anciens » collègues, l'historien les accuse de manipulation idéologique : « *Certains historiens qui, ces dernières années, s'appuient sur des protocoles officiels censurés, ou qui ignorent les protocoles originaux, affirment que les dirigeants du mouvement sioniste n'ont pas envisagé la question du transfert ; en tout cas pas sérieusement, ni souvent, ni surtout celle d'un transfert forcé ; et que, en fin de compte, ils n'en ont pas approuvé l'idée. Leur intention est claire. Les dirigeants sionistes, sous la direction de Ben Gourion, auraient délaissé l'idée d'un transfert dès la fin des années 30, et, dans les années 47-48, ils n'ont pas appuyé cette idée, ni ne l'ont mise en œuvre. C'est dire que l'exode arabe de 1948 n'était pas le résultat d'une idéologie du transfert, et que les dirigeants sionistes n'y avaient aucune responsabilité. Il nous semble que la vérité est différente et que les textes que nous avons cités le montrent clairement. Il est vrai que Ben Gourion avait pris ses précautions, aussi bien dans les années 30 que dans les années 40* [...] *mais cela n'implique pas que l'idée en avait été abandonnée* [...]. *Seule une historiographie "ancienne" et apologétique peut formuler de telles affirmations, une historiographie qui élude les documents et veille jalousement à effacer cette tache de la bannière du sionisme*[49]. »

Certes, nuance Benny Morris, les événements de 1948 ne furent pas « *la conséquence directe ni l'accomplissement d'un projet systématique qui devait réaliser le souhait d'un transfert chez les dirigeants du Yichouv dans les années 30 et 40. Ce n'est pas ainsi que les choses se sont déroulées.* » Toutefois, conclut-il, « *on ne peut pas comprendre ce qui s'est passé cette année-là, y compris l'expulsion massive des populations et le refus du retour des réfugiés sans comprendre également la pensée fondamentale des dirigeants du Yichouv, où l'idée du transfert occupait une position centrale*[50] ».

Cette chape de plomb n'a, en définitive, qu'un but : dissimuler le chaînon qui relie le projet de « transfert » caressé par David Ben Gourion à la fin des années 30 et la politique d'expulsion des Palestiniens qu'il a effectivement pratiquée en 1947-1949. Déjà, en 1990, dans sa préface à *1948 and After*, Benny Morris établissait un lien entre les positions défendues par le leader du Mapaï à la fin des années 30 et sa stratégie à la fin des années 40 : « *Dès 1937,* écrivait-il, *nous trouvons Ben Gourion (et la plupart des dirigeants sionistes) favorable à une solution du "problème arabe" par le "transfert"* [...] *Arrive 1948, avec les confusions et les déplacements de la guerre, et nous voyons Ben Gourion saisir rapidement l'occasion de "judaïser" l'État juif naissant. Certainement,* poursuit l'historien, *il comprenait les qualités requises pour un homme d'État – adhésion en paroles aux idées éclairées de la démocratie occidentale comme du socialisme humaniste et nécessité de dissimuler les traces de comportements que d'autres pourraient analyser comme immoraux ou impitoyables. Mais il comprenait aussi qu'on ne peut pas faire d'omelette sans casser des œufs, des œufs arabes. Ainsi il donna un "coup de pouce" à ses officiers et à ses officiels dans la bonne direction et, au cours de la bataille, l'essentiel du pays se vida de ses habitants originels*[51]. » Comment ? Toujours dans cette préface, Benny Morris met à nu le phénomène : *« Chacun, à un certain niveau de décision militaire et politique, comprenait qu'un État juif sans large minorité arabe serait plus fort et plus viable à la fois militairement et politiquement*[52]. »

Cinq ans plus tard, dans l'article cité plus haut, Benny Morris prend moins de gants : *« L'idée d'un échange de populations était présente à l'esprit de ces dirigeants (et Ben Gourion à leur tête) ainsi que des chefs militaires. Lorsque se produisit la crise de 1947-1948, et qu'elle devint une véritable guerre civile entre Juifs et Arabes palestiniens, puis un conflit généralisé avec les États arabes voisins, ces dirigeants et ces chefs militaires lui donnèrent forme, la mirent en œuvre et en firent une réalité, que ce soit consciemment ou dans le feu de l'action*[53]. »

« Sans que rien nous arrête... »

Benny Morris - dont il a surtout été question jusqu'ici car il fut un précurseur en la matière - n'est pas le seul à avoir raconté l'exode des Palestiniens. D'autres historiens s'y sont essayé, qui n'hésitèrent pas à incriminer un plan d'expulsion israélien et à en attribuer à David Ben Gourion l'essentiel de la conception et de la mise en œuvre. C'est bien sûr le cas du Palestinien Walid Khalidi qui, dans son « Master Plan for the Conquest of Palestine », déjà cité, y insistait dès 1961 : le plan Dalet servit de cadre aux offensives sionistes d'avril-mai 1948, qui, *« nécessitant la destruction de la grande masse des Arabes palestiniens, étaient calculées pour imposer le* fait accompli [en français dans le texte] *militaire sur lequel l'État d'Israël devait être fondé »*. Et de mettre en lumière l'escalade des forces armées juives contre la communauté palestinienne, à base de déracinement et d'expulsion. Professeur à l'Université de Haïfa, Ilan Pappé consacre à tous ces travaux un chapitre de son livre, *The Making of the Arab-Israeli Conflict, 1947-1951*. *« Le plan D,* conclut-il en prenant ses distances avec la prudence de Benny Morris, *peut être apprécié à beaucoup d'égards comme une stratégie d'expulsion. Ce plan n'a pas été conçu à l'improviste - l'expulsion était considérée comme un des nombreux moyens de représailles après les attaques arabes contre les convois et les implantations juifs ; elle n'en était pas moins perçue comme un des meilleurs moyens d'assurer la domination des Juifs dans les régions prises par l'armée israélienne*[54]. »

Le texte même du plan D ne laisse, à vrai dire, guère de doutes sur les intentions de David Ben Gourion et de ses amis. Il prévoit des « *opérations contre les centres de population ennemie situés au sein de notre système de défense ou à proximité afin d'empêcher qu'ils soient utilisés comme bases par une force armée active. Ces opérations peuvent être menées de la manière suivante : ou bien en détruisant les villages (en y mettant le feu, en les dynamitant et en déposant des mines dans leurs débris), et spécialement dans le cas de centres de population difficiles à maîtriser ; ou en montant des opérations de ratissage et de contrôle selon les lignes directrices suivantes : encerclement du village et enquête à l'intérieur. En cas de résistance, la force armée doit être anéantie et la population expulsée hors des frontières de l'État*[55] ».

Dans le troisième chapitre de *La naissance d'Israël. Mythes et réalités*[56], Simha Flapan fut, peu avant sa mort en 1987, le premier à proposer une approche similaire. Certes, écrit-il, « *les organismes de décision juifs officiels – le gouvernement provisoire, le Conseil national et l'Exécutif de l'Agence juive – n'ont ni discuté ni approuvé un projet d'expulsion, et toute proposition de ce type aurait rencontré une opposition et probablement été rejetée. Ces organismes étaient largement influencés par les partis sionistes libéraux, ouvriers progressistes et socialistes* ». De surcroît, « *devant l'Assemblée générale des Nations unies, l'Agence juive et le Yichouv avaient donné des assurances solennelles qu'ils respecteraient les droits des Palestiniens. Weizmann avait déclaré que "les Juifs n'allaient pas empiéter sur les droits et le territoire des Arabes"*[57] ». Pourtant, Flapan se doit de le constater : les archives, « *bien qu'elles ne révèlent pas de plan spécifique d'expulsion ou d'ordres précis dans ce sens, fournissent des preuves circonstancielles écrasantes montrant qu'une ligne a été mise en œuvre par la Hagana, et plus tard par les Forces de défense d'Israël, visant à réduire au minimum le nombre des Arabes dans l'État juif, et d'utiliser l'essentiel de leurs terres, de leurs propriétés et de leurs logements pour absorber la masse des immigrants juifs* ». L'ex-responsable du Mapam note, évidemment, qu'une partie des Palestiniens ont quitté leurs foyers volontairement, notamment ceux des milieux aisés. « *Mais des milliers d'autres, intimidés ou terrorisés, ont fui pris de panique, et d'autres encore ont été chassés par l'armée juive qui, sous la direction de Ben Gourion, a planifié et exécuté l'expulsion dans le sillage du plan de partage de l'ONU*[58]. » Bien sûr, rappelle Simha Flapan, « *Ben Gourion – comme les autres ministres – a critiqué publiquement les brutalités, les pillages, les viols et les assassinats commis au hasard. Mais, en privé,* poursuit-il, *il ne répugnait pas à exposer clairement sa vraie vision. Ainsi, le 19 décembre 1947, il demandait que "nous adoptions le système de la défense agressive ; à chaque attaque arabe, nous devons répondre par un coup décisif : la destruction de l'endroit ou l'expulsion des habitants en même temps que la prise des lieux". Il déclara : "Dans l'action* [...] *nous devons combattre fortement et cruellement, sans que rien ne nous arrête." Même sans ordres directs,* conclut sur ce point Flapan, *le but et l'esprit de cette politique réaliste étaient compris et acceptés par l'armée.* »

« *Que l'objectif final de Ben Gourion ait été d'évacuer le plus possible la population arabe de l'État juif ne peut guère être mis en doute, ne serait-ce que par la variété des moyens qu'il employa pour atteindre son but*[59]. » Longuement, le précurseur de la « nouvelle histoire » revient sur la guerre économique menée contre les fondements mêmes de la vie des Palestiniens. Et de citer le Premier ministre : « *L'objectif stratégique était de détruire les communautés urbaines, qui constituaient les sections les mieux organisées et les plus politiquement conscientes du peuple palestinien. Il ne fut pas atteint par un combat maison après maison dans les cités et les villes, mais par la conquête et la destruction des zones rurales entourant la plupart des villes. Cette technique entraîna la chute et la reddition de Haïfa, Jaffa, Tibériade, Safed, Beit Shean, Lydda, Ramleh, Majdal et Beersheba. Privées de transports, de nourriture et de matières premières, les communautés urbaines connurent un processus de désintégration, de chaos et de faim, qui les força à se rendre*[60]. » Puis Flapan examine, à son tour, le plan Dalet – dont il souligne qu'il prévoit « *la destruction de villages, la destruction d'armées ennemies, et, en cas d'opposition lors des perquisitions, l'expulsion de la population vers des ponts situés hors des frontières de l'État*[61] » – et s'étend sur le massacre de Deir Yassine *(voir chapitre 4)*.

« Je n'y vois rien d'immoral »

« David Shaltiel, le chef de la Hagana à Jérusalem, a condamné le massacre de civils arabes dans les termes les plus nets. Il accusa les groupes scissionnistes d'avoir, non pas lancé une opération militaire, mais choisi un des villages calmes de la région qui n'avait jamais été mêlé à aucune attaque depuis le début des hostilités. Mais, selon l'Irgoun, observe Flapan, *Shaltiel avait approuvé l'opération*[62]. » David Ben Gourion, lui aussi, réprouva vigoureusement le crime commis à Deir Yassine par l'Irgoun et le Lehi. Cependant, insiste Simha Flapan, *« il ne fit rien pour réfréner les actions indépendantes des armées juives clandestines »*. Et pourtant, ajoute-t-il, *« sa capacité à écraser les groupes terroristes par la force n'a jamais été vraiment mise en doute. Elles sera prouvée en juillet 1948 – après la proclamation de l'État – quand il donnera l'ordre de couler l'*Altalena[63] » affrété par Menahem Begin. Évidemment, note Simha Flapan, *« la Hagana, pour sa part, évita les massacres ouverts comme Deir Yassine, mais, à travers les destructions de biens, les persécutions et le colportage de rumeurs, elle n'était pas moins déterminée à expulser la population arabe et à empêcher son retour. De fait, à la fin de la guerre de 1947-1948, le nombre de villes et villages arabes incendiés, dynamités et minés par les Forces de défense d'Israël, situés sur le territoire alloué à l'État juif ou sur celui conquis au cours des combats, atteignait 350.* [...] *Exécutée avec une rigoureuse efficacité, l'opération était inexplicable car la plupart de ces villages n'étaient pas engagés dans des combats sérieux avec les forces juives*[64] ».

Comme les « nouveaux historiens » le feront, Simha Flapan revient également sur les expulsions massives de Lydda et de Ramleh comme sur les mesures prises pour barrer la route du retour aux réfugiés. Et, comme eux, il rapproche les prises de position du président de l'Agence juive de 1937 de la politique du Premier ministre de 1948 – et de rapporter cette déclaration faite, une semaine après la création du Comité du transfert, devant l'Agence juive : *« Je suis pour un transfert obligatoire ; je n'y vois rien d'immoral*[65]. » Plus : Ben Gourion, estime-t-il, *« poursuivit la politique visant à réduire le nombre d'Arabes en Israël même après que les traités d'armistice avec les États arabes ont été signés. L'expulsion par la force n'était plus possible, mais l'administration militaire possédait assez de moyens pour "persuader" de nombreux habitants arabes qu'ils préféreraient l'émigration à l'humiliation et aux tracasseries* [66] ».

Faut-il y voir la conséquence de son passé militant ? Simha Flapan, plus que d'autres historiens, s'efforce d'expliquer la faiblesse de l'opposition à la politique de David Ben Gourion, et notamment les contradictions du Mapam. Et il n'hésite pas à mettre en cause l'idéologie même qui alimenta, selon lui, la stratégie des dirigeants juifs. « *La vision du sionisme,* note-t-il, *ne laissait pas grand place aux aspirations arabes.* [...] *Pour la plupart des Juifs de Palestine, les Palestiniens arabes furent toujours marginaux, vivant hors de la société juive, même s'ils formaient la majorité. Leur présence ne fut ressentie que lorsqu'ils prirent les armes contre ce qu'ils considérèrent comme un empiétement sioniste sur leurs droits et leurs biens.* [...] *Et ce qu'ils considéraient comme une défense apparut dans la conscience sioniste comme l'intrusion de la violence dans l'effort pacifique des colons juifs.* [...] *La droiture qui permettait aux Juifs de défier les normes éthiques acceptées fut intensifiée par le fait qu'ils projetèrent sur les Arabes la colère et la volonté de vengeance qu'ils ressentaient à l'égard des nazis. Un processus facilité par la propagande qui dépeignait constamment les Arabes comme les disciples de Hitler* [67]. »

À preuve, ce discours tenu par Ben Gourion, le 8 juillet 1947, devant le Comité d'action sioniste à Zurich : « *Le but des attaques arabes contre le sionisme n'est pas le vol, la terreur ou l'arrêt de la croissance de l'entreprise sioniste, mais la destruction totale du Yichouv. Ce ne sont pas des adversaires politiques qui se dressent devant nous, mais les élèves, voire les maîtres de Hitler, qui affirment qu'il n'y a qu'une manière de résoudre la question juive – l'annihilation totale*[68]. » D'où la conviction affirmée par le fondateur d'Israël, selon laquelle « *les Arabes ne peuvent pas accepter l'existence d'Israël. Ceux qui l'acceptent ne sont pas normaux. La meilleure solution pour les Arabes d'Israël, c'est de s'en aller et de vivre dans les État arabes – dans le cadre d'un traité de paix ou d'un transfert* ». Pour Simha Flapan, « *cette vision reflétait l'attitude de longue date de la majorité des élites politiques et intellectuelles d'Israël et de la grande majorité des masses juives en Israël. Elle explique le petit nombre de voix qui ont protesté contre la destruction de villages arabes et l'éviction de leurs habitants* [69] ». Et de conclure : « *Le mythe d'un exode palestinien volontaire répondant à des "ordres d'en haut" a survécu avec une persévérance stupéfiante. Rétrospectivement, ce mythe peut être considéré comme le résultat inévitable de la négation du droit des Palestiniens à l'indépendance nationale et à un État, un principe qui a guidé, dès le début, la politique sioniste*[70]. »

De nos jours, nul ne croit plus à cette *« miraculeuse simplification du problème »* évoquée à l'époque par le premier président israélien, Haïm Weizmann[71], faisant mine de considérer la fuite des populations arabes comme « volontaire »...

Premier des « nouveaux historiens » - bien qu'il n'ait pas prétendu à ce titre -, Simha Flapan mérite qu'on lui laisse ici la conclusion. Car, au-delà de Ben Gourion, c'est le cours pris alors par la politique israélienne qui est en cause. *« Nul ne peut affirmer avec certitude qu'une politique sioniste différente aurait changé l'histoire de* [cette] *période. Il est toutefois important de savoir que, d'après les documents, des conditions existaient pour une politique alternative à l'égard des Arabes palestiniens. Une telle politique a été rejetée par la direction officielle juive, civile et militaire. Les raisons de ce rejet ne peuvent être recherchées que dans leurs dogmes idéologiques. L'incapacité à entreprendre des efforts en vue d'une mise en œuvre pacifique de la résolution des Nations unies a été payée au prix fort. L'État juif a finalement été créé, mais par une guerre coûteuse et désastreuse. Au lieu de gagner leur indépendance nationale, les Palestiniens sont devenus un peuple de réfugiés. En conséquence, le conflit est devenu plus profond et plus vaste, transformant le Proche-Orient en une zone d'instabilité, de violence et de guerre. De manière différente, les deux peuples paient aujourd'hui le prix de cet échec*[72]. »

Notes

1. Benny Morris, « L'Anguille et l'histoire », *Tikkun*, New York, janvier-février 1990.
2. Benny Morris, *The Birth of the Palestinian Refugee Problem, 1947-1949,* Cambridge University Press, 1987, p. 286.
3. Benny Morris, *1948 and After. Israel and the Palestinians,* Clarendon Press, Oxford, 1990, p. 32.
4. Norman G. Finkelstein, *Image and Reality of the Israel-Palestine Conflict,* Verso, Londres et New York, 1995, chapitre 3, pp. 51 à 82.
5. Benny Morris, *The Birth..., op. cit.*, p. 62.
6. *Ibidem*, pp. 62 à 64.

7. *Ibidem*, p. 52.

8. *Ibidem*, pp. 94 et 95.

9. *Ibidem*, p. 101.

10. *The New York Times*, 23 octobre 1979. On trouvera ce texte dans notre livre *Palestine 47 : un partage avorté*, Éditions Complexe, Bruxelles, 1987 et 1994.

11. Benny Morris, *The Birth...*, *op. cit.*, p. 163.

12. *Ibidem*, p. 164.

13. Cité par Benny Morris, *1948...*, *op. cit.*, p. 46.

14. *Ibidem*, p. 52.

15. *Ibidem*, p. 112.

16. *Ibidem*, p. 113.

17. *Ibidem*, pp. 51-52.

18. Benny Morris, *The Birth...*, *op. cit.*, p. 142.

19. Cité par Benny Morris, *1948...*, *op. cit.*, p. 53.

20. Benny Morris, *The Birth...*, *op. cit.*, p. 116.

21. Récit de Michel Bar-Zohar, le biographe de Ben Gourion, lors d'une émission de télévision israélienne, reproduit dans le quotidien israélien *Hadashot*, le 19 octobre 1986.

22. Cité par Benny Morris, *1948...*, *op. cit.*, p. 150.

23. Benny Morris, *1948...*, *op. cit.*, pp. 154-155.

24. *Ibidem*, p. 158.

25. *Ibidem*, p. 165.

26. *Ibidem*, p. 167.

27. *Ibidem*, p. 179.

28. *Ibidem*, p. 107.

29. Benny Morris, *The Birth...*, *op. cit.*, p. 218.

30. *Ibidem*, p. 250.

31. Benny Morris, *1948...*, *op. cit.*, p. 39.

32. Benny Morris, *The Birth...*, *op. cit.*, p. 165.

33. *Ibidem*, p. 110.

34. *Ibidem*, p. 131.

35. *Ibidem*, p. 137.

36. *Ibidem*, p. 141.

37. *Ibidem*, pp. 329-330 (note 24).

38. *Ibidem*, pp. 165 et 335 (note 40).

39. *Ibidem*, p. 218.

40. *Ibidem*, pp. 292-293.

41. Benny Morris, « Remarques sur l'historiographie sioniste de l'idée d'un transfert de populations en Palestine dans les années 1937-1944 », *in* « Les nouveaux enjeux de l'historiographie israélienne », édité par Florence Heymann, *Lettre d'information du Centre de recherche français de Jérusalem*, Jérusalem, n° 12, décembre 1995. On lira aussi avec intérêt le florilège de citations d'auteurs sionistes favorables au transfert, de 1891 à 1961, publié par la *Revue d'études palestiniennes*, Paris, n° 14, hiver 1998.

42. Benny Morris, « Remarques... », *op. cit.*, p. 52.

43. *Ibidem*, p. 53.

44. *Ibidem*, p. 54.

45. Benny Morris, « Falsifying the Record : A Fresh Look at Zionist Documentation of 1948 », *Journal of Palestine Studies*, publié par The University of California Press pour l'Institute for Palestine Studies et la Kuwait University, Berkeley, n° 95, vol. XXIV, 1995.

46. Benny Morris, « Comment les documents sionistes furent arrangés », *Haaretz*, Tel Aviv, 4 février 1994.

47. Benny Morris, « Remarques... », *op. cit.*, p. 56.

48. *Ibidem*, p. 58.
49. *Ibidem*, p. 65.
50. *Ibidem*, p. 66.
51. Benny Morris, *1948...*, *op. cit.*, p. 33.
52. *Ibidem*, p. 22.
53. Benny Morris, « Remarques... », *op. cit.*, p. 52.
54. Ilan Pappé, *The Making...*, *op. cit.*, p. 98.
55. *Ibidem*, p. 92.
56. Simha Flapan, *The Birth of Israel. Myths and Realities*, Croom Helm, Londres et Sydney, 1987.
57. *Ibidem*, p. 87.
58. *Ibidem*, p. 89.
59. *Ibidem*, p. 90.
60. *Ibidem*, pp. 92-93.
61. *Ibidem*, p. 93.
62. *Ibidem*, p. 94.
63. *Ibidem*, p. 95.
64. *Ibidem*, p. 96.
65. *Ibidem*, p. 103.
66. *Ibidem*, p. 106.
67. *Ibidem*, p. 98.
68. *Ibidem*.
69. *Ibidem*, p. 99.
70. *Ibidem*, p. 117.
71. Cité par Simha Flapan, *op. cit.*, p. 84.
72. *Ibidem*, pp. 78-79.

CHAPITRE VIII

AU CRIBLE DE L'ORTHODOXIE

« La "naissance du problème des réfugiés palestiniens" a attendu si longtemps son accouchement [delivery] *par un historien que le travail de Morris a été accueilli avec de grandes espérances. À l'examen, toutefois, celles-ci ont été déçues. Ce problème devra donc attendre encore une étude plus globale et plus honnête, digne de la grande tragédie humaine et nationale qu'il constitue. »* C'est ainsi que l'historien israélien Shabtaï Teveth conclut, dans la revue *Middle Eastern Studies,* une de ses répliques au pionnier de la révision de l'histoire israélienne[1].

Se plaçant en chef de file des « anciens » historiens, Teveth fut le premier - mais non le dernier, on le verra - à tenter de répondre aux « nouveaux », tout en rejetant d'ailleurs cette classification. Fidèle à la version officielle du fondateur de l'État d'Israël, auquel il a consacré une monumentale biographie en quatre volumes et selon lequel l'exode palestinien résultait, on s'en souvient, d'une « fuite » sur ordre *(voir chapitre 7),* Teveth entend démontrer que *« Morris a échoué à répondre à la principale question que son lecteur a en tête : la fuite des Arabes de Palestine reste enfouie dans le mystère, tout comme il y a plus de quarante ans, lorsque Ben Gourion notait dans son Journal après sa première visite dans Jaffa occupée par les Juifs (18 mai 1948) : "Je ne pouvais pas comprendre : pourquoi les habitants de Jaffa sont-ils partis ?"[2] »* [Cet incompréhensible départ, rappelons-le au passage, est le fait de la population d'une ville abandonnée par ses élites à l'exception de quelques dirigeants trop divisés pour organiser une véritable résistance, bombardée des jours durant et prise d'assaut par une Irgoun se targuant de ses faits d'armes à Deir Yassine...] Pour justifier cette thèse, Shabtaï Teveth passe au crible le livre de Benny Morris, s'efforçant d'en réfuter tant les méthodes que les conclusions. Son raisonnement énumère sept reproches majeurs.

Si Benny Morris s'avère incapable d'expliquer la « fuite » des Arabes, c'est – premier reproche, commun à tous les critiques, israéliens comme palestiniens, de *The Birth of the Palestinian Refugee Problem* – en raison de l'absence de sources arabes, indisponibles selon l'auteur, inutilisables parce que celui-ci ne maîtrise pas cette langue, selon ses adversaires. Il s'agit bien – Teveth a sans doute raison sur ce point – du *« talon d'Achille »* de l'historien, qui le prive, et avec lui le lecteur, de toute intelligence du versant arabe et palestinien de l'histoire : *« 90 % de toutes ses preuves – presque 100 % s'agissant de l'armée et de la politique israéliennes – sont tirées de sources israéliennes*[3] ». La distorsion a d'autant plus d'impact, explique Teveth, qu'elle se conjugue avec une tendance israélienne à l'*« auto-agrandissement »*, à l'exemple de l'appréciation par Menahem Begin du rôle de l'Irgoun – de Deir Yassine à Jaffa – dans les victoires juives du printemps 1948 *(voir chapitre 4).*

Dans les deux livres de Benny Morris, l'interprétation des deux premières vagues de l'exode palestinien repose largement – on l'a vu dans le chapitre 3 – sur un document des services de renseignement de l'armée. C'est le second reproche majeur de Shabtaï Teveth, qui met en doute l'authenticité de ce rapport. Selon lui, ce texte viendrait des archives de Aharon Cohen, un responsable du Mapam – qui sera condamné en 1960, ajoute-t-il, pour contacts illégaux avec des agents soviétiques[4]. De surcroît, ledit document aurait été postdaté de quinze jours : or, le 30 juin justement, le chef d'état-major des Forces de défense d'Israël, nouvellement créées, informe ses unités de la dissolution de l'ancienne Section arabe du Service d'information de la Hagana (Tene A) et de son remplacement par un service du même type rattaché à l'état-major de Tsahal (GHQ). La différence, insiste Teveth, c'est que le Mapam était très influent au sein du Service de renseignement de la Hagana, ce qui expliquerait le contenu du rapport – et, accessoirement, le fait qu'Aharon Cohen en ait reçu copie le lendemain de sa rédaction. La grille de lecture de l'Hachomer Hatzaïr, réputée plus sensible aux thèses arabes, serait donc à l'œuvre dans la nomenclature des raisons de l'exode présentée par le document, notamment les 55 % attribués aux actions de la Hagana comme les 15 % assignés à celles de l'Irgoun et du Lehi. Si le climat politico-idéologique dans lequel ce rapport est élaboré mérite, en effet, d'être noté, et doit inciter à une certaine prudence dans l'utilisation de ce document, il ne saurait néanmoins servir de prétexte pour en balayer d'un revers de main les analyses. Or, Teveth conteste et la validité du texte des services de renseignement, et l'interprétation qu'en fait Benny Morris. Après quoi il reproche à ce dernier... de lui tourner le dos en raison d'« *un motif politique caché* ». « *La tendance à accroître le rôle d'Israël dans l'"exode arabe" de Palestine et la création en conséquence du problème des réfugiés,* écrit Teveth, *devient de plus en plus évidente lorsque Morris se sépare des prétendus "Services de renseignement de Tsahal".* » Ceux-ci concluent, en effet, que « *sans aucun doute les hostilités ont été le facteur majeur dans le mouvement de migration* ». Cette appréciation – poursuit Teveth – n'est pas « *du goût* » de Benny Morris qui se fixe un objectif « *bien plus ambitieux : prouver (a) qu'une bonne partie de l'"exode arabe" était un transfert intentionnel, et (b) que ce transfert plongeait profondément ses racines dans la pensée sioniste* [5] ».

Après avoir contesté la périodisation de l'exode palestinien en cinq phases *(voir chapitre 3)*, qui « *cherche à minimiser l'effet des premiers 75 000* [départs] *et à maximiser les facteurs juifs* [6] », Shabtaï Teveth en vient à son troisième reproche essentiel. Benny Morris, on l'a noté, soutient n'avoir pas trouvé trace, sinon parfois au niveau local, des ordres qu'auraient donné les dirigeants arabes à la population palestinienne de quitter ses foyers, comme la version officielle de l'histoire, côté israélien, le prétendait. Erreur, assure Teveth. Et de citer le fameux discours de Ben Gourion à la Knesset, le 11 octobre 1961 : « *Nous avons,* déclarait alors le Premier ministre, *des documents explicites attestant qu'ils ont quitté la Palestine suivant les instructions des dirigeants arabes, le mufti en tête, dans l'hypothèse que l'invasion des armées arabes à l'expiration du mandat détruirait l'État juif et pousserait tous les Juifs, morts ou vifs, dans la mer.* » En fait, argumente l'historien, « *les "documents explicites"* [inconnus jusqu'ici – D.V.] *dont parlait Ben Gourion pourraient avoir été, selon toute probabilité, les documents des services de renseignement de la Hagana et des Forces de défense d'Israël portés à son attention et à celle du cabinet* [7] ». Sémantique, quand tu nous tiens...

Avant de revenir sur le rôle des dirigeants arabes dans l'exode palestinien, l'« ancien » historien assène son quatrième reproche : Benny Morris donnerait une vision déformée des rapports de force entre Juifs et Arabes, et *« présenterait Israël dès le début, non comme la fragile entité qu'il était, mais comme la "superpuissance" qu'il était destiné à devenir*[8] *»*. Dans *The Birth of the Palestinian Refugee Problem*, prétend Teveth, on ne trouve rien sur les 10 000 soldats égyptiens et leurs armements dont, à l'époque, les Forces de défense d'Israël étaient dépourvues ; rien sur la Légion arabe de Transjordanie, son équipement et son entraînement ; rien sur la puissante artillerie syrienne, etc. Si, dès janvier-mars 1948, *« le Yichouv était militairement* [...] *largement supérieur aux Arabes palestiniens »* et si en avril-mai *« cette supériorité militaire se manifestait*[9] *»*, comme l'assure Morris, pourquoi, demande Teveth, les deux principaux dirigeants de la Hagana, Israël Galili et Igal Yadin, se sont-ils prononcés, le 12 mai, en faveur de la proposition américaine visant à reporter la proclamation de l'État juif en échange d'un cessez-le-feu de trois mois ? Il est vrai, reconnaît-il cependant, que la supériorité, arabe dans les premières phases de la guerre, sera ensuite israélienne, du moins en nombre de soldats, Tsahal restant inférieure pour certains armements. Comment sinon, interroge-t-il, expliquer que les Juifs enregistrent, au cours de ce premier conflit, 6 200 morts sur une population de moins de 600 000 âmes, et les Palestiniens 13 000 – selon une appréciation arabe jugée excessive par les historiens militaires israéliens – sur un total de 1 300 000 âmes, soit un même pourcentage d'environ 1 % ? Autant de raisonnements qui se heurtent à la convergence de toutes les données disponibles, lesquelles, comme on l'a relevé dans le chapitre 2, démontrent sans conteste la supériorité quantitative et qualitative des forces juives sur les forces arabes, aussi bien dans la guerre civile de décembre 1947 à mai 1948, que dans la guerre tout court ensuite – sauf peut-être entre le 15 mai et le 11 juin 1948.

L'« effet domino » et ses trois motifs

Mais, pour Shabtaï Teveth, parler de « supériorité » de la Hagana a pour seul but de ridiculiser la thèse selon laquelle les Palestiniens auraient fui pour mieux revenir sur les traces des armées arabes victorieuses. Or telle demeure, pour l'historien, l'explication du départ des première et deuxième vagues. Six pages durant, il évoque tour à tour le départ des habitants des villes arabes tombées entre les mains de la Hagana même lorsque celle-ci les appelle à y rester, la désertion de dirigeants locaux et nationaux, l'évacuation volontaire des femmes, des enfants et des vieillards, l'acceptation des réfugiés par les États arabes, les cas de vingt villages où les dirigeants arabes donnèrent l'ordre de partir, l'effet de la chute de Haïfa sur Jaffa et Acre, etc. - autant d'exemples tirés d'ailleurs... du livre même de Benny Morris. *« Un facteur majeur dans l'exode depuis les villes était la dissolution et la fuite de la direction locale, civile et militaire, juste avant et pendant les batailles finales*[10] *»*, résume Teveth, qui s'interroge ensuite sur les raisons pour lesquelles les populations palestiniennes *« ont été laissées "seules" face à l'ennemi sioniste*[11] *».*

Plutôt que la lâcheté, l'historien invoque un dessein politique : les responsables auraient déserté en pensant que leur fuite correspondait à la ligne du mufti, soucieux d'aggraver la situation pour presser les États arabes d'intervenir. Pure supputation, puisque Teveth - pas plus que Ben Gourion - n'excipe la moindre preuve que le Haut comité arabe (HCA) aurait encouragé les Palestiniens à fuir, *a fortiori* les aurait officiellement appelés à le faire. Ce qui ne l'empêche pas d'affirmer : *« Si Morris avait voulu tirer l'inévitable conclusion de son propre compte rendu, il aurait admis qu'il y avait plus une "recommandation active" de la part du mufti et du HCA qu'une tacite résignation*[12]. *»* Ordonné par la direction arabe locale et souhaité par la population, l'exode de Haïfa, qui représente 10 % du total, *« mérite une attention centrale » :* ce fut, écrit Teveth en résumant Benny Morris, *« le déclencheur direct et la cause indirecte majeurs de la fuite consécutive des Arabes du district de Haïfa et d'autres régions du pays, y compris Jaffa, Acre et Safed*[13] *».* Et pourtant, au bas de la même page, il fait grief à Benny Morris d'ignorer les trois motifs de l'*« effet domino »*, à savoir *« la fuite des riches, l'évacuation des non-combattants et la désertion des dirigeants et des commandants ».* Et de conclure sur ce dernier point : *« Les dirigeants des Arabes de Palestine ont voté avec leurs pieds. Les ordres mêmes d'évacuation, quelle qu'en soit l'excuse, et l'exemple donné au peuple par les dirigeants et les commandants équivalaient à une indubitable directive de fuite. La déclaration de Ben Gourion à la Knesset, après tout, n'était au total pas trop loin de la vérité*[14]. *»*

Cinquième reproche : le concept de transfert, un « *mot clé* » utilisé « *de manière désinvolte* ». Shabtaï Teveth ne manque évidemment pas de souligner la contradiction dans laquelle se débat Benny Morris et que nous avons longuement analysée dans le chapitre précédent. D'un côté, en effet, le nouvel historien insiste sur l'absence de toute trace d'ordre formel d'expulsion des Palestiniens et, de l'autre, il souligne que les commandants de la Hagana, « *comme Ben Gourion, réalisaient qu'un transfert de la future minorité arabe de l'État juif émergent avait commencé et qu'avec un très petit effort supplémentaire ainsi qu'un coup de pouce de la part des forces juives, il pourrait être développé* ». Mais l'ancien historien tonne surtout contre l'« *inexcusable erreur* » commise par son plus jeune collègue lorsque ce dernier assure que le transfert des Arabes de Palestine vers d'autres pays arabes « *avait une base dans le courant principal de la pensée juive, sinon dans la planification actuelle, dès la fin des années 30 et les années 40*[15] ». Cette perspective, assure Teveth, n'a été envisagée dans un congrès sioniste qu'en réponse au plan de partage de la Palestine issu de la commission Peel le 7 juillet 1937, faisant état d'une « *documentation trop volumineuse pour être discutée ici, même en partie* » – on a noté, dans le précédent chapitre, ce qu'il en était de la manipulation de ces textes.

« *C'est dans le contexte de cette erreur,* poursuit-il, *que Morris introduit le scélérat de son morceau : Yosef Weitz*[16]. » Shabtaï Teveth consacre alors six pages à la réfutation de la « *légende* » créée par Benny Morris : à l'en croire, Weitz n'aurait été qu'un personnage de « *statut médiocre* » et sans influence, il n'aurait pris part qu'à la destruction de huit villages arabes, et Ben Gourion n'aurait accepté qu'un « *Comité d'étude du transfert de fait* ». À preuve, ajoute Teveth, le refus du Premier ministre de répondre par écrit aux demandes de Weitz. Prétendre, comme Benny Morris, que « *sur ce sujet sensible, Ben Gourion préférait ne jamais rien coucher par écrit, et ne voulait pas risquer d'être accusé d'avoir agi sans autorisation politique* » confine, lance Teveth, à l'« *aveuglement* ». « *La simple vérité,* poursuit-il, *c'est que Ben Gourion – tout en acceptant en principe un comité d'étude des possibilités de réinstallation des réfugiés dans les pays arabes, en vue des futures négociations de paix – rejeta sans autre forme de procès la demande de Weitz d'un Comité du transfert exécutif*[17]. » Mais la décision de chasser les communautés arabes en les intimidant, prise par Ben Gourion avec Weitz, le 29 septembre 1948, à la veille des opérations Yoav et Hiram ? Weitz affabule, répond en substance Teveth, prenant à témoin le Journal de... Ben Gourion. *« Aucun accord n'est intervenu, et aucune décision n'a été prise*[18] *»*, assure l'historien, qui affirme alors péremptoirement, sans réfuter aucun des récits d'expulsion rapportés par Benny Morris : *« La trêve a été rompue, la guerre a repris dans le sud et le nord, les Arabes ont fui les villages se trouvant dans la zone des combats, et il n'y a aucun rapport entre ce développement et la conversation Ben Gourion-Weitz du 29 septembre*[19]*. »* De même, Teveth soutient que le Comité du transfert très officiellement créé par le gouvernement israélien, en août 1948, *« n'était pas un comité permanent, avec le pouvoir d'expulser les Arabes de Palestine et de détruire leurs maisons, comme Morris nous induit à le croire à tort ; son rôle principal était plutôt de préparer la position d'Israël pour la conférence de paix, où un échange de population pourrait être suggéré : immigrants juifs (réfugiés) des pays arabes contre réfugiés arabes de Palestine* [sic][20] *»*...

Sur ce point aussi, l'article écrit par Benny Morris sous le titre « Falsifying the Record »[21] dessert gravement l'argumentation de Shabtaï Teveth. Le « nouvel historien » y démontre en effet comment la version publiée des Journaux de responsables politiques, en premier lieu Joseph Weitz, mais également David Ben Gourion, a été soigneusement expurgée de toute allusion explicite à l'expulsion des Arabes de Palestine. La censure – ou l'autocensure – porte en particulier sur... les rencontres entre le président du Comité du transfert et le Premier ministre. Prenons par exemple celle, déjà signalée *(voir chapitre 5)*, du 5 juin 1948 : alors que Weitz écrit à la main avoir informé Ben Gourion que son comité a d'ores et déjà commencé à *« détruire* [destroying] *des villages »*, la version imprimée parle d'*« améliorer* [improving] *des villages »* ! Quant au Journal du chef du gouvernement, s'il évoque l'idée d'un bataillon chargé de *« nettoyer ces villages, les cultiver et y installer* [des Juifs] *»*, on n'y trouve pas la moindre allusion aux trois actions-clés proposées par le Comité du transfert : la destruction des villages, la prévention des cultures et des moissons arabes, et l'achat de terres arabes destinées aux nouveaux immigrants. *« Si grand était le souci de Ben Gourion de ne pas laisser d'empreintes attestant de son implication dans les activités du comité* – écrit Benny Morris (*cf.* pp. 48 à 50) – *que, le 16 juin* [1948], *il rapporta dans son Journal la destruction* *récente ou en cours d'une série de villages arabes ("Mughar, près de Gedera, Fajja, Biyar Adeis* [...], *Miska* [...]"*), sans mentionner la source de l'information, qui était responsable et dans quel cadre la destruction était menée à bien.* » Il en ira de même de la rencontre décisive, on l'a vu dans le chapitre 5, du 18 août 1948. Pas un mot, dans le Journal du Premier ministre, de la proposition de Weitz de détruire des villages arabes et d'empêcher les moissons arabes...

Toujours soucieux de préserver le père fondateur d'Israël, Shabtaï Teveth adresse un sixième reproche à Benny Morris : avoir falsifié les rapports entre David Ben Gourion et ses généraux. Le Premier ministre – estimait, on s'en souvient, le nouvel historien *(voir chapitre précédent)* – s'est toujours abstenu de formuler un ordre écrit d'expulsion de Palestiniens ou de destruction de village arabe : il comptait sur les commandants de la Hagana, à tous les niveaux, pour comprendre que telle était bien la ligne à suivre. Scandalisé, Teveth réplique : « *La preuve que Morris peut offrir, et offre pour soutenir cette assertion est zéro* [22]. » Certes, le chef du gouvernement a bien lâché un jour que « *les Arabes de la Terre d'Israël, il ne leur reste qu'une fonction : s'enfuir* [23] ». Mais, lors de ses inspections sur le terrain, en compagnie du général Moshe Carmel (au Nord) comme du général Igal Allon (au Sud), il s'est contenté d'« *espérer* » le départ des Arabes, sans jamais le provoquer. Et de s'appuyer sur la fameuse directive du 6 juillet 1948 interdisant toute destruction comme toute expulsion « *sans permission spéciale ou instruction explicite* » du ministre de la Défense. Benny Morris, poursuit Teveth, « *ne peut se résoudre à excuser Ben Gourion pour cet ordre qui contrarie sa caractérisation et son interprétation* [24] » du leader juif. Cette circulaire n'a rien de la « *réponse politique à contrecœur à la pression politique* » que décrit Benny Morris, accusé de n'être « *ni informé sur ni intéressé par l'énergique combat de Ben Gourion pour faire respecter la discipline militaire dans une armée nouvellement créée à partir de la clandestinité et même de groupes terroristes* [25] ».

Suit un long passage de défense et illustration de David Ben Gourion. Loin d'avoir couvert les exactions de ses soldats, le ministre de la Défense serait personnellement intervenu pour les faire condamner – la seule intervention citée concerne des pillages. Il aurait également sauvé les Arabes de Nazareth de l'expulsion prévue par Moshe Carmel. Contrairement au compte-rendu du Conseil des ministres du 7 novembre donné par Morris, il aurait été *« choqué »* par le récit des atrocités commises par les Forces de défense d'Israël lors de l'opération Hiram – à preuve... son Journal. Quant à la réunion de cabinet du 26 septembre, à la veille de la rupture de la seconde trêve, elle fait l'objet de *« déformations sauvages »* [sic]. Le lecteur en jugera, s'il veut bien suivre l'historien dans ses arguties : Ben Gourion, selon Morris, *« a dit au cabinet que, si les combats reprenaient dans le nord, la Galilée serait "nettoyée"* (naki) *et "vide"* (reik) *d'Arabes, et a suggéré que ses généraux lui en auraient donné l'assurance ». « Il n'y a pas un seul mot de vrai dans tout ce passage »*, s'indigne Teveth, qui cite les minutes de la réunion : *« Ben Gourion : Ce qu'ils ont dit – en guise de dot, nous vous donnons une Galilée vide* (reik) *– ce n'est pas possible sans* [reprise de la] *guerre. C'est une Galilée pleine, et non une Galilée vide. C'est pourquoi, si la guerre devait être reprise dans tout le pays* [...] *la Galilée serait nettoyée* (naki)[26]. » Toute la nuance réside, à en croire Teveth, dans la définition du « ils » : ce ne sont pas les généraux, explique-t-il, mais le comte Bernadotte et son adjoint Ralph Bunche. Autrement dit, les représentants des Nations unies auraient poussé le gouvernement israélien... à rompre la trêve !

Délégitimer le sionisme ?

Shabtaï Teveth atteint un sommet dans l'art dialectique à propos des Palestiniens de Lydda et de Ramleh[27]. Benny Morris, on s'en souvient, raconte comment, interrogé par Igal Allon et Itzhak Rabin sur ce qu'il convenait de faire d'eux, le Premier ministre *« fit de la main un geste énergique de rejet et dit "Expulsez-les* [garesh otam]*" »*. Ce faisant, le nouvel historien écarte – précise Teveth – la version de Arieh Yitzhaqi, longtemps directeur des archives de la section historique de l'état-major des Forces de défense d'Israël. Pour ce dernier, en effet, *« Ben Gourion n'a pas dit "Expulsez-les", mais seulement fait un geste signifiant "Expulsez-les" »*. En fait, Morris se fonde sur la biographie du fondateur d'Israël rédigée par Michael Bar-Zohar, lequel *« cite comme source une interview de Rabin, mais peut-on être sûr qu'il n'a pas mal interprété Rabin*[28] *? »* Certes, dans un passage censuré de ses *Mémoires*, publié par le *New York*

Times, Rabin relate que « *B. G. a fait un signe de la main qui disait "chassez-les !"* ». Toutefois, révèle Teveth, Rabin a démenti cette version à trois reprises. D'ailleurs, la vérité se trouve, comme toujours, dans le Journal de Ben Gourion : « *À mon avis, lorsqu'ils* [les Arabes] *s'enfuient – il n'y a pas besoin de leur courir après* [de les prier de rester – S.T.]. *Mais c'est une autre affaire s'agissant d'habitants qui restent sur place et que nos troupes chassent. Il est possible d'empêcher cela, ce n'est pas nécessaire de les expulser. À Lydda et Ramleh, des ordres explicites ont été donnés de ne pas expulser les habitants, et on a appris qu'ils avaient été expulsés.* » Conclusion de Shabtaï Teveth : « *Le geste de Ben Gourion aurait donc pu être interprété de plus d'une manière, son mécontentement étant l'une d'elles.* »

Le septième – et ultime – reproche est de nature plus générale. Certes, reconnaît Shabtaï Teveth, l'introduction de *The Birth of the Palestinian Refugee Problem* souligne le désir des Arabes de détruire l'État juif, mais le lecteur perd vite de vue cette toile de fond, si bien que « *de la manière dont Morris la raconte, les Juifs sont responsables de la guerre* [29] ». À l'en croire, les récits commencent toujours par une action juive, après quoi l'action arabe qui a provoqué celle-ci est évoquée – quand elle l'est. La Hagana, puis les Forces de défense d'Israël, seraient présentées comme attaquant de paisibles villages arabes. L'analyse sous-estimerait la puissance de feu de l'Armée de Libération de Qawuqji, équipée de canons qui faisaient alors défaut à la Hagana – une preuve de plus de la fausseté de la thèse de la supériorité des forces juives sur leurs ennemis. Teveth s'en prend enfin au compte-rendu donné par Benny Morris de l'opération Yoav, et en particulier aux prétendues attaques aériennes contre des communautés arabes – il s'agissait, rétorque l'historien orthodoxe, de « *bases opérationnelles et logistiques* » pour l'armée égyptienne. « *Les Forces de défense d'Israël étaient si mal équipées, même en octobre, que même si elles avaient été enclines à attaquer des communautés civiles, leurs contraintes logistiques l'auraient exclu* [30]. »

Dans sa préface à *1948 and After*, Benny Morris répond à nombre des arguments de Shabtaï Teveth. Après avoir réfuté l'accusation de sympathies propalestiniennes – « *La nouvelle historiographie, pour ce qui me concerne, n'a aucun but politique.* [...] *J'ai tenté de décrire et d'expliquer comment le problème des réfugiés a été créé. Je n'ai manifesté de sympathie pour aucun côté* [...] *Je n'ai pas essayé ni eu pour but de délégitimer le sionisme, que j'estime aussi légitime comme mouvement national que tout autre*[31] » –, l'historien s'en prend à l'analyse de l'exode par son aîné. Alors que Morris insiste sur le caractère complexe, multicausal, du phénomène, Teveth s'en tient à un seul facteur : l'ordre – ou l'exemple – donné par les dirigeants arabes. « *En réfutant,* souligne-t-il, *l'explication par une cause unique de Teveth (les "ordres arabes") de l'exode jusqu'au 15 mai, j'ai remarqué qu'il n'y a simplement aucune preuve à l'appui de cette thèse, et que le seul document que Teveth est capable de citer, le rapport de la Hagana en date du 24 avril, fait explicitement référence à des "rumeurs" ainsi qu'à un ordre donné "à plusieurs localités" (et non à un ordre global "aux Arabes de Palestine").* [...] *Le fait est que c'est le contraire qui se produisit : les services de renseignement de la Hagana et les missions diplomatiques occidentales au Moyen-Orient, à cette époque, autour du 5-6 mai 1948, apprirent, enregistrèrent et citèrent des ordres et appels arabes (du roi Abdallah, du commandant de l'Armée de libération* [du Secours] *arabe Fawzi Qawuqji et de la radio de Damas) aux Arabes de Palestine leur demandant de demeurer dans leurs foyers, ou, s'ils étaient déjà exilés, de retourner en Palestine*[32]. »

Outre l'absence totale de preuve, ajoute Morris, l'interprétation de Teveth contredit totalement « *la chronologie, qui est incontournable. Il y eut presque toujours correspondance univoque entre les attaques juives contre tels villages et telles villes, et la fuite des Arabes de ces villages et de ces villes*[33] ». Et de citer l'attaque de Tibériade le 17 avril, suivie du départ de sa population arabe le 18 ; la prise de Haïfa les 21 et 22 avril, et l'exode de la plupart de ses 70 000 habitants du 22 avril au 1er mai ; l'assaut de l'Irgoun contre Jaffa du 25 au 27 avril, et la fuite du gros de ses 70 000-80 000 habitants du 25 avril au 13 mai ; *idem* à Safed, conquise les 9-10 mai et désertée le 10 mai ; la Galilée orientale tombe entre le 2 et le 25 mai, et les villageois décampent aux mêmes dates, etc. « *Il n'y a pas eu d'ordres ou de séries d'ordres ni d'exode coordonné et unifié de Palestine autour d'une date précise : il s'est agi d'un processus cumulatif, aux causes entremêlées, mais avec un déclencheur essentiel, un* coup de grâce [en français dans le texte] – *l'assaut de la Hagana, de l'Irgoun ou des forces de défense d'Israël dans chaque localité*[34]. » Au passage, Benny Morris maintient sa périodisation, parce qu'elle reflète, explique-t-il, les différentes phases de la guerre. Il persiste également dans son appréciation de la *« nette »* supériorité militaire du Yichouv, qui *« permit à la Hagana, quand elle prit l'offensive, d'écraser les milices palestiniennes en une série d'offensives brèves – et sans effusion de sang – en avril-mai 1948*[35] *»*. De même, insiste-t-il, chiffres à l'appui, les Forces de défense d'Israël étaient plus fortes que les armées arabes qui envahirent la Palestine, aussi bien en effectifs, en entraînement et en qualité du commandement que *« dans la plupart des catégories d'armement (sauf dans les trois semaines critiques entre le 15 mai et le 11 juin)*[36] *»*.

Quant au portrait de David Ben Gourion, Benny Morris raille celui, dépeint par Teveth, d'une *« figure paternelle et bienveillante »*, en qui seule l'invasion arabe du 15 mai aurait éveillé quelque animosité à l'égard des Palestiniens. Faux, rétorque-t-il : *« Ben Gourion comprit très tôt que la minorité arabe future représentait une menace majeure, existentielle pour l'État juif à venir ; et il comprit, au moins dès la moitié des années 30 (comme Teveth le décrit dans son propre* Ben Gourion et les Arabes de Palestine*), que les Palestiniens étaient implacablement opposés à l'émergence d'un État juif en Palestine et qu'ils y résisteraient jusqu'au bout. Ainsi, dès 1937, trouvons-nous Ben Gourion (et la plupart des autres dirigeants sionistes) favorable à une solution de "transfert" du "problème palestinien" »*, assure Benny Morris qui, sur ce point encore, renvoie au livre de... Shabtaï Teveth ! *« Vient 1948, et les confusions et les déplacements de la guerre, nous voyons Ben Gourion saisir rapidement l'occasion de "judaïser" l'État juif émergent.* [...] *Mais il comprit aussi qu'on ne pouvait pas faire d'omelette sans casser des œufs, des œufs arabes. Ainsi donna-t-il à ses officiers et officiels un coup de coude dans la bonne direction et, dans le feu de la bataille, le gros du pays se vida de ses habitants arabes originels*[37]*. »*

La collusion judéo-jordanienne, postulat simpliste

D'autres opposants aux « nouveaux historiens », sans contester l'approche globale de ces derniers, en critiquent tel ou tel aspect. C'est le cas d'Avraham Sela, qui discute surtout la notion de « collusion » entre les dirigeants juifs et transjordaniens - la remarque vise ouvertement Avi Shlaïm, dont l'œuvre majeure, on s'en souvient, s'intitule *Collusion Across the Jordan (voir chapitre 2).* En ouverture d'un long article, intitulé « Transjordan, Israel and the 1948 War : Myth, Historiography and Reality » et publié - comme celui de Shabtaï Teveth - par la revue *Middle Eastern Studies*[38], Sela écrit : « *Les guerres génèrent leurs propres mythes politiques, et la guerre israélo-arabe de 1948 ne fait pas exception. Un mythe politique central engendré par cette guerre concerne l'accord secret sur le partage de la Palestine entre la direction du Yichouv et le gouvernement israélien d'un côté, et le roi Abdallah de Jordanie de l'autre*[39]. » Rarement mythe, en l'occurrence, est apparu de prime abord aussi fondé historiquement. Avraham Sela lui-même, au fil de son texte, reconnaît la réalité des contacts entre l'Agence juive et l'émir Abdallah avant la Seconde Guerre mondiale, de l'accord non écrit passé par celui-ci avec Golda Meyerson le 17 novembre 1947 et enfin du feu vert donné par Londres, en février 1948, à l'occupation du territoire alloué à l'État arabe de Palestine - à condition que celui de l'État juif ne soit pas attaqué par la Légion arabe. De fait, concède encore Sela, jamais (ou presque) la Légion arabe, tout au long des combats, n'intervint en territoire juif[40] ; les batailles, acharnées, de Kfar Etzion et de Latroun se déroulent en territoire arabe. En revanche, les forces armées juives n'hésiteront pas, dès le début 1948 et jusqu'à la fin de la guerre, à intervenir sur le territoire arabe promis à Abdallah, notamment à la mi-juillet, avec la prise de Lydda et de Ramleh. Toutefois David Ben Gourion, bien que tenté de s'emparer de la Cisjordanie, n'ira pas jusqu'à remettre en cause ce nouveau partage de la Palestine entre Israël et la Transjordanie : non seulement le plan Bernadotte officialisera celui-ci en juin 1948, mais l'accord d'armistice israélo-jordanien l'entérinera, selon des frontières tenant compte, il est vrai, des territoires conquis par l'État juif.

C'est donc moins sur le terrain des faits - indéniables - que de leur interprétation que se situe la problématique de Sela. « *La guerre,* remarque-t-il en conclusion de son essai, *est l'un des phénomènes les plus complexes et les plus confus de l'histoire humaine.* » *A fortiori* celle-là, qui concerne « *des États naissants – institutionnellement faibles et inexpérimentés dans l'art de la guerre et les relations internationales –, des organisations informelles, locales comme étrangères, et des grandes puissances cherchant à assurer leurs intérêts outre-mer*[41] ». Dans ces conditions, « *on peut certainement comprendre la tendance à proposer une approche déterministe qui fournit une explication globale et conspirative du résultat de la guerre – particulièrement si elle sert un but politique ou idéologique. Toutefois,* poursuit Sela, *en tant que grille pour l'historien, cette tendance recèle bien des dangers, même si l'argumentation repose sur des faits et des témoignages historiques. Cela vaut en particulier pour le postulat simpliste de la "collusion" mis en avant pour expliquer le tissu complexe et confus des relations entre Israel et la Transjordanie durant la guerre de 1948.* [...] *Cette approche ignore les objectifs et intérêts contradictoires des acteurs opérant dans l'arène politique et militaire ; les décisions découlant d'erreurs, de ruptures de communication, et de tensions entre hommes politiques et militaires comme entre personnel de commandement supérieur et niveaux du terrain*[42]. »

Avraham Sela s'efforce donc de montrer que le cours de la guerre – et notamment la retenue dont firent preuve la Légion arabe ainsi qu'à un moindre degré l'armée israélienne – ne découla pas de la simple mise en œuvre de l'accord intervenu entre les directions israélienne et transjordanienne. Il résulta plutôt des contradictions dans lesquelles chacune se retrouva prise à chaque étape. Si Abdallah s'est engagé à ne pas attaquer l'État juif, il doit compter avec les pressions bellicistes d'une opinion populaire radicalisée par l'expulsion des Palestiniens, mais aussi celles d'États arabes rivaux décidés à l'empêcher de mettre la main sur la Cisjordanie et d'avancer de la sorte vers la Grande Syrie dont il rêve. À l'inverse, le roi ne peut ignorer les avertissements répétés de Londres qui, en cas d'offensive contre le territoire juif de la part de la Légion arabe, menace de couper les vivres à celle-ci et d'en retirer tous les officiers britanniques ; de surcroît, plus le rapport des forces s'affirme favorable à Israël, et plus Abdallah redoute de sortir vaincu d'un affrontement avec Tsahal à laquelle il risquerait d'offrir ainsi le prétexte d'une conquête de la Cisjordanie. David Ben Gourion non plus n'a pas le champ libre. La supériorité militaire des forces juives ne l'empêche pas, dans les six premiers mois de 1948, de craindre une Légion arabe beaucoup mieux équipée, entraînée et encadrée que les autres armées arabes. Lorsque, plus tard, le Premier ministre israélien sera militairement sûr de pouvoir bousculer la

Légion arabe et prendre sans coup férir la Rive occidentale du Jourdain, des considérations diplomatiques l'en dissuaderont : une telle opération aurait dangereusement isolé le jeune État juif et lui aurait en particulier aliéné le soutien des États-Unis, voire de l'Union soviétique. En outre, à l'automne, la priorité a changé : Israël va rompre la trêve pour écraser les Égyptiens et faire main basse sur un Néguev que le plan de feu Bernadotte promet aux Arabes en échange de la Galilée.

Jérusalem est en fait le seul terrain où Israéliens et Transjordaniens peuvent se mesurer. La ville ne fait partie ni de l'État juif ni de l'État arabe créés par les Nations unies, qui lui ont donné un statut international. Elle n'a pas fait l'objet d'un accord entre Abdallah et Golda Meyerson - ceux-ci ne l'évoqueront même pas lors de leur ultime rencontre, dans la nuit du 10 au 11 mai 1948. Et pourtant le commandement de la Légion arabe repoussa l'heure de l'affrontement jusqu'au 19 mai : *« Glubb,* écrit Avraham Sela, *ne pouvait plus repousser les pressions du roi, du gouvernement et de l'opinion publique, ni faire face au mécontentement des soldats et des officiers de la Légion arabe, qui étaient au bord de la mutinerie*[43]. *»* Dans la ville, la situation est inextricable : si les Israéliens l'emportent depuis le printemps 1948 dans les quartiers périphériques et menacent la vieille ville, au sein de cette dernière le quartier juif est assiégé par les Arabes - il finira par tomber le 28 mai. De même, la route Tel Aviv-Jérusalem sera presque toujours bloquée jusqu'en juillet, malgré d'innombrables opérations de la Hagana, puis des Forces de défense d'Israël - début juin, toutefois, celles-ci entreprendront de paver un chemin entièrement sous leur contrôle, dit « Route de Birmanie », qui permettra de ravitailler la ville juive. Jordaniens et Israéliens vont donc se disputer à la fois des positions commandant le contrôle de la vieille ville (Mont Scopus et Mont des Oliviers, portes de Sion et de Damas, quartiers de Sheikh Jarrah, Mea Shearim, Musrara et Notre-Dame) et des voies d'accès (depuis Tel Aviv, mais aussi Jéricho, Ramallah et Hébron). Le choc fut souvent rude, mais jamais il ne dégénéra en bain de sang - et jamais l'un ou l'autre des protagonistes, quand bien même il l'aurait peut-être pu, ne tenta de s'emparer de l'ensemble de la cité. Toutefois, à Jérusalem comme ailleurs, conclut Sela, *« ce qui pourrait apparaître comme une stratégie de guerre limitée adoptée intentionnellement fut, jusqu'à la fin des batailles des Dix jours* [9-18 juillet 1948], *un cycle d'actions dictées par des nécessités stratégiques, des contraintes* *politiques, des limitations de forces et des revers militaires plutôt que par une retenue délibérée et volontaire.* [...] *Quand le pays fut finalement divisé* de facto *entre la Transjordanie et Israël, ce ne fut pas parce que les deux parties s'en tenaient aux éléments de leur accord antérieur ; cela découla de la réalité politique et militaire qu'Israël fut contraint d'accepter, malgré l'effondrement de l'accord non écrit avec Abdallah, et de son net avantage militaire*[44] *».*

Autant l'analyse d'Avraham Sela mérite, par sa finesse, d'être retenue, autant la critique qu'il adresse sur cette base aux nouveaux historiens, et en particulier à Avi Shlaïm, manque de pertinence. Tel Don Quichotte, il part en guerre contre des moulins à vent : nul – et surtout pas Shlaïm, on l'a vu dans le chapitre 2 – ne défend la thèse absurde selon laquelle, au cours des différentes phases de la guerre israélo-arabe, Israéliens et Transjordaniens auraient purement et simplement mis en œuvre leur accord antérieur, indépendamment des circonstances du moment. Au contraire, une lecture attentive de *Collusion Across the Jordan* suffit pour y retrouver l'essentiel des nuances suggérées, plus tard, par Avraham Sela. À la fin du chapitre 7, avant d'aborder l'intervention des armées arabes, Shlaïm écrit on ne peut plus clairement : *« À ce moment critique, alors que la Grande-Bretagne avait renoncé au mandat sur la Palestine, l'accord secret qu'Abdallah avait conclu avec Ernest Bevin grâce aux bons offices de son Premier ministre, Palestinien de naissance, paraissait sur le point d'être submergé par le* momentum *de l'invasion et la volonté populaire arabe de faire la guerre aux sionistes et de libérer l'ensemble de la Palestine. L'état d'esprit des Juifs était aussi agressif et fermé à tout compromis ; ils avaient proclamé leur État indépendant et étaient déterminés à combattre pour lui, quoi qu'il arrive. C'était un ultimatum que Mme Meïr était allée transmettre au roi Abdallah.* [...] *L'accord entre Hachémites et sionistes, en gestation depuis trente ans, disparaissait au milieu d'amères récriminations. Cinq armées arabes étaient en mouvement, anéantissant l'espoir d'un partage pacifique de la Palestine qui se trouvait au cœur de cet accord. Le sentiment populaire à travers le monde arabe se révélait plus puissant que les assurances données à M. Bevin aussi bien que les promesses royales faites antérieurement à Mme Meïr*[45]. *»*

Tout en reconnaissant la *« contribution appréciable »* apportée par Avraham Sela à l'histoire de cette guerre, Avi Shlaïm n'en rétorque pas moins que celle-ci « *ne l'amène toutefois à réviser aucun des arguments* [de] Collusion Across the Jordan. [...] *Je crois,* précise-t-il en particulier, *que, malgré tous les changements, l'accord antérieur et la longue histoire de leur coopération – remontant à la fondation de l'émirat de Transjordanie en 1921 – a continué à exercer une certaine influence sur la conduite des deux côtés durant la guerre.* [...] *Bien que l'accord ne les liait plus et que le contact était rompu, chaque côté – particulièrement la Jordanie – a continué à poursuivre des objectifs limités et a agi avec retenue à l'égard de l'autre jusqu'à ce que la guerre se termine. Bien qu'ils soient devenus ennemis à l'apogée de la guerre, ils restèrent, selon l'expression appropriée de Uri Bar-Joseph, "les meilleurs des ennemis"* ».

Pour Sela, « *le mythe de la collusion suppose implicitement la possibilité d'une acceptation par les sionistes et les Palestiniens du plan de partage et de son application pacifique* ». « *Je ne suppose rien de tel,* réplique Shlaïm. *Au contraire, c'est précisément parce que les Palestiniens rejetaient le partage que je considère la collaboration entre Abdallah et l'Agence juive comme une stratégie raisonnable et réaliste pour les deux côtés. En d'autres termes, j'accepte que, dans la période 1947-1949, Israël n'avait pas d'option palestinienne ni d'autre option arabe, à part l'option jordanienne. Le roi Abdallah était le seul chef d'État arabe prêt à accepter le principe du partage et à coexister pacifiquement avec l'État juif.* » Même le mot « *collusion* », auquel s'attaquent – écrit-il – beaucoup de critiques plus qu'à la substance de son livre, Shlaïm ne regrette pas de l'avoir utilisé dans le titre, car le lien entre sionistes et Hachémites relevait bel et bien de la collusion : « *Il était caché derrière un épais rideau de secret ; son existence était vivement niée par les deux parties ; il était dirigé contre une troisième partie ; il impliquait plus qu'un minimum d'intrigues et de conspirations sournoises ; et il avait pour but conscient et délibéré de faire échouer la volonté de la communauté internationale, telle qu'elle s'était exprimée à travers l'Assemblée générale des Nations unies, de créer un État palestinien indépendant sur une partie de la Palestine.* » Bref, « *collusion est un terme aussi bon qu'un autre pour décrire le trafic entre le roi hachémite et le mouvement sioniste durant la période 1921-1951, malgré l'interlude violent de l'été chaud de 1948*[46]. »

Ancien recteur de l'Université de Tel Aviv, l'orientaliste Itamar Rabinovith se verra confier par le Premier ministre Itzhak Rabin d'importantes fonctions diplomatiques : ambassadeur d'Israël à Washington et responsable des négociations avec la Syrie. Lui non plus ne conteste pas en général la démarche de Benny Morris, d'Ilan Pappé et d'Avi Shlaïm, mais se focalise sur un point précis, auquel il a consacré en 1991 un livre remarqué : *The Road not Taken. Early Arab-Israeli Negotiations* [47]. Il entend essentiellement questionner l'appréciation de ses collègues pour qui, au lendemain de la guerre de 1947-1949, Israël a délibérément négligé la chance qu'offrait la disponibilité des États voisins à conclure une paix durable *(voir le chapitre 6)*. L'historien-diplomate étudie donc les relations entre Israël et le monde arabe, se penchant tour à tour sur les rapports de l'État juif avec la Syrie, la Jordanie et l'Égypte. Son argument majeur consiste toutefois à relativiser le plan de l'éphémère président syrien Husni Zaïm.

Arrivé au pouvoir à Damas le 30 mars 1949 à la faveur d'un coup d'État, le colonel Zaïm formule aussitôt des offres de paix à Israël. On en trouve trace dès le 16 avril dans le Journal de David Ben Gourion, qui se déclare prêt à une *« coopération maximale »*. Mais, six jours plus tard, le premier ministre note : *« Refus de rencontrer la Syrie et d'accepter sa participation à Lausanne si un accord d'armistice n'est pas signé et préparation pour expulser les Syriens du territoire de l'État. »* Le 28 avril, un diplomate américain à Damas, James Keeley, rencontre Zaïm et rend compte de sa *« volonté, comme partie d'un règlement général incluant des ajustements réalistes des frontières, d'accueillir un quart de million de réfugiés si une aide substantielle au développement lui est accordée en plus des compensations pour les pertes des réfugiés* [48] *»*. À Lausanne, entre-temps, les délégués syriens ont proposé en sus à leurs homologues israéliens une paix immédiate en échange d'un déplacement de la frontière qui passerait au milieu du lac Tibériade et le long du Jourdain. Pourtant même les pressions des États-Unis et du médiateur de l'ONU n'y feront rien : Ben Gourion écartera toute rencontre avec Zaïm tant que celui-ci ne s'engagera pas à évacuer le bout de territoire israélien qu'il occupe – l'enjeu de l'eau pèse, en fait, autant que le problème formel du tracé de la frontière. La déception du président syrien est telle que, le 17 mai, les négociations d'armistice sont suspendues pour un mois. Et pourtant le gouvernement américain a informé officiellement Tel Aviv de la proposition syrienne et suggéré une réponse positive.

Paix impossible, ou occasion manquée ?

Moshe Sharett se résout finalement, fin mai, à voir Husni Zaïm, mais, cette fois, c'est ce dernier qui refuse : protocole – donc dignité – oblige, il veut traiter, non avec le ministre des Affaires étrangères, mais avec le chef du gouvernement israélien. Damas, en guise de contre-proposition, suggère alors un dialogue au niveau des ministres des Affaires étrangères : non, répond Sharett le 8 juin. Une semaine plus tard, les négociations d'armistice reprennent, pour aboutir le 20 juillet – le compromis élaboré sous pression américaine prévoit la démilitarisation du territoire aux mains des Syriens à l'ouest de la frontière internationale, au pied du Golan. Cinq jours plus tard, Moshe Sharett informe ses ambassades : « *Dans la mesure où cela dépend de notre propre initiative, la possibilité de négociations directes et d'une paix séparée avec l'Égypte doit être réexaminée, et nous devrions particulièrement nous concentrer sur l'établissement d'un contact et l'exploration de la possibilité d'une paix avec la Syrie.* » Après avoir exclu toute modification de la frontière internationale, il poursuit : « *La délégation syrienne doit être encouragée à penser à une absorption sur une grande échelle de réfugiés qui serait combinée avec la reconstruction de la Syrie et la possibilité d'une aide financière et technique donnée par nous pour la réalisation de ce projet*[49]. » Voilà qui reprend, peu ou prou, les termes mêmes de l'offre originelle de Zaïm. Trop tard, hélas : le 14 août, ce dernier est renversé, puis assassiné lors d'un coup d'État – et, cinquante ans plus tard, la Syrie est toujours en guerre avec Israël...

De ce récit en forme de tragédie grecque, Itamar Rabinovich ne conclut cependant pas qu'Israël ait laissé échapper une occasion exceptionnelle. Non que l'historien-diplomate nie la sincérité du colonel Zaïm : l'éphémère président, observe-t-il au contraire, « *voulait indubitablement mettre fin* [...] *à la confrontation avec Israël* ». Il était « *heureux de briser tous les tabous des nationalistes arabes syriens*[50] ». Issu d'une famille kurde, cet ancien officier des forces de Vichy au Liban cultivait des relations avec l'ambassade de France, mais il fréquentait surtout assidûment les diplomates américains, les représentants des compagnies pétrolières d'outre-Atlantique et les agents de la CIA – le livre en dresse un tableau si suggestif qu'on en vient à se demander si Washington n'a pas quelque peu inspiré le putsch du 30 mars 1949. « *Il n'existe pas de preuve que les États-Unis soutinrent Zaïm dans son coup*[51] *»*, précise néanmoins Rabinovich, tout en avouant que l'attaché militaire Stephen Meade n'avait rien fait, au contraire, pour décourager le colonel, qu'il avait rencontré à six reprises dans les semaines précédant sa prise du pouvoir.... Ceci explique peut-être cela : le candidat à la magistrature suprême préconisait pour son pays une alliance étroite avec les États-Unis et une insertion, aux côtés de la Turquie (malgré l'annexion par celle-ci, dix ans plus tôt, de la province d'Alexandrette), dans le dispositif occidental au Proche-Orient. Au point de ratifier, à peine arrivé au pouvoir, l'accord Tapline autorisant l'installation d'un oléoduc amenant le pétrole d'Arabie Saoudite au port libanais de Tripoli *via* le territoire syrien... Pour ses bons et loyaux services, Zaïm escomptait une aide généreuse - militaire, technique et financière - de l'Amérique pour réaliser ses projets, la paix avec Israël comme la réforme des structures économiques et politiques du pays. *« Plus spécifiquement,* ajoute Rabinovich, *nous ne savons pas si l'offre de Zaïm à Keeley le 28 avril, comme ce dernier l'a rapportée, d'accueillir 250 000 réfugiés palestiniens en Syrie en échange de l'aide américaine était l'idée du dirigeant syrien ou si elle avait été suggérée par ses contacts américains. »* Et l'historien israélien de relever qu'elle tombait en tout cas à pic pour redonner vie au plan MacGhee *(voir chapitre 6).* Mais surtout la politique du nouveau président correspondait au double effort de Washington dans la région - *« l'effort pour empêcher des bouleversements intérieurs en encourageant les réformes et l'effort pour régler le conflit israélo-arabe »,* de *« peur que l'instabilité du Moyen-Orient joue en faveur de la tentative de l'Union soviétique pour acquérir présence et influence dans la région*[52] *».*

Pourquoi, dans ces conditions, Ben Gourion a-t-il hésité à traiter avec Husni Zaïm ? *« On peut supposer* - écrit Rabinovich, mais sans preuve, il le reconnaît - *que la direction israélienne ne prenait pas Zaïm au sérieux, mais le considérait comme un ambitieux aventurier*[53]*. »* Les services secrets de Tel Aviv auraient été de longue date en « contact » avec ce militaire kurde, voire, dans un temps, misé sur lui pour un putsch pro-israélien. Plus profondément, Tel Aviv n'avait pas mesuré les liens existant entre les Américains et Zaïm, qu'on prenait pour un homme des Français, ou bien encore des Britanniques, si ce n'est d'Abdallah dont il était censé appuyer le rêve de Grande Syrie. *« Tout renforcement du régime de Husni Zaïm aurait les conséquences suivantes,* écrivait Elias Sasson à Moshe

Sharett : *(1) promouvoir une union de l'Irak, de la Transjordanie, de la Syrie et du Liban ; (2) amener l'Égypte et le Liban à signer un traité de défense et des traités économiques avec la Grande-Bretagne ; (3) faire traîner le conflit entre Israël et les pays arabes et décourager une paix réelle et une collaboration sincère*[54]. » Après avoir cité plusieurs textes, y compris dans le Journal de Ben Gourion, témoignant de cette radicale erreur d'appréciation, Rabinovich note un fait surprenant : dans la première déclaration qu'ils publieront après l'avoir renversé et assassiné, les successeurs de Zaïm lui reprocheront bien des choses, mais pas d'avoir proposé la paix à Israël et signé avec lui un armistice - plusieurs d'entre eux, il est vrai, avaient pris part à la négociation...

« *La question la plus importante* - s'interroge Itamar Rabinovich - *est de savoir si Israël a raté au printemps 1949 une occasion historique d'arriver à un accord avec la Syrie et de changer ainsi le cours du conflit israélo-arabe, ou, pour poser la question différemment, le Husni Zaïm de 1949 était-il une version de l'Anouar Al-Sadate de 1971 ? On ne peut pas répondre définitivement à la question.* » Cette affirmation ne l'empêche pas de soutenir que « *le refus de Ben Gourion de rencontrer Husni Zaïm en avril-mai 1949 n'a pas détruit la perspective d'atteindre un accord qui aurait transformé les relations israélo-arabes*[55] ». À l'appui de cette thèse, l'historien avance trois arguments : le fossé entre les deux parties - notamment sur la frontière - n'aurait pas pu être comblé ; même un accord avec Israël n'aurait pas évité à Husni Zaïm d'être chassé du pouvoir par les mêmes officiers qui l'y avaient porté ; enfin la démarche pacifique du président syrien heurtait radicalement les sentiments de l'opinion publique syrienne et, plus généralement, arabe, y compris son propre Premier ministre Adel Arslan. « *Sur cette base*, écrit Rabinovich au terme de ce chapitre, *il semble qu'un accord de grande portée entre Israël et Husni Zaïm au printemps 1949 aurait beaucoup plus ressemblé à l'accord israélo-libanais de mai 1983 qu'aux accords de Camp David*[56]. »

L'étude des négociations engagées par Israël avec la Jordanie, puis de ses relations avec l'Égypte confirment, aux yeux de l'auteur, la leçon de prudence tirée de l'épisode Zaïm. Rabinovich y revient donc dans le dernier chapitre de son livre, en faisant appel au témoignage de nombreux historiens - des années 50, d'après 67 et des années 80. À la première catégorie appartient Rony Gabbay, qui écrit en 1959 : « *L'expérience acquise durant la période 1948-1951 montrait que le conflit était plus profond que l'on ne le pensait auparavant. La haine d'Israël s'était intensifiée et le monde arabe n'était en aucune manière prêt à accepter Israël en tant qu'État souverain. La perpétuation du conflit arabo-israélien était le résultat direct de l'instabilité politique des pays du Moyen-Orient. Cela révélait beaucoup de défauts fondamentaux de nature sociale, politique, psychologique et économique dont nul ne peut être accusé.* » En même temps, signale Rabinovich, « *Gabbay attribue une part de responsabilité à Israël, concluant avec quelque magnanimité qu'Israël aurait pu faire la paix avec la Jordanie et l'Égypte au début de 1950.* » Et de citer à nouveau Gabbay : « *La politique d'immigration illimitée d'Israël, couplée avec la crise économique et, au-dessus de tout, une excessive confiance en soi, rendirent difficile, si ce n'est impossible, d'adopter une attitude généreuse et de satisfaire certaines des demandes arabes, telles que le rapatriement des réfugiés. Du reste, les rivalités internes et les divisions dans le monde arabe furent utilisées de manière tout à fait erronée au service de ses intérêts*[57]. »

Dans la deuxième génération d'historiens, Walter Laqueur assure en 1970 que les Arabes « *n'avaient pas la plus petite intention de reconnaître l'"État gangster"*[58] ». Si Rabinovich évoque l'opinion de Maxime Rodinson en 1968, c'est pour retenir que, « *pour les Arabes, une colonie étrangère avait réussi à s'emparer d'une partie de leur territoire et à en expulser un certain nombre de ses habitants et ce avec le soutien du monde occidental.* [...] *Les Arabes, pleins d'amertume et de rancœur, refusèrent de reconnaître ce* diktat *européen, cette amputation coloniale qui leur avait été imposée.*[59] » Même type d'analyse chez Fred Khouri, également en 1968 : « *Certains aspects des exploits militaires d'Israël eurent un effet délétère sur les relations israélo-arabes. D'un côté, l'étendue de leur victoire dans la guerre a entraîné un tel accroissement de l'orgueil et de la confiance en soi chez les Israéliens qu'ils devinrent moins disposés à faire ces concessions qui étaient nécessaires s'il y avait le moindre espoir de réconciliation avec les Arabes. De l'autre côté, l'étendue de la défaite arabe porta un tel coup à l'orgueil et à la confiance en soi des Arabes qu'ils devinrent plus opposés que jamais à la reconnaissance de l'ennemi qui les avait si profondément humiliés*[60]. »

Quant à Malcolm Kerr, toujours en 1968, s'il considère que les frustrations des Arabes ne les poussaient pas au compromis, il affirme aussi qu'en

Israël, « *l'attitude dominante et reflétée dans la politique officielle était telle qu'il aurait été impensable d'échanger la réalité d'un État presque exclusivement juif, providentiellement obtenue en 1948 alors que les Juifs en rêvaient à peine, contre un État judéo-arabe polyglotte à contre-courant au sein duquel les Juifs pourraient redevenir une minorité – même avec un règlement de paix complet dans la balance*[61] ». C'est sans doute à une telle solution qu'aurait pu aboutir, à Lausanne et sur la base du protocole du 12 mai 1949, la conjugaison d'une ouverture arabe et de pressions américaines... À l'inverse, Nadav Safran, en 1969, conclut de l'étude de Lausanne et des négociations israélo-jordaniennes que « *le conflit a persisté parce que des pays arabes-clés n'avaient pas de désir de paix pour des raisons qui varièrent au fil des années et on n'aurait pas pu les contraindre à faire la paix* [...] *Autrement dit, les problèmes des réfugiés et des frontières furent des symptômes plutôt que des causes*[62] ».

La différence avec les chercheurs des années 80, explique Itamar Rabinovich, c'est que les « nouveaux historiens » se fixent un objectif politique *a priori* – « *démolir la version orthodoxe du passé* » – et qu'ils ont pu, pour tenter de l'atteindre, exploiter les archives israéliennes, britanniques et américaines, ouvertes entre-temps. Leur thèse, sur le point qui nous occupe, est formulée le plus clairement par Avi Shlaïm : « *Deux facteurs principaux ont été responsables de l'échec des négociations de l'après-guerre : la force d'Israël et la faiblesse d'Abdallah. La victoire retentissante d'Israël* [...] *a diminué son intérêt pour l'accommodement et le compromis. Le jeune État juif était si confiant dans sa supériorité militaire sur les Arabes que sa volonté de faire des concessions pour obtenir un règlement du conflit en fut réduite.* [...] *Israël adopta une position dure, offrant peu de concessions aux Arabes et insistant pour que la paix soit fondée essentiellement sur le* statu quo *territorial et ne comporte pas de rapatriement des réfugiés arabes. Une telle position faite d'hypocrisie et de double jeu eut nécessairement un effet négatif sur les négociations avec Abdallah*[63]. »

Cet argument, poursuit Rabinovich, a été « *réfuté* » par ses opposants, et singulièrement par... Shabtaï Teveth. Ce dernier l'ayant attaqué dans le quotidien israélien *Haaretz*, puis dans le magazine juif américain *Commentary*, Avi Shlaïm a affiné sa thèse, également dans *Commentary* : « *Le principal sujet de discorde entre les "vieux" historiens et moi-même concernant la responsabilité de l'impasse politique qui a suivi la guerre de 1948 n'est même pas mentionné par M. Teveth. Selon les "vieux" historiens, les dirigeants israéliens ont fait tout ce qui était en leur pouvoir pour parvenir à un accord avec les Arabes, mais n'ont rencontré aucun partenaire de bonne volonté. J'ai fait la liste des efforts de paix faits par l'Égypte, la Jordanie et la Syrie, chacune d'entre elles portant une étiquette différente, et j'ai conclu que dans les années qui suivirent la première guerre israélo-arabe, l'intransigeance d'Israël fut plus grande que celle des Arabes. Ben Gourion en particulier préférait le* statu quo *préservé par les accords d'armistice aux nécessaires concessions israéliennes soit en matière de territoire soit sur la question des réfugiés. Savoir s'il fit le bon choix est affaire d'opinion. »* À quoi Teveth répondit : *« Non moins branlante que la thèse de la collusion est l'allégation absurde de M. Shlaïm selon laquelle les gouvernements d'Égypte, de Syrie et de Jordanie "firent la queue"* [...] *pour conclure la paix avec Israël avant d'être rejetés d'un revers de la main* [64]. *»* Les « états d'âme » d'Elias Sasson – cités à la fin du chapitre 6 – donnent pourtant une certaine crédibilité à cette *« allégation absurde »*...

Itamar Rabinovich, en conclusion, se garde bien de trancher. Tout au plus relève-t-il quelques défauts de ceux qui réécrivent l'histoire de l'État : point de départ politico-moral plutôt qu'universitaire, absence de sources arabes, tendance à l'émotionnel. En même temps, il leur donne acte de leur *« importante contribution : ils ont révélé des faiblesses significatives dans l'historiographie traditionnelle et la version orthodoxe des relations israélo-arabes qui était dominante en Israël »*. Il faut revenir aux faits, insiste l'historien-diplomate, par exemple à l'intériorisation du conflit dans les consciences arabes. Et de citer Samir Al-Rifai, Premier ministre de Transjordanie, refusant de coucher sur le papier, de son écriture, la proposition de pacte de non-agression faite par Abdallah aux Israéliens – *« sa conduite,* écrit Rabinovich, *était aussi une manifestation de la distinction faite par beaucoup d'Arabes entre leurs rapports officiels, symboliques avec Israël et leur relations pratiques avec lui. Cette distinction avait déjà été faite avant la guerre de 1948, qui la renforça, et elle se développa à plein dans les années qui suivirent* [65]. *» « Le fait,* poursuit Rabinovich, *que les accords d'armistice ont été définis à la fin de la guerre comme un substitut inférieur aux accords de paix leur donna de la* *légitimité aux yeux des Arabes. Il fut ainsi possible de discuter de nouveaux accords tant qu'ils étaient présentés comme une extension des accords d'armistice. Mais toute entorse à ces règles non écrites impliquant l'acceptation de la légitimité d'Israël ou bien des contacts officiels ou ouverts avec cette nation était interdite. »* Au point que *« le plan de partage resta illégitime aux yeux des Arabes alors même qu'un État juif avait vu le jour sur un territoire plus large*[66] *»*... Toutefois, reconnaît Rabinovich, revenant une dernière fois sur l'offre de paix de Husni Zaïm, *« même ses ennemis syriens ne le dénoncèrent pas en général pour ses rapports avec Israël et pour ses efforts afin de trouver un accord avec ce pays*[67] ». De même, dans ses Mémoires, l'ex-Premier ministre syrien Khaled Al-Azm évoque la session du Parlement qui l'autorisa explicitement à négocier un armistice avec Israël. Et Itamar Rabinovich de conclure son livre sur les trois phrases suivantes : *« Même la position la plus engagée sur la question de la Palestine pouvait être atténuée par des considérations pragmatiques. On peut donc se demander ce qui aurait pu être réalisé si toutes les parties concernées avaient pris une position beaucoup plus audacieuse à la fin de la guerre de 1948. En tout cas, il aura fallu deux autres décennies pour atteindre un niveau de flexibilité similaire qui rendit possible la percée partielle des années 70*[68]. *»*

Une « propagande antisémite ordinaire » (sic)

Avec Efraïm Karsh et son *Fabricating Israeli History*[69], on revient à une critique plus globale des « nouveaux historiens », mais à un niveau sensiblement moins élevé : c'est de polémique plus que de recherche qu'il faut parler à son propos. Évoquant l'intellectuel palestinien Edward Saïd, qu'il accuse d'avoir *« entouré son préjugé antisioniste d'un brillant emballage d'érudition en l'intégrant dans une plus vaste croisade contre le spectre de l'orientalisme »*, Karsh se fait d'emblée procureur : *« Depuis la fin des années 80, un groupe d'universitaires israéliens ont aspiré à être admis au sein de ce club à la mode. Leur dot : la "preuve historique" de nature à étayer l'* idée fixe [en français dans le texte] *de Saïd selon laquelle "Israël était le méchant". Leur* modus operandi *: les méthodes rudimentaires du gourou de Manhattan, tels l'attaque contre les oppo-*

sants à coups d'insinuations personnelles et d'opprobre général, la création de théories de paille (présentées comme "mythes sionistes") et prêtes à être démolies, ainsi que l'abus de preuves historiques au service de dogmes préconçus[70]. » Pour disqualifier ses ennemis, Karsh n'hésite pas à brandir l'« argument » de l'antisémitisme : « *Le choix même de l'adjectif "sioniste" plutôt qu'"israélien" pour décrire la "ligne officielle" imaginaire prétendument suivie par de "vieux historiens" fictifs est fortement insidieuse, faisant écho non seulement à la condamnation d'Israël par les Arabes, de longue date, comme "entité sioniste", mais aussi à la propagande antisémite ordinaire qui relie Sion et ses "aînés" à des doctrines fantômes*[71]. »

Condamnables idéologiquement, les nouveaux historiens ne le sont pas moins, pour Karsh, au strict plan professionnel. « Nouvelles bouteilles, vin aigre » : sous ce titre, une trentaine de pages durant, l'auteur s'évertue à nous démontrer que Morris, Pappé, Shlaïm et les autres n'ont rien apporté de neuf à l'histoire d'Israël – les expulsions de Palestiniens, l'accord entre l'Agence juive et Abdallah, les rapports de forces réels, tout était connu avant leurs recherches. Le chapitre suivant, largement inspiré de Shabtaï Teveth, est consacré aux « *falsifications* » de textes dont Benny Morris se serait rendu coupable, notamment pour démontrer que David Ben Gourion et la direction sioniste auraient envisagé, à la fin des années 30, l'option du « transfert » des Arabes de Palestine. Puis Karsh s'attaque à la « collusion » entre Israéliens et Transjordaniens, à l'instar d'Avraham Sela, mais à cette différence qu'au lieu de nuancer l'effet réel de l'accord secret intervenu entre Golda Meyerson et Abdallah, il nie purement et simplement celui-ci, ainsi d'ailleurs que le soutien dont il aurait bénéficié de la part des Britanniques. Et l'auteur de s'autocongratuler : « *Ce livre a démontré de manière concluante que l'évangile de la soi-disant "nouvelle historiographie" est tout sauf neuf : beaucoup de ce qu'il présente comme "neuf" consiste effectivement à réinventer la roue, alors que ce qui est "neuf" est une distorsion.* [...] *Bref, les "nouveaux historiens" ne sont ni de nouveaux ni de véritables historiens, mais plutôt des partisans cherchant à donner une respectabilité universitaire à de vieilles idées fausses et à d'anciens préjugés sur le conflit israélo-arabe*[72]. » Ceci explique-t-il cela ? Au début de son pamphlet, Efraïm Karsh, se drapant dans la pensée de l'historien britannique Edward H. Carr, reprochait à ses adversaires leur...

« fétichisme archaïque des faits [73]. » Pouvait-on imaginer meilleure conclusion, en forme d'hommage aux « nouveaux historiens » israéliens ?

Notes

1. Shabtaï Teveth, « The Palestine Arab Refugee Problem and its Origins », *Middle Eastern Studies* 26, Londres, n° 2 (1990), p. 248.

2. *Ibidem*, p. 214.

3. *Ibidem*, p. 215. Cette critique rejoint celle des historiens palestiniens, tel Nur Masalha qui indique n'avoir relevé qu'une source arabe dans les 640 notes des livres de Benny Morris. Et d'affirmer que *« cela pose la question de savoir s'il est possible d'écrire un récit définitif des événements et processus centraux de l'histoire palestinienne avec des documents officiels en majorité écrasante israéliens* [...] *et peu de sources arabes et en arabe »*. Masalha reproche même à Benny Morris un *« préjugé anti-arabe explicite »* : le « nouvel historien » écrit que *« les mémoires politiques arabes des années 40 et 50 tendent à être peu fiables, car ils sont au service de leurs auteurs et manquent de précision »*. Ce qui lui vaut cette remarque de Masalha : *« Cette réserve ne s'applique apparemment pas aux mémoires politiques et aux documents officiels écrits par les hommes politiques et les officiers israéliens-sionistes, que Benny Morris utilise largement et dans de nombreux cas de manière a-critique. »* (cf. Nur Masalha, « "1948 and After" revisited », *Journal of Palestine Studies*, publié par The University of California Press pour l'Institute for Palestinian Studies et la Kuwait University, Berkeley n° 96, vol. XXIV, 1995).

4. L'intérêt de cette précision n'est pas évident. À l'époque, en effet, l'appui de Moscou aux forces juives est quasi inconditionnel. Il se traduit par des fournitures d'armes massives - *via* la base tchécoslovaque de Zatec - aussi bien que par un soutien continu sur la scène internationale. En mai, Andreï Gromyko déclare, par exemple, au Conseil de sécurité des Nations unies : *« Ce qui se passe en Palestine n'est autre chose qu'une suite d'opérations militaires déclenchées par un groupe de puissances contre l'État juif nouvellement créé.* [...] *La délégation soviétique estime indispensable que le Conseil exprime de façon plus claire et plus ferme son avis sur l'attitude qu'adoptent les États arabes à l'égard de ses décisions. »* (Cité par Abba Eban, *Autobiographie*, Buchet-Chastel, Paris, 1979, p. 96.) Et, en juin, le représentant de l'Ukraine, Dimitri Manuilski, exploite ses prérogatives de président de séance pour convoquer à la table de conférence *« le représentant du gouvernement provisoire d'Israël »*, amenant ainsi par la bande l'ONU, malgré les protestations arabes et les réserves occidentales, à reconnaître le nouvel État. Au point que Moshe Sharett, le ministre israélien des Affaires étrangères, se vantera : *« Le bloc de l'Est s'est tenu fermement à nos côtés* [...] *au Conseil de sécurité, les Russes agissent comme s'ils étaient nos émissaires »* (Cité par Yaacov Ro'i, *Soviet Decision Making in Practice, The USSR and Israel 1947-1954*, Transaction Books, New Brunswick, États-Unis, 1980, p. 253). Sur les relations soviéto-israéliennes, voir Dominique Vidal, « L'URSS "sioniste" ? Moscou et la Palestine 1945-1955 », *Revue d'études palestiniennes*, Paris, n° 28, été 1988.

5. Shabtaï Teveth, *op. cit.*, p. 218.

6. *Ibidem*, p. 220.

7. *Ibidem*, p. 221.

8. *Ibidem*, p. 222.

9. Cité par Shabtaï Teveth, *ibidem*.

10. Shabtaï Teveth, *op. cit.*, p. 227.

11. *Ibidem.*

12. *Ibidem*, p. 228.

13. *Ibidem.*

14. *Ibidem*, p. 229.

15. Cité par Shabtaï Teveth, *ibidem*, p. 230.

16. *Ibidem*, p. 231.

17. *Ibidem*, p. 233.

18. *Ibidem*, p. 234.

19. *Ibidem*, p. 235.

20. *Ibidem*, p. 236.

21. Benny Morris, « Falsifying the Record : A Fresh Look at Zionist Documentation of 1948 », *Journal of Palestine Studies*, publié par The University of California Press pour l'Institute for Palestine Studies et Kuwait University, Berkeley, n° 95, vol. XXIV, 1995, pp. 48 à 50.

22. Shabtaï Teveth, *op. cit.*, p. 237.

23. Cité par Benny Morris, *The Birth of the Palestinian Refugee Problem, 1947-1949*, Cambridge University Press, Cambridge, 1987, p. 218.

24. Shabtaï Teveth, *op. cit.*, pp. 238-239.

25. *Ibidem*, p. 239.

26. *Ibidem*, pp. 241-242.

27. *Ibidem*, pp. 242-243.

28. *Ibidem*, p. 242.

29. *Ibidem*, p. 244.

30. *Ibidem*, p. 248.

31. Benny Morris, *1948 and After. Israel and the Palestinians*, Clarendon Press, Oxford, 1990, p. 29.

32. *Ibidem*, p. 31.

33. *Ibidem.*

34. *Ibidem*, p. 32.

35. *Ibidem*, p. 33.

36. *Ibidem*, p. 34.

37. *Ibidem*, p. 33.

38. Avraham Sela, « Transjordan, Israel and the 1948 War : Myth, Historiography and Reality », *Middle Eastern Studies*, Londres, vol. 28, n° 4, octobre 1992.

39. *Ibidem*, p. 623.

40. Avraham Sela cite plusieurs exemples d'offensives israéliennes en territoire juif au cours desquelles la Légion arabe, stationnée à proximité en territoire arabe, se garde d'intervenir... (voir notamment p. 648).

41. *Ibidem*, p. 674.

42. *Ibidem*, pp. 674-675.

43. *Ibidem*, p. 653.

44. *Ibidem*, p. 676.

45. Avi Shlaïm, *Collusion Across the Jordan. King Abdallah, the Zionist Movement, and the Partition of Palestine*, Clarendon Press, Oxford, 1988, p. 230.

46. Avi Shlaïm, « The Debate about 1948 », *International Journal for Middle Eastern Studies*, Cambridge University Press, New York, n° 27, 1995, pp. 297 à 299.

47. Itamar Rabinovich, *The Road not Taken. Early Arab-Israeli Negotiations, Oxford University Press*, Oxford, New York, 1991.

48. *Ibidem*, p. 69.

49. *Ibidem*, p. 79.

50. *Ibidem*, pp. 80 et 81.

51. *Ibidem*, p. 87. Dans *Collusion Across the Jordan* (*op. cit.*, p. 425), Avi Shlaïm affirme plus nettement que *« c'était la CIA américaine qui avait aidé Zaïm à préparer et exécuter son coup »*.

52. *Ibidem*, p. 89.

53. *Ibidem*, p. 99.

54. *Ibidem*, p. 105.

55. *Ibidem*, pp. 108 et 109.

56. *Ibidem*, p. 110.

57. Cité par Itamar Rabinovich, *ibidem*, p. 211.

58. *Ibidem*, p. 212.

59. *Ibidem*, pp. 212-213.

60. *Ibidem*, p. 213.

61. *Ibidem*, p. 214.

62. *Ibidem*, p. 215.

63. *Ibidem*, p. 217.

64. *Ibidem*, p. 218.

65. *Ibidem*, p. 219.

66. *Ibidem*, p. 220.

67. *Ibidem*, p. 221.

68. *Ibidem*, p. 222.

69. Efraïm Karsh, *Fabricating Israeli History. The « New Historians »*, Frank Cass [l'éditeur des *Middle Eastern Studies* qui ont publié les articles, étudiés plus haut, de Shabtaï Teveth et Avraham Sela], Londres et Portland, 1997.

70. *Ibidem*, p. 10.

71. *Ibidem*, p. 11.

72. *Ibidem*, p. 195.

73. *Ibidem*, p. 33.

POSTFACE

LE DOSSIER EST OUVERT

par Joseph Algazy

La polémique entre historiens « anciens » et « nouveaux » sur l'histoire de l'État d'Israël, en particulier celle de ses toutes premières années, constitue d'ores et déjà une avancée irréversible. C'est pourquoi il serait absurde, en Israël comme à l'étranger, de regretter que des dogmes s'écroulent ou, plus simplement, que des erreurs soient mises à jour. Au contraire, il faut se féliciter de ce phénomène qui ne peut qu'enrichir la recherche historique, sans s'engager forcément pour autant, dans le détail, en faveur de telle ou telle thèse.

Le dossier est ouvert, laissons-le grand ouvert. D'autant que, sur bien d'autres dossiers, pèse encore la lourde chape de silence de la censure israélienne. Le réexamen continu des faits, réels ou mythiques, et de notre savoir nous rapprochera de la vérité. Personnellement, je suis convaincu que nous ne sommes qu'au début de la polémique : elle ne peut que s'amplifier. On a coutume de dire que les « nouveaux historiens » détruisent certains mythes. C'est certes vrai mais ils s'effritent souvent d'eux-mêmes.

« Il n'y a pas de nouveaux ou d'anciens historiens, a écrit le sociologue Baruch Kimmerling. *Cette division binaire du monde ne correspond pas aux faits. Comme dans d'autres domaines de recherches, il y a de très bons historiens et d'autres moins bons. Moins un historien s'engagera dans la défense d'une idéologie, quelle qu'elle soit, et meilleur il sera – que cette idéologie soit ou non conforme à ma conception du monde*

importe peu. De ce point de vue, il n'y a aucune différence entre les anciens et les nouveaux [1]. »

Dans les chapitres précédents, Dominique Vidal a présenté les analyses de ceux que l'on qualifie de « nouveaux historiens » concernant la guerre de 1947-1949. Encore faut-il savoir que ces chercheurs n'ont pas inventé la poudre : d'autres avaient frayé le chemin. Il est vrai néanmoins qu'ils ont donné de la substance, et donc de la vie, à un sujet longtemps négligé, presque oublié, et qu'ils l'ont placé au centre du débat, académique comme public. Je reviendrai donc tout d'abord sur les prédécesseurs des nouveaux historiens, avant de commenter la polémique en cours. Cette réflexion, je la mènerai sur la base d'entretiens approfondis que m'ont accordés, à la fin 1997, trois des principaux protagonistes de cet affrontement - Benny Morris, Ilan Pappé et Shabtaï Teveth - ainsi que l'historien palestinien Ibrahim Abou Loughod. Je m'interrogerai enfin sur l'avenir de ce dialogue : jusqu'où peut-il nous entraîner, nous, Israéliens ?

Quelques mois après la guerre de juin 1967, je me trouvais avec Émile Habibi - à l'époque député communiste à la Knesset, et l'un des grands écrivains palestiniens, décédé en mai 1996 - sur la grande route qui conduit de Tel Aviv à Jérusalem et longe la zone de Latroun. Nous décidâmes de voir de plus près ce qu'il restait des trois villages palestiniens que Tsahal venait de détruire lors des batailles de la dernière guerre et dont les habitants avaient été expulsés. Habibi connaissait bien les lieux avant 1948, moi non. Des trois villages rasés, Emmaüs, Yalu et Beit-Nouba, il ne restait que des tas de décombres. Seules quelques rangées de figuiers de barbarie témoignaient avoir entouré les maisons des fellahs chassés de leurs foyers.

Trente ans plus tard, j'y suis retourné. Sur une partie des terres s'étend un parc ; d'autres y sont cultivées par des colons israéliens. Cette fois-ci, j'étais accompagné d'une douzaine de réfugiés des trois villages en question, qui, sur place, racontèrent leur version, vécue, des faits. Ces témoignages - histoire orale - furent publiés dans le magazine du quotidien *Haaretz*[2], avec à l'appui des photos inédites prises sur le vif, lors de l'expulsion des villageois d'Emmaüs et de la destruction de leur village, par le photographe israélien Yossef Hochman. Nous y avions joint un récit, également inédit, de l'écrivain Amos Kenan, qui avait été témoin de l'expulsion des villageois de Beit-Nouba par Tsahal lors de son service militaire comme réserviste, témoignage jamais publié jusque-là dans la presse israélienne.

Le lendemain de la publication de ce dossier, Hanokh Bartov, un écrivain renommé chez nous, me téléphona pour me reprocher d'avoir raconté cet épisode vieux de trente ans. Bartov, qui rejeta ma proposition de publier ses critiques dans le numéro suivant du magazine, ne niait pas les faits racontés. Pour justifier son exigence de garder le silence sur l'exode forcé des habitants des villages de la région de Latroun, il invoquait simplement les sanglantes batailles de mai 1948 qui s'y étaient déroulées et la *« défaite de nos armes »*. Pour lui, nous avions le droit de nous venger, même trois décennies plus tard... Le sens du coup de fil de Hanokh Bartov était clair et net : il y a des choses qu'il vaut mieux oublier, car l'oubli peut tout effacer, même la honte - du moins certains le croient-ils.

N'oublions pas les précurseurs

À la vérité, en juin 1967, l'expulsion *manu militari* des villageois de la région de Latroun - comme d'autres villes et villages de Cisjordanie et du Golan - rappelait surtout un autre exode : celui des réfugiés palestiniens de la guerre de 1948-1949. Au lendemain de celle-ci, les Palestiniens et les États arabes accusèrent les dirigeants de l'État d'Israël d'avoir créé le problème des réfugiés palestiniens, lesquels dirigeants en rejetaient la responsabilité sur les dirigeants arabes. Toutefois, en Israël, bien avant les « nouveaux historiens » - et je ne dis pas cela pour minimiser l'importance de leurs travaux, au contraire -, un certain nombre de personnes et de groupes soulignaient que les autorités israéliennes avaient leur part dans cette tragédie qui se prolonge aujourd'hui encore. Ainsi, lors des combats de 1948, le Parti communiste israélien (PCI) n'hésita pas à révéler les méthodes mises en œuvre par la Hagana et, plus tard, par Tsahal, pour expulser des dizaines et des dizaines de milliers de Palestiniens. Ses quotidiens en langues hébraïque et arabe, respectivement *Kol Haam* et *al-Ittihad,* rendirent largement compte, malgré la censure, de ces expulsions - par exemple de celle des Arabes de Haïfa [3]. À la Knesset, les protestations bruyantes des députés communistes faisaient même enrager David Ben Gourion. Et, dans ses différents congrès, le PCI répartit toujours la responsabilité de la création du problème des réfugiés palestiniens entre le gouvernement d'Israël, les régimes arabes réactionnaires et l'impérialisme britannique.

En se fondant sur son expérience d'officier des services de renseignements de l'armée israélienne, le célèbre écrivain Yizhar Smilanski raconta, en 1949, dans le cadre d'un recueil de récits littéraires, l'histoire de l'expulsion des habitants d'un village portant le nom imaginaire de Hirbet Hiz'a. Il n'y cachait rien des méthodes utilisées par Tsahal pour terroriser les villageois et les contraindre à fuir [4]. Trente ans après, la diffusion par la télévision d'un film tiré de cet épisode suscita un vif débat dans les médias. De même, en 1950, la Ligue des droits de l'homme et du citoyen et son président, le poète et écrivain Mordehaï Avi-Shaul, publièrent des comptes-rendus de l'expulsion des Palestiniens de Majdal, une ville connue depuis sous son nom hébreu Ashkelon. Pareillement, sous le pseudonyme E. Israeli, Akiva Orr et Moshe Makhover publièrent en 1966 le livre *Peace, Peace, When There Is No Peace* [Paix, paix, quand il n'y a pas de paix], dans lequel ils consacrèrent un chapitre détaillé aux villages d'où furent expulsés les Palestiniens et qui furent ensuite détruits [5]. Quelques années plus tard, le Palestinien et citoyen israélien Sabri Geries revint sur les pas d'Israeli et apporta, avec son livre *Les Arabes en Israël,* sa pierre à l'étude de ce sujet [6]. Son compatriote, le célèbre poète Mahmoud Darwish, avant de partir volontairement en exil, me raconta d'une manière détaillée comment il fut expulsé, avec ses parents et les autres habitants, de son village natal de Galilée, al-Birwe, qui fut plus tard rasé [7]. Dans ses différentes œuvres littéraires, Émile Habibi relata également certaines expulsions de Palestiniens.

Dans les années 60-80, *Matzpen,* l'organe de l'Organisation socialiste [de tendance trotskyste] israélienne, consacra nombre de pages au récit des « exploits » des armes israéliennes contre les civils palestiniens durant la guerre de 1948-1949. Il publia notamment une liste des 384 villages arabes détruits par Israël en 1948 [8] ainsi qu'une liste des agglomérations juives construites sur leurs décombres [9].

Simha Flapan fut sans doute – avec son livre *La Naissance d'Israël* [10] – le premier dirigeant sioniste à oser mettre en question certaines des positions israéliennes officielles concernant la guerre de 1948 et la responsabilité d'Israël dans la création du problème des réfugiés. Sioniste de gauche, il eut l'immense mérite de transformer en mythes certains des axiomes de l'*establishment* israélien. À l'époque, pourtant, Benny Morris ne considéra pas ce livre, « *à strictement parler* », comme un livre d'histoire, mais « *plutôt un travail polémique écrit sur la base d'une perspective marxiste* [11] ». Dans son livre, il est vrai, Flapan reconnaissait – Morris le citait – s'être fixé l'objectif d'écrire, non une recherche s'adressant exclusivement aux historiens et aux chercheurs, mais un livre destiné à ruiner les fondements même de cette propagande qui empêcha longtemps le développement des forces de paix en Israël. D'où cette conclusion de Morris : le but de Flapan était « *politique plus qu'historiographique* [12] ». Dix ans plus tard, Shabtaï Teveth a repris cette accusation, mais contre... Benny Morris. Et de s'appuyer sur la phrase avec laquelle Morris concluait son premier article sur l'historiographie nouvelle, laquelle – écrivait-il – « *servira, peut-être d'une manière obscure, les objectifs de paix et de réconciliation entre les tribus qui se font la guerre sur cette terre* [13] ».

Revenant sur les raisons pour lesquelles il en vint à s'intéresser à ce sujet, Benny Morris nous a confié : « *C'était vers la fin de l'année 1982, à la suite de la guerre du Liban. Dans le cadre de mon travail de journaliste au Liban, j'ai rencontré des réfugiés palestiniens. Je les ai interviewés sur la situation d'alors, mais ils me racontèrent aussi les péripéties de la guerre de 1948. Or, à l'époque, j'effectuais des recherches sur le Palmah qui me permirent d'avoir accès à des documents concernant la fuite et la "mise en fuite" des Palestiniens cette année-là. Pour des raisons que j'ignore, ceux qui me fournissaient les documents concernant l'histoire du Palmah cessèrent soudain de me les transmettre. Sachant que, sans leur collaboration, je ne pourrai pas poursuivre mes recherches sur le Palmah, je me résolus à travailler sur les réfugiés palestiniens de 1947-1949. Parmi les documents du Palmah auxquels j'avais eu accès figurait l'ordre d'expulsion des Arabes de Lydda donné par Itzhak Rabin. Je remarquai que le contenu de certains documents différait de la propagande que nous étions habitués à entendre jusqu'ici. Et c'est ainsi que je saisis que j'avais en main des matériaux jetant sur notre histoire un autre éclairage. Je compris que, du point de vue historiographique, le sujet était explosif parce qu'il contredisait le récit sioniste qui, à mon avis, est faux à la base parce que partial, propagandiste.* »

Benny Morris a commencé ses recherches sur le sujet – l'attitude d'Israël en 1948 envers les Palestiniens, devenu plus tard la naissance du problème des réfugiés palestiniens - dans les archives du Palmah. Puis ces archives lui ont été fermées, mais il a eu accès à celles de Tsahal ainsi qu'à celles de l'État : au milieu des années 80, les dossiers s'ouvrirent au ministère des Affaires étrangères, y compris ceux du Département du Proche-Orient, et, à la demande de Benny Morris, au ministère des Minorités - qui était aussi celui de la Police et devint plus tard le Bureau du conseiller des Affaires arabes auprès du Premier ministre -, ainsi qu'aux ministères de l'Agriculture, des Finances, de la Justice. L'historien est conscient qu'on ne lui a pas montré tous les documents. S'il continue de travailler sur les archives de Tsahal, Benny Morris ne dissimule pas qu'*« un des inconvénients pour le chercheur, dans ces archives, c'est la lourde censure qui y règne et qui ne donne pas accès, entre autres, à des documents concernant les civils tués par Tsahal et les expulsions »*.

Benny Morris :
« Écrire ce qui est arrivé, ni plus ni moins »

Benny Morris - comme d'autres - a également consulté les archives du mouvement sioniste, des différents partis politiques, de David Ben Gourion, mais aussi les archives locales, celles des *kibboutzim* par exemple. Ainsi les dossiers du *kibboutz* Mishmar Haemek sont-ils importants pour comprendre l'opération Nahshon - cette contre-offensive juive du début avril 1948 entraîne par des expulsions massives de Palestiniens par les forces armées, qui détruisent ensuite les villages. Or, une délégation du *kibboutz* Mishmar Haemek s'était rendue auprès de Ben Gourion pour exiger que l'armée, après avoir battu les unités arabes, chasse la population civile palestinienne de la région. À l'époque, les membres du *kibboutz* ne parlent que de sécurité, mais, ensuite, ils s'approprieront les terres des Arabes.... Plus tard, quand certains leaders du Mapam reprocheront à Ben Gourion les expulsions de Palestiniens, le Premier ministre aura beau jeu de leur rappeler que c'est à la demande du *kibboutz* Mishmar Haemek... du Mapam que Tsahal avait chassé leurs voisins arabes *(voir chapitre 7)*. Certains *kibboutzim* proches des villages palestiniens dont les habitants furent « évacués » ont refusé d'ouvrir leurs archives à Benny Morris...

Benny Morris a aussi travaillé en dehors d'Israël, et notamment consulté les archives du Royaume-Uni qui, titulaire du mandat sur la Palestine jusqu'au 15 mai 1948, savait parfaitement ce qui s'y passait. Il a étudié, en outre, les archives nationales des États-Unis, ainsi que celles des Quakers qui, en raison de leur activité auprès des réfugiés de Gaza et de Galilée, étaient bien informés, y compris sur les expulsions. Cette diversité de sources a permis à l'historien de recouper beaucoup de documents. « *Un des documents majeurs qui prouvent la justesse de ma conclusion selon laquelle Israël a contribué à créer le problème des réfugiés palestiniens* - explique Benny Morris - *est un compte-rendu rédigé, fin juin 1948, par Moshe Sasson, l'adjoint du chef du Département arabe des services de renseignements de Tsahal. Après avoir vérifié et analysé tous les comptes-rendus concernant l'exode des Palestiniens, il en arriva à estimer que 70 % des Palestiniens s'étaient enfuis à la suite d'attaques sionistes ou par peur de nouvelles attaques sionistes.* »

Critiqué pour n'avoir pas consulté de documents arabes, Benny Morris précise que, dès le début de ses recherches, il n'en avait pas l'intention. D'une part, il ne lit pas l'arabe [et déforme d'ailleurs souvent les noms de lieux]. « *Je ne sais pas,* se défend-il, *si, dans les archives nationales des États arabes et leurs armées, il se trouve des documents sur ce sujet, car elles sont fermées.* »

Même après avoir publié ses travaux, Benny Morris affirme ne pas s'être forgé une conception arrêtée. « *Ma tâche d'historien est de décrire ce qui est arrivé. Ni plus, ni moins. Les conclusions auxquelles je parviens en lisant les documents et en écrivant mon travail ne constituent pas pour moi une thèse* », insiste-t-il. Selon lui, ce qui apparaît surtout, c'est que ses conclusions diffèrent du récit officiel israélien comme du récit palestinien. « *Ce dernier a toujours prétendu que le sionisme se préparait à expulser tous les Arabes de la Palestine, que l'État d'Israël a combattu en 1948 avec un plan global d'expulsion, selon l'expression de Walid Khalidi. J'insiste, au contraire, sur le fait qu'il existait, non un "master plan" d'expulsion des Palestiniens, mais une forte volonté de les faire partir qui s'affirme tout au long de la guerre. Si un tel plan global avait existé, il n'y aurait plus d'Arabes en Galilée ni de forte minorité arabe en Israël. Ce qui s'est formé durant la guerre, c'est un consensus majoritaire prônant l'idée que, dans l'intérêt de l'État d'Israël, du double point de vue sécuritaire et politique, le mieux était qu'un minimum d'Arabes restent dans l'État. Peut-être Ben Gourion a-t-il, stratégiquement, pensé opérer un transfert, mais il ne l'a pas mis en œuvre. Non seulement on ne trouve pas de décision en ce sens, mais, dans certains cas, il ordonne l'expulsion alors que, dans d'autres, il se tait. À Nazareth, il y avait une directive d'expulsion, mais, comme l'officier responsable sur place exigeait un ordre formel du Premier ministre, celui-ci répondit qu'il ne fallait pas chasser les habitants de la ville. Bref, l'expulsion est exécutée de manière chaotique. La version sioniste selon laquelle les Arabes se sont enfuis volontairement ou ont été poussés à s'enfuir est presque fausse – dans quelques endroits, c'est un peu vrai, mais, dans la plupart des cas, c'est inexact. La version arabe est également presque fausse : les forces juives ne sont pas entrées en guerre avec un plan global d'expulsion, elles n'ont pas appliqué une politique systématique d'expulsion. Au fil des combats, elles ont compris qu'il était préférable que les Palestiniens ne restent pas – dans certains endroits, ils ont été expulsés, dans d'autres ils ont pris la fuite, et ailleurs ils ont pu demeurer sur place. Ce qui est indiscutable, c'est que, dans presque tous les cas, l'État d'Israël n'a pas permis aux réfugiés de revenir dans leur ville ou leur village. Or qu'est-ce qu'une politique qui ne laisse pas les réfugiés rentrer chez eux, sinon une politique d'expulsion ? »*

En 1988, dans un article publié par le périodique juif américain *Tikkun*[14], Benny Morris a qualifié les travaux d'Avi Shlaïm et d'Ilan Pappé d'*« historiographie nouvelle »*. C'est à lui, et à personne d'autre, que revient la paternité de cette expression. Et ces « nouveaux historiens », il les oppose aux « anciens historiens », la « nouvelle histoire » à l'« ancienne ». Pour lui, cette dernière, du côté israélien, est fausse, propagandiste et même souvent mensongère. Quant à l'historiographie palestinienne, à son avis, elle n'existe pas – pas encore ? Si la tempête académique se déclenche en 1989, elle éclate au grand jour seulement quelques années plus tard. Les adversaires des « nouveaux historiens » les accusent de servir la propagande des Palestiniens et des Arabes. *« C'est parce que nous prouvons que le roi est à moitié nu »*, rétorque ironiquement Benny Morris.

Dépassé, le sionisme ?

En 1993 apparaît un nouveau qualificatif : « post-sioniste ». Aux « nouveaux historiens » s'ajoutent des chercheurs d'autres disciplines, en particulier dans les sciences sociales, ainsi que des personnalités et groupes qui, dans la société israélienne, s'interrogent sur certains dogmes et pratiques sionistes dans différents domaines. Après tant d'années d'existence de l'État d'Israël, considéré comme une grande puissance de la région, le sionisme classique - estiment-ils - est périmé, l'heure est venue du « post-sionisme ». Au cœur de cette pensée, aussi diverse, il est vrai, que le sont ses défenseurs, se trouve le projet de normalisation de l'État juif : normalisation, à l'extérieur, avec les Palestiniens comme avec les autres États arabes ; normalisation, à l'intérieur aussi, avec la transformation de l'État juif en État de tous ses citoyens. Longtemps, Israël a voulu ou prétendu être l'État de tous les juifs du monde : un tiers d'entre eux sont venus, les autres ont préféré rester chez eux. Plutôt que d'attendre éternellement que toute la diaspora se décide à faire son *aliya*, autant faire d'Israël un État normal, vivant en paix avec lui-même comme avec ses voisins...

Le « post-sionisme », ne concerne en fait, ni les anti-sionistes, ni les a-sionistes, mais uniquement les sionistes qui ont découvert qu'à une période historique donnée - 1948, la proclamation de l'État d'Israël, la guerre des Six Jours en juin 1967, celle d'octobre 1973, ou encore la signature des accords d'Oslo - le sionisme avait cessé d'être inséparable de l'existence d'Israël, de ses intérêts et de ses besoins, et plus encore de leur propre existence comme Juifs israéliens. Pour certains, le sionisme a même cessé de représenter, ou de servir, une cause juste. À leurs yeux, la volonté de rassembler tous les Juifs de la diapora, la Loi du retour ou les Territoires occupés ont perdu leur importance vitale. Le fait que des Juifs continuent à vivre hors d'Israël ne les scandalise plus. Bref, c'est une frange de la population pour qui le sionisme appartient à l'histoire, à un passé révolu : il a achevé sa mission.

Benny Morris, lui, affirme que sa contribution à l'historiographie nouvelle n'a pas modifié son attitude envers le sionisme. *« Le sionisme devait exister,* assure-t-il. *Comme les autres peuples, et en particulier après ce qu'ils ont subi en Europe durant ce siècle avec la Shoah, les Juifs ont droit à un État. Sa création, malheureusement, a fait de la casse. Sans doute aurait-on pu faire les choses d'une manière plus humaine. Mais le conflit avec les Palestiniens était inévitable : c'est le prix qu'il fallait payer et je suis prêt à le payer. Les Palestiniens n'aiment pas entendre cela, car ce que je dis peut justifier l'œuvre sioniste et ce qui leur est arrivé. »*

Reste que Benny Morris a chèrement payé ses travaux. De 1991, où il fut licencié du quotidien *Jerusalem Post,* jusqu'au mois de janvier 1997, où il fut nommé professeur à l'Université Ben Gourion de Beersheva, il se retrouva *grosso modo* au chômage. Il vient d'achever un livre sur l'histoire générale du conflit israélo-arabe de 1881 à nos jours, qui paraîtra cette année simultanément en Allemagne et aux États-Unis. Dans cet ouvrage, Benny Morris traite des tentatives israéliennes, durant les guerres d'après 1948, en particulier celle de 1967, pour détruire des camps de réfugiés palestiniens et éloigner leurs habitants des frontières. *« Il y a dans le sionisme,* explique l'auteur, *une politique de transfert que les historiens officiels et leurs apologistes balaient sous le tapis et nient. Depuis Herzl, cette tentation est remontée à la surface à différentes occasions, dans les années 30, en 1967, et lors de l'invasion du Liban en 1982. Dans mon nouveau livre, je souligne ce trait du sionisme que je trouve important pour la compréhension du conflit israélo-palestinien. Il s'agit d'une volonté qui existe dans l'esprit des dirigeants sionistes, mais qui, encore une fois, ne se traduit pas par un "master plan", une politique officielle, déclarée. C'est une dimension qui existe dans le sionisme, dans le leadership du sionisme, dans les actions du sionisme, sans pour autant devenir la politique globale du sionisme. Si, des années plus tard, la direction sioniste rejette vigoureusement le mot d'ordre de "transfert" du parti Moledet et de l'ancien général Rehavam Zeevi, elle le fait pour préserver, à l'intérieur et à l'extérieur, l'image positive d'un mouvement imprégné de justice. Dans une certaine mesure, c'est de l'hypocrisie, mais cela fait aussi partie de sa force. Si on compare les tueries de civils en 1948 en Palestine – au maximum mille personnes – et les actions de "purification ethnique" commises alors, leurs dimensions sont loin de celles dont nous venons d'être les témoins dans les guerres de l'ex-Yougoslavie. Le souci qu'avait le sionisme de son image a souvent contenu la volonté de tuer, de détruire, d'expulser. »*

Selon Benny Morris, le récent phénomène qui voit des comités d'anciens réfugiés arabes des villages détruits (Ikrit, Bir'am, Gabsiyeh, entre autres) et leurs descendants s'organiser et exiger leur retour, même symbolique, dans leur village d'origine peut s'amplifier. *« Les Arabes citoyens d'Israël, État juif, représentent pour lui une bombe à retardement potentielle. Mais tout dépendra de l'avenir des relations israélo-palestiniennes et israélo-arabes, et non du passé »*, conclut-il.

Ilan Pappé : « Post-sioniste ? Le terme ne me dérange pas »

Au contraire de Benny Morris, Ilan Pappé ne fait pas mystère d'avoir eu, avant même le commencement de ses recherches, une conception bien arrêtée. Celle-ci, explique-t-il, résultait surtout des rapports personnels qu'il développa graduellement avec des intellectuels palestiniens en Israël, dans les Territoires occupés, mais aussi en Grande-Bretagne lors de la préparation de sa thèse de doctorat. *« C'est d'eux que j'ai appris la version palestinienne des événements de 1948,* souligne-t-il. *Après, j'ai recherché les preuves de leurs griefs dans les archives. Et ce travail a réussi à établir la légitimité de certains de ces griefs. »*

Jusqu'en 1979, Ilan Pappé s'identifiait politiquement avec le Mapam comme parti sioniste socialiste. Il se considérait sioniste. Et aujourd'hui ? *« Mes recherches m'ont fait évoluer. Je me considère désormais comme non sioniste. »* Depuis une dizaine d'années, l'historien est même membre de Hadash, le Front pour la paix et l'égalité d'obédience communiste. Contrairement à la conception palestinienne courante, qui considère le sionisme comme un phénomène purement colonial, Pappé reconnaît aussi à ce dernier une dimension nationale. Le sionisme, explique-t-il, s'est exprimé sur le mode colonial sans avoir pour autant une idéologie coloniale. Dans son essence, c'est un mouvement national qui a fait usage d'éléments conceptuels et de pratiques importés du colonialisme. *« Lorsqu'ils parlent du sionisme ou de l'État d'Israël, les Palestiniens n'utilisent pas le terme "nationalisme" parce qu'ils craignent de donner ainsi une certaine légitimité à un phénomène à leurs yeux illégal,* poursuit Ilan Pappé. *Un jour, j'ai dit aux historiens palestiniens Walid Khalidi et Sharif Kanaana que, malgré leurs critiques, justifiées et non justifiées, envers les travaux de Benny Morris, je m'attendais à ce qu'ils rendent hommage au courage dont il a fait preuve en nageant à contre-courant, au lieu de le dénigrer, en allant – comme certains ont osé le faire – jusqu'à le présenter comme un agent du Mossad.* »

Ilan Pappé n'est pas d'accord avec Benny Morris lorsque ce dernier affirme qu'il n'existe pas de documents arabes. Il y a ceux du Haut comité arabe qui se trouvent dans les Archives nationales de l'État d'Israël ; il y a les archives du mufti Hadj Amin Al-Husseini éparpillées entre Beyrouth, l'Organisation de libération de la Palestine et Jérusalem ; il y a les dossiers de la Ligue Arabe, et d'autres. Malheureusement, tous ces documents, Benny Morris ne peut les lire, car ils sont en arabe. De même, pour Pappé, il ne faut pas ignorer l'histoire orale des Palestiniens en la taxant de simple propagande. « *Les témoignages des réfugiés encore vivants nous permettent de combler certaines lacunes dans la documentation officielle, de mieux lire les documents existants et, dans certains cas, ils jettent même le doute sur la véracité de certains d'entre eux.* » Ilan Pappé fait d'ailleurs état de débats réguliers sur ces problèmes, à Ramallah, entre historiens palestiniens et israéliens. « *À ceux qui ont parlé de "sionisme génocidaire", j'ai répondu : "Nous avons suffisamment de griefs réciproques pour ne pas en rajouter."* »

Britain and the Arab-Israeli Conflict, 1948-51[15], le premier livre d'Ilan Pappé, fut considéré comme légitime par l'*establishment* académique israélien. Il lui permit d'obtenir le statut de chargé de cours régulier à l'Université de Haïfa. Il n'en alla pas de même pour son deuxième livre, *The Making of the Arab-Israeli Conflict, 1947-1951*[16]. Il est vrai qu'il y prenait le contre-pied de Benny Morris en affirmant que les dirigeants du Yichouv avaient bien mis en œuvre un plan d'expulsion systématique des Arabes des territoires conquis par eux. La réaction fut si hostile que, raconte l'auteur, « *je n'ai pas réussi à trouver un éditeur prêt à le publier en hébreu, et mon avancement académique a été bloqué sous le prétexte que mon livre était plus politique qu'académique* ».

Ilan Pappé ne le nie d'ailleurs pas : il n'est pas moins politique qu'académique, et tous les Israéliens qui traitent de l'histoire contemporaine de leur État sont des hommes (ou des femmes) politiques qui écrivent une historiographie idéologique. « *La différence, c'est que certains, comme moi, l'avouent, alors que d'autres refusent de le reconnaître – et ils ont tort. Qu'on nous traite de "post-sionistes" ne me dérange pas. Dans une certaine mesure, nous le sommes, comme d'autres phénomènes de la société israélienne. Mais il n'y a aucune raison objective de donner à ce terme une résonance péjorative. Bien sûr que ma vision très critique du sionisme et de son passé, ma volonté que la société israélienne devienne une société plus juste influencent ma compréhension de l'histoire du pays. Mais il ne faut pas mettre dans un même sac tous les "nouveaux historiens" des différents pays : certains, en Allemagne par exemple, font l'apologie du funeste passé de leur pays, d'autres, comme nous en Israël, ou encore nos homologues aux États-Unis, critiquent, voire condamnent, certains aspects du passé de nos pays. Notre "révision" de l'histoire n'a rien à voir avec celle des révisionnistes allemands ou, plus généralement, de ceux qui entendent "réviser" – banaliser – les crimes du nazisme. »*

La polémique soulevée par les « nouveaux historiens » depuis une dizaine d'années ne s'est pas dissipée avec le temps, au contraire : elle s'est épanouie. Elle reste vive parmi les chercheurs, parmi les historiens comme dans d'autres disciplines, sciences sociales et sciences politiques notamment. La presse y consacre nombre d'articles. Le débat ne se limite pas aux événements de la guerre de 1947-1949 : il touche à l'essence du sionisme, au conflit israélo-arabe, aux secousses politiques, sociales et morales qui ébranlent souvent la société israélienne. Pour certains, en Israël, les nouveaux historiens ne forment qu'une cinquième colonne palestinienne ou arabe. À l'étranger, au contraire, ils symbolisent pour beaucoup un Israël plus normal, moins uniforme, plus sincère, plus mur, plus vivant, qui ne craint pas l'autocritique à haute voix et en plein jour. Il se peut – et il faut l'espérer – que cette nouvelle tendance de la société israélienne contamine aussi sa voisine, la société palestinienne, et l'incite à considérer elle aussi son passé de façon critique...

Shabtaï Teveth : « Si Israël est né dans le péché, il n'a pas droit à l'existence »

Dominique Vidal a présenté *(voir chapitre 8)* les critiques de Shabtaï Teveth à l'adresse des « nouveaux historiens », en particulier de Benny Morris. L'historien a accepté de s'expliquer avec nous de vive voix. Il reproche à Benny Morris et à ses collègues leur engagement politique – il s'accroche, on l'a vu, à une phrase, citée plus haut, de Benny Morris sur la contribution de l'historiographie nouvelle à la cause de la paix et de la réconciliation entre Juifs et Arabes[17]. Posant, lui, la question de savoir si le sionisme a été un mouvement juste, ou non, Shabtaï Teveth répond sans ambages : « *Le sionisme est apparu comme mouvement de libération nationale. Son objectif : rendre justice aux Juifs, mais en prenant en considération les droits des Arabes – ce qui ne veut pas dire qu'il se soit donné pour but d'apporter la justice aux Arabes. Le sionisme libéral et socialiste s'est fixé pour mission de résoudre le problème juif, et, par la même occasion, il a affirmé qu'il rendrait service aux Arabes. Il n'a pas dit qu'il leur rendrait un service national – qu'il leur apporterait leur État –, mais qu'il leur rendrait un service économique et social. C'est ainsi qu'a été comprise la proclamation de l'État d'Israël, le 14 mai 1948.* »

« *Benny Morris et ses semblables,* poursuit Shabtaï Teveth, *veulent prouver – et ils travaillent durement pour y parvenir –, en premier lieu, que l'objectif de David Ben Gourion fut le transfert des Arabes. Moi, je dis non ! Herzl n'a pas dit : "Je vais créer deux États." Il a dit : "Je vais créer un État juif." En accusant Ben Gourion et le mouvement sioniste d'être des "transféristes", Benny Morris et les autres présentent le sionisme comme un mouvement injuste. Leurs accusations dans ce sens sont une série de mensonges, comme nous l'avons prouvé, moi et d'autres, dans nos articles et livres. En 1936, ce sont les Britanniques, avec la Commission Peel, qui ont proposé, dans le cadre de leur projet de partage, l'idée de transfert, et non Ben Gourion. Plus tard, celui-ci a toujours été systématiquement opposé à l'idée de transfert, quand, par exemple, le Labour au pouvoir en Grande-Bretagne ou encore le président des États-Unis, Franklin Roosevelt, l'ont proposé.* »

Et si l'on prouvait que, durant la guerre de 1948, ici ou là – par exemple à Ikrit et Bir'am, comme l'a déclaré la Cour suprême –, l'État d'Israël a commis une injustice, Shabtaï Teveth serait-il prêt à le reconnaître ? Réponse de l'intéressé : « *Moi-même, je me dis que, dans certains endroits, nous avons commis des injustices à l'égard des Arabes, et je les condamne. Mais j'ajoute que, dans toutes les guerres, on commet des injustices. Sans aucun doute, pendant la guerre de 1948, nous nous sommes livrés à des atrocités, non parce que nous le souhaitions, mais parce que chaque guerre engendre des atrocités. Le plan de partage de l'ONU, le 29 novembre 1947, comporte une clause suivant laquelle chacun des deux États doit se pourvoir d'une Constitution afin, entre autres, de respecter les droits de la minorité. La raison majeure pour laquelle l'État d'Israël ne s'est pas doté d'une Constitution, c'est que les armées des États arabes envahirent l'État d'Israël et que, plus tard, ces États déclarèrent qu'ils ne se reposeraient qu'après avoir détruit l'État d'Israël*[18]. »

Mais l'exode des Palestiniens ? « *Contrairement à Benny Morris, je dis que la fuite des Arabes, en particulier de leurs dirigeants, a joué un rôle plus important que les expulsions organisées par Israël dans la création du problème des réfugiés. À l'origine, ceux qui se sont enfuis avaient l'intention de revenir avec les contingents vainqueurs arabes : ils sont devenus des réfugiés en raison de la bataille victorieuse pour l'existence de l'État d'Israël. À partir du moment où les États arabes se fixaient pour but la destruction de l'État d'Israël, quel idiot, chez nous, aurait permis aux fuyards de retourner chez eux pour lutter contre notre État ? Sans aucun doute, Ben Gourion s'est réjoui de la fuite des Arabes, en particulier parce que les États arabes ne voulaient pas la paix et se préparaient à anéantir l'État d'Israël. C'est la poursuite de l'état de guerre qui a transformé les fuyards et les expulsés en réfugiés, c'est elle qui a interdit leur rapatriement. La guerre est la mère de tous les péchés. Si elle n'avait pas éclaté, peut-être vivrions-nous aujourd'hui dans un État binational.* »

Revenant aux « nouveaux historiens », Shabtaï Teveth se fait accusateur : « *Avec leurs thèses, et en particulier l'idée qu'Israël serait né dans le péché, ils contestent la légitimité même de notre État. Car si l'État d'Israël est né dans le péché, en commettant des injustices à l'égard des autres, alors cela veut dire qu'il n'a pas le droit à l'existence. Voilà une tentative de délégitimer notre existence ici, et bien sûr aussi le sionisme.* »

Le passé, donc, mais aussi l'avenir. « *La polémique avec les "nouveaux historiens" concerne d'autres questions, par exemple : "Est-ce qu'Israël est un État juif ou un État démocratique ?" Et "que faire de la Loi du retour*[19]*" ? Si Israël est un État démocratique, alors il doit accorder aux Arabes aussi le droit au retour. Il faudrait également qu'il garantisse les droits des 250 000 travailleurs étrangers qui se trouvent dans le pays. Des idées de ce genre éveillent chez nous des sentiments d'inquiétude, d'angoisse : on veut nuire par là à notre maison, à notre État. Cette polémique n'est plus d'ordre académique, mais d'ordre existentiel. La peur juive ou sioniste pour l'existence de l'État est à la base du débat. Car la faiblesse de notre position face aux Arabes en 1948 n'a guère changé avec le temps. D'où cette anxiété existentielle. Personnellement je serais l'homme le plus heureux de la terre si les Arabes s'étaient réconciliés avec nous mais, malheureusement, la situation actuelle est différente. Lorsque cette peur aura disparu, la polémique avec les nouveaux historiens sera moins aiguë. La question du retour des Palestiniens, cinquante ans après la formation de l'État d'Israël, demeure vitale pour sa survie comme État juif. L'État d'Israël est un État Juif, et non pas l'État des Juifs ou un État démocratique. Nous vivons dans la peur. Ceux qui pensent que notre anxiété est exagérée ont tort. »*

État juif ou État laïc et démocratique ?

D'autres intellectuels se sont manifestés pour critiquer les « nouveaux historiens ». La plupart, comme Shabtaï Teveth, entendent défendre le sionisme des pères fondateurs de l'État d'Israël. C'est en particulier le cas d'Anita Shapira, historienne spécialiste de l'aile réformiste du mouvement ouvrier Mapaï. Dans un livre récent, *Juifs nouveaux, Juifs anciens,* elle traite de Benny Morris et de ses collègues à travers les prismes du « post-sionisme » et du « post-modernisme ». Elle leur intente en fait un procès pour manque de conscience patriotique. Car ce dont elle leur fait grief par-dessus tout, c'est leur approche radicalement différente de l'œuvre du sionisme et de l'État d'Israël : *« La considérant au départ comme un événement positif et même important dans l'histoire juive et dans l'histoire humaine en général, malgré les problèmes posés par ses réalisations, ils en arrivent, tout en reconnaissant le fait qu'Israël existe, à ne lui accorder aucune valeur intrinsèque* [...]. *Les défenseurs* [de ces thèses] *ne remettent pas en cause l'existence de l'État d'Israël, mais leur attitude est, au mieux, indifférente et, dans les cas les plus extrêmes, a priori soupçonneuse et critique. Leur intention est de pointer les défauts du sionisme et d'Israël, l'injustice infligée aux autres, et les alternatives historiques dont la réalisation aurait été contrariée par celle du sionisme. Pour certains d'entre eux, la critique du passé et du présent constitue un point de départ pour un programme politique alternatif. Leur but, c'est* - lecteurs, lisez bien ! J. A. - *un changement de la nature de l'État d'Israël : en abandonnant sa composante idéologique sioniste, il deviendrait un État laïc et démocratique sans caractère national prédominant, autrement dit ce ne serait plus l'"État juif". L'abolition de la Loi du retour, qui accorde automatiquement la citoyenneté aux Juifs venant en Israël et souligne la différence entre le statut de ceux-ci dans le pays et celui des Arabes, manifesterait ce changement.* [...] *L'histoire comme chronique de l'injustice et de la misère, voilà le message post-sioniste. L'histoire devient une description sentimentale, dans laquelle nous sommes toujours censés nous identifier aux vaincus et critiquer les vainqueurs. Ainsi, le fait même que le mouvement sioniste ait fini par être victorieux le rend amoral*[20]. »

Dans un article au style virulent, l'écrivain Aharon Megued accusa les « nouveaux historiens » de vouloir réécrire l'histoire sioniste dans l'esprit de ses ennemis - les Arabes - et créer ainsi une historiographie anti-sioniste suicidaire. En soulignant que l'entreprise sioniste n'aurait pas été « juste », tonne-t-il, ces « révisionnistes » prendraient le risque de la démolir. Aharon Megued ne cacha pas que, pour lui, l'histoire doit s'engager, constituer une science sioniste et donc revenir aux mythes. Il faut rejeter toute science non engagée qui mettrait en danger la juste cause du sionisme. Au paroxysme de sa polémique, Megued compara même les « nouveaux historiens » aux négationnistes de la Shoah[21] !

À l'époque, Aharon Megued n'était pas le seul à attaquer les « nouveaux historiens », mais nul ne le fit aussi violemment. S'en prenant à Benny Morris, il n'épargna pas non plus Baruch Kimmerling. Il est vrai que le sociologue, professeur de l'Université de Jérusalem, est souvent catalogué - contre son gré - comme « nouvel historien », sans doute parce qu'il défend des positions non conformistes et traite de la « colonisation sioniste ». Aux yeux de certains, ce terme est un sacrilège. Toujours est-il que Kimmerling répondit à Megued. Prenant la défense de Benny Morris, en particulier le bien-fondé de ses thèses concernant la création du problème des réfugiés palestiniens en 1948-1949, le professeur Kimmerling rappela les fameux propos du premier président de l'État d'Israël : dans une conversation privée, Haïm Weizmann avait affirmé que le vrai *« miracle »* de 1948 n'avait pas été la victoire juive en 1948, mais le *« nettoyage »* du pays de ses Arabes. *« Tout le monde le savait, mais ce sujet a toujours figuré parmi les "tabous" de l'historiographie israélienne. Dissimuler de tels sujets sous le tapis a toujours été et reste un des mécanismes de la science engagée*[22]. » Et Kimmerling d'ajouter : « *Historiens et sociologues, tous ceux qui font ce que l'on exige d'eux – de fournir au "peuple" une histoire partielle, préfabriquée, déformée, fondée sur des mythes, comme le demande Megued – abusent de leur fonction de scientifiques comme de leur fonction sociale intellectuelle.* [...] *L'article de Megued exprime ce que pense un honorable groupe d'anciens de l'académie et fait partie d'un effort concerté pour délégitimer les travaux d'autres chercheurs, en général de ceux qui n'ont pas encore réussi à s'intégrer dans l'establishment académique. Il s'agit en majorité de jeunes, vulnérables aux attaques. Quand les "vieux" se rendirent compte qu'ils étaient en train de perdre la bataille sur le plan académique, ils s'adressèrent aux médias afin de mobiliser l'opinion publique contre les "traîtres" en tentant d'exploiter les peurs israéliennes.* [...] *Une longue file d'anciens chercheurs ont senti et sentent la terre trembler sous leurs pieds parce que leur idéologie ne résiste pas aux changements en cours dans les sciences sociales et l'historiographie.* [...] *Les nouveaux chercheurs ont aussi examiné le problème de la légitimité – "notre droit à cette terre". Non pour trancher si nous y avons droit ou non, car les sciences sociales ne s'occupent pas de morale. Mais pour mesurer ce que représentent les problèmes de légitimité pour la société, et comment celle-ci se comporte avec eux*[23]. »

Ne présentons pas la victime comme le bourreau !

C'est évidemment pour d'autres raisons que des gens de gauche et des chercheurs palestiniens s'en prennent aux « nouveaux historiens ». Certains critiquent leur méthodologie. Ein Guil, par exemple, blâme Benny Morris pour avoir censuré, dans *The Birth of the Palestinian Refugee Problem*[24], trois mots-clés d'une citation du livre (en hébreu) de Tsadok Eshel sur les batailles de la Hagana à Haïfa[25]. Le passage concerne l'occupation de cette ville par les forces juives en avril 1948. Les trois mots-clés coupés sont « *des obus tombèrent* » toute la journée sur la masse des Arabes rassemblés sur la place du marché, qui s'enfuirent finalement en barques. « *En omettant ces trois mots-clés*, assurait Ein Guil, *Benny Morris a déchargé la Hagana de sa responsabilité dans l'exode des Arabes de leur ville, Haïfa, et camouflé l'objectif de la direction militaire juive : l'épuration ethnique de la ville*[26]. »

Pour sa part, l'historien palestinien Ibrahim Abou Loughod nous a déclaré faire un grief majeur à Benny Morris : « *De ses travaux, il n'a pas conclu que l'expulsion des Palestiniens, la destruction de leurs foyers et la mainmise juive sur leurs terres font partie intégrante de la nature du sionisme. À un grand événement, Benny Morris donne une petite explication, détachée de l'histoire du sionisme et de son essence fondamentale. L'expulsion des Arabes a commencé le jour où le premier sioniste a acheté une terre arabe en Palestine, donc bien avant que Ben Gourion n'apparaisse sur la scène politique. Quand les sionistes se sont approprié des terres de la région de Marj Ibn A'mer* [aujourd'hui Emek Israel], *ils ont expulsé tous les fellahs palestiniens qui y travaillaient. Pour expliquer l'expulsion des habitants arabes de Lydda ou de Ramleh, nul besoin de partir à la recherche d'un document dans lequel le Haut commandement israélien en donnerait l'ordre explicite. En fait, les "nouveaux historiens", comme l'establishment israélien, refusent d'admettre que l'exode forcé des Palestiniens est partie intégrante du sionisme. Quand nous disons, depuis de longues années, que nous, les Palestiniens – y compris moi-même –, nous ne nous sommes pas enfuis et qu'aucun dirigeant arabe ne nous a appelés à le faire, les "nouveaux historiens" ne nous croient pas. Tant qu'ils ne trouveront pas une preuve écrite dans les archives – une directive, un ordre –, ils s'en tiendront à la version israélienne officielle : la fuite. D'ailleurs, même lorsqu'ils trouvent un document attestant qu'il y a bien eu expulsion, ils interprètent celle-ci comme un événement exceptionnel.* »

Abou Loughod estime que « *Palestiniens et Israéliens devraient s'efforcer de déterminer ensemble ce qui s'est vraiment passé. Des historiens et d'autres représentants des deux parties devraient s'asseoir autour d'une table, se mettre d'accord sur les principes du dialogue et de la recherche de la vérité. Voilà qui contribuerait à la paix ; car cette dernière ne peut se fonder sur des mensonges et des légendes, pas plus qu'elle ne peut reposer sur la guerre et la soumission. Elle implique l'acceptation réciproque. Rien n'empêche de vivre finalement ensemble, si l'on recon-*

naît préalablement qu'on a commis des fautes. Il faut d'ailleurs signaler avec satisfaction que la critique du présent palestinien, de l'Autorité palestinienne et même de Yasser Arafat, est désormais monnaie courante – et pour cause, hélas ! – chez beaucoup de Palestiniens en Cisjordanie et à Gaza ».

Au début, l'*establishment* ne manifesta que dédain envers les « nouveaux historiens ». Par son ampleur, le débat qu'ils suscitèrent le contraignit à les prendre plus au sérieux. Il y a peu, le Centre Moshe Dayan pour les études du Proche-Orient et de l'Afrique de l'Université de Tel-Aviv leur a consacré un pamphlet, intitulé *Réécrire l'histoire d'Israël* et signé d'Efraïm Karsh [27].

En novembre 1997, Ilan Pappé a présenté ses thèses à un auditoire très particulier, les élèves de l'Institut de sécurité nationale – officiers supérieurs de l'armée, de la police et des autres services israéliens. Ce sont les élèves qui avaient pris l'initiative de l'inviter : dans le cadre d'une série de conférences sur le sionisme, ils voulaient entendre un représentant des « nouveaux historiens ». *« Si aucun auditeur n'a osé souscrire à mes thèses, les réactions* – raconte Pappé – *ont été diverses. Certains m'ont même dit : "La critique du sionisme ne peut que renforcer notre conception sioniste. C'est pourquoi, loin de vous faire taire, il faut au contraire vous laisser vous exprimer." Pour eux, cette critique du sionisme et de l'histoire de l'État d'Israël leur servit de catharsis. »*

Politiquement, plus encore que sur le plan académique, les « nouveaux historiens » n'en sont pas moins devenus la bête noire de l'establishment. Pour les dénigrer, on l'a vu, on les traite de « post-sionistes ». Mais, dans l'Israël des années 90, ce qualificatif ne scandalise plus grand monde. Après cent ans de sionisme et cinquante années d'existence de l'État d'Israël, qui plus est à la veille d'un nouveau millénaire, nombreux sont ceux qui, chez nous, rêvent d'une ère nouvelle. Même si les accords d'Oslo échouent, Israël n'est plus ce qu'il était. Le fait que, pour la première fois dans l'histoire du conflit israélo-palestinien, les représentants officiels d'ennemis centenaires se soient rencontrés, aient discuté et finalement signé un accord, voilà qui constitue une nouvelle donne. Irréversible. C'en est fini du consensus, naturel comme obligatoire. La société israélienne est divisée sur beaucoup de questions, et en premier lieu sur les relations à entretenir avec l'adversaire d'hier.

Même si les partisans du Grand Israël - *Eretz Israel Hashlema* - remportent une bataille politique ponctuelle et font échouer l'actuel processus de paix, il reste qu'une majorité d'Israéliens veut un *modus vivendi* avec les Palestiniens, une coexistence qui puisse un jour déboucher sur la réconciliation. Cette volonté, bien des indices le montrent, se heurte évidemment à une résistance acharnée, mais, du côté israélien comme du côté palestinien, une aspiration réciproque à la paix s'affirme. Champion de cette réconciliation, l'écrivain Émile Habibi [28] en a ébauché les conditions dans son dernier essai : *« Nous n'exigeons pas qu'on nous demande pardon. Mais nous avons le droit d'exiger qu'on ne dissimule pas le passé, qu'on ne le falsifie pas. Notre peuple arabe palestinien a été, et est toujours, la principale victime de ce conflit sanglant. Il n'est pas possible de construire une paix durable sur l'inversion historique, en présentant la victime comme le bourreau, l'oppresseur et l'agresseur* [29]. »

Notes

1. *Sfarim*, en hébreu « Livres », supplément au quotidien *Haaretz*, Tel-Aviv, 17 décembre 1997.
2. *Haaretz*, 11 juillet 1997.
3. *Kol Haam*, Tel-Aviv, 10 mai 1948.
4. Yizhar Smilanski, *Shiva Sipourim*, « Sept récits », Hakibbutz Hameouhad, Tel-Aviv 1949.
5. E. Israeli, *Shalom, Shalom Veein Shalom*, Bohan, Jérusalem, 1961.
6. Sabri Geries, *Haaravim beIsrael*, édité par l'auteur, Haïfa, 1966, *(Les Arabes en Israël*, Maspéro, Paris, 1969).
7. Joseph Algazy, « Hachochana vehachemech chel Darwish », (La rose et le soleil de (Mahmoud) Darwish), entretien avec le poète, *Zu Haderekh*, 19 novembre 1969.
8. *Matzpen*, Tel-Aviv, avril-mai 1973.
9. *Matzpen*, mai 1976.
10. Simha Flapan, *The Birth of Israel. Myths and Realities*, Croom Helm, Londres et Sydney, 1987.
11. Benny Morris, « The New Historiography : Israel Confronts Its Past », in *Tikkun*, New York, n° 36, novembre-décembre 1988.
12. *Ibidem.*
13. *Ibidem.*
14. *Ibidem.*
15. Ilan Pappé, *Britain and the Arab-Israeli Conflict, 1948-51*, MacMillan/St. Anthony's, Londres, 1988.
16. Ilan Pappé, *The Making of the Arab-Israeli Conflict, 1947-1951*, I.B. Tauris, Londres, 1992.
17. Voir note 11.

18. La plupart des juristes comme des historiens s'accordent à considérer que, si Israël n'a pas de Constitution, c'est surtout parce qu'à l'origine David Ben Gourion n'a pas voulu se couper des partis religieux, pour lesquels la seule Constitution envisageable pour Israël, c'était la Loi divine, la Torah. Depuis, ces partis - sionistes et non sionistes - n'ont cessé de renforcer leur emprise sur la vie du pays, mettant à profit le rôle-charnière qu'ils jouent dans la formation des coalitions gouvernementales.

19. Cette loi permet à tout Juif dans le monde de venir vivre en Israël et d'en devenir citoyen.

20. Anita Shapira, « Politics and Collective Memory : The debate over the "New Historians " in Israel », *in* « Israeli Historiography Revisited », *History and Memory,* Special Issue, vol. 7, n° 1, printemps-été 1995. Voir aussi Anita Shapira, *Yehoudim hadashim, Yehoudim ieshanim* [Juifs nouveaux, Juifs anciens], A'm O'ued, Tel-Aviv, 1997.

21. *Haaretz* magazine, 10 juin 1994.

22. *Haaretz* magazine, 24 juin 1994.

23. *Ibidem.*

24. Benny Morris, *The Birth of the Palestinian Refugee Problem, 1947-1949,* Cambridge University Press, Cambridge, 1987.

25. Tsadok Eshel, *Ma'arakot Hahagana beHaifa,* [Les Batailles de la Hagana à Haïfa], Ministère de la Défense, Tel Aviv, 1978, page 365.

26. *Sfarim* [Livres], supplément de *Haaretz,* 30 août 1995.

27. Efraïm Karsh, *Shikhtouv Hahistoria chel Israel,* [Réécriture de l'histoire d'Israël], Tel Aviv, 1997. Cette étude a également été publiée en anglais : Efraïm Karsh, *Fabricating Israeli History. The « New Historians »,* Frank Cass, Londres et Portland, 1997.

28. Voir Joseph Algazy, « Une passerelle entre deux navires, un entretien avec Émile Habibi », *Confluences Méditerranée,* L'Harmattan, Paris, n° 21, printemps 1997.

29. Émile Habibi et Yoram Kaniuk, *La Terre des deux promesses,* Actes Sud, Paris, 1996.

Table des matières

Avant-propos : Réparer l'oubli 7

Petit glossaire des années 40 15

Brève chronologie : 1947-1949 21

Chapitre I : Du génocide au partage de la Palestine 27
« Pour que cela ne se reproduise plus... » 29
Un étrange consensus soviéto-américain 31
Un extraordinaire fossé 34
Deux peuples, deux États 35

Chapitre II : David contre Goliath ? 39
Des chiffres qui ne trompent pas 41
Les armes de l'Ouest, les armes de l'Est 45
Une collusion de longue date 47
17 novembre 1947 : l'autre partage 50
Quand Abdallah abandonne Farouk 54

Chapitre III : En deux temps, cinq mouvements 61
D'abord les Palestiniens aisés 64
Le plan Dalet, tournant de la guerre et de l'expulsion 67
« La reddition ou le suicide » 69
100 000 en 10 jours 72
Du désert du Néguev aux collines de Galilée 76
« Nettoyer » les frontières 79

Chapitre IV : Deir Yassine, l'exception et la règle 85

Chapitre V : « Destruction, rénovation, implantation » 99
« Expulser autant d'Arabes que possible » 101
Empoignades au Conseil des ministres 103
Le transfert officialisé 106
Une version « autorisée » de l'exode 109
300 000 hectares, 73 000 pièces d'habitation, 8 700 magasins... 111

Chapitre VI : Lausanne, ou la paix manquée 117
Impossible n'est pas français 120
Une préférence israélienne pour les Jordaniens 124
« Le facteur qui bloque, c'est Israël » 127

Chapitre VII : David Ben Gourion, le « grand expulseur » ? 133
« Expulsez-les ! » 135
« Qu'est-ce qu'ils font ici ? » 137
« Une seule fonction pour les Arabes : s'enfuir » 141
« Le transfert, une idée humaniste et sioniste importante » 144
« Sans que rien nous arrête... » 146
« Je n'y vois rien d'immoral » 149

Chapitre VIII : Au crible de l'orthodoxie 155
L'« effet domino » et ses trois motifs 158
Délégitimer le sionisme ? 163
La collusion judéo-jordanienne, postulat simpliste 166
Paix impossible, ou occasion manquée ? 173
Une « propagande antisémite ordinaire » (sic) 179

Postface : Le dossier est ouvert *par Joseph Algazy* 185
N'oublions pas les précurseurs 187
Benny Morris : « Écrire ce qui est arrivé, ni plus ni moins » 190
Dépassé, le sionisme ? 193
Ilan Pappé : « Post-sioniste ? Le terme ne me dérange pas » 195
Shabtaï Teveth : « Si Israël est né dans le péché, il n'a pas droit à l'existence » 197
État juif ou État laïc et démocratique ? 200
Ne présentons pas la victime comme le bourreau ! 202

Mise en pages par Édimicro
29, rue Descartes -75005 Paris
Tél. : 01 43 25 35 77 & 36 77 -Télécopie : 01 43 25 37 65
E-Mail : edimicro-dafal@wanadoo.fr

Achevé d'imprimer par Normandie Roto s.a.
61250 Lonrai
N° d'éditeur : 5169 -N° fab. : 5200 -N° d'imprimeur : 980627
Imprimé en France